凝煉知識品味閱讀

專業倫理

教育倫理

潘惠銘、李家遠、柳玉芬、林文瑛、歐德芬、陳正婷
吳碩禹、張綺容、廖宜瑤、張玲瑛、余浩彰 ——— 著

五南圖書出版公司 印行

校長序

中原大學創立於1955年，秉持基督愛世之忱，以信、以望、以愛致力於國家之高等教育，旨在追求真知力行，以傳啓文化、服務人類。多年來，我們推動「全人教育」，培養兼備專業知識、品格涵養和世界觀的知識分子為教育目標。自102年的教學卓越計畫我們提出了人才特色優勢共構計畫起，「專業倫理品格實踐」的特色內容一直是本校在高教深耕上的一大亮點。

卅年前本人曾在全國大學商管學院院長會議上，向教育部提議將「商事法」、「企業倫理」列入全國大學商、管學院的必修課。現在國內經歷了黑心油等食安風暴、國外的安隆風暴與著名車廠、製鋼廠造假風波，證明當時力排眾議的堅持是對的。為了強調專業倫理的重要性，中原大學除了成立專業倫理教學發展中心，將專業倫理列為各學院之院通識必修核心課程外，並透過種子師資的培訓與多元媒材的發展，持續精進校內各學院倫理課程與教材。這幾年來，本校也陸續推動大型論壇及全國專業倫理個案競賽，持續將本校「專業倫理」經驗擴散至其他大專院校。例如106年6月舉辦的「全國專業倫理」個案競賽，以「善用知識，力行社會公民責任」為主題，計有大專校院師生跨系或跨校共160組隊伍參賽，引起廣大的迴響。同時，透過國際與國內專家學者之交流及借鏡國外學校之經驗，精進本校專業倫理課程之教學與內容，希冀能厚實能力並協助擴散至大專校院與企業。我們相信透過專業倫理與全人教育之落實，不僅能提升大學畢業生就業競爭力，也是實踐大學教育在社會責任上基本且必須的功能。

為增進專業倫理的教學、推展各界對專業倫理的重視，我們邀請了中原大學歷年教授專業倫理的種子教師們，將累積的教學心得去蕪存菁編撰成系列叢書，與各界分享「專業倫理」的教學內容與經驗。期待本套叢書的出版，能夠在推廣專業倫理的教育上拋磚引玉並達成擴散效應，轉化「倫理能不能教？」的疑問成為「倫理要如何教？」的教育議題，以符合中原大學「篤信力行」的校訓及「教育不僅是探索知識與技能的途徑，也是塑造人格、追尋自我生命意義的過程」之教育理念。

中原大學校長

張光正

107年2月

推薦序
倫理先於自利—利誠亂之始也

一、倫理的社會功能

倫理是人與人之間應維持的關係，以及由此引申出來人與人相處應遵守的原則。所謂人與人之間的關係，包括我們與識與不識的個人、群體、社會、甚至自然環境之間的關係。人類生存在自然環境之中，人的活動影響環境，反過來也影響人類自己。隨著科技進步，人的生產力和對環境的影響力不斷增強，因此人與環境之間的倫理日益受到重視。

符合倫理的表現為道德，因此倫理和道德常可交換使用。道德表現在人的行為之中為品德。具有品德之人為君子；君子是孔子心目中理想人格的典型。人與人之間因為有倫理才會產生互信，和平相處，形成社會，分工合作，提高生產力，改善生活，使人類從生物人提升為社會人。生物人的意義只有個體的生存和群體的繁衍，社會人則進一步創造文化，使人的生命煥發，多采多姿。

二、以仁爲核心的儒家倫理思想

倫理源自人性推己及人的關懷、推愛之心，孟子稱為「惻隱之心」，或「不忍人之心」，西哲亞當·史密斯（Adam Smith,1723-90）稱為「同情心」（sympathy）。這一關愛之心就是儒家倫理的核心元素「仁」的雛形，儒家希望通過教育薰陶、個人修養和社會制度加以擴充於全人類。宋儒朱熹更將其擴充到宇宙萬物。朱子說：「仁者以天地萬物為一體，莫非己也」。

仁與情意及互惠相結合，表現於各種人際關係之中，使每個人各自扮演好自己的社會角色，共同促進社會的和諧發展，增進社會全體的福祉。具體的人際關係主要為「五倫」，就是父子、兄弟、夫婦，君臣和朋友。五倫之中，父子、兄弟、夫婦之間的關係，是基於婚姻和家庭而產生的親情和恩義。儒家思想強調親情。不過亞當·史密斯認為，親情只是共同生活所產生的習慣性的同情與感應，如子女遠離，兄弟分散，情感隨之淡薄。君臣是職場和工作上的關係，孔子說：「君使臣以禮，臣事君以忠。」（論語，八佾）。君臣用今天的話來說，就是長官與部屬。朋友之間是互惠和情意的關係。至於個人與五倫以外之一般倫理關係，則主要為仁、義、忠、信。仁者愛人；義是行事的正當性；盡己之謂忠；信是誠實不欺。孟子說：「仁、義、忠、信，樂善不倦，此天爵也。」（孟子，告子）

在以儒家思想為主流的中華傳統文化中，倫理是責任和義務的承擔，而非權利和利益的爭取，但在長期中所有人的權責和利害都會得到合理的平衡。如果由於社會制度的扭曲，以致長期失去平衡，社會的和諧與安定也就難以維持。所以倫理雖然源自人心之仁，仍需社會制度的支持，這個制度在儒家思想中就是禮。

綜上所述，可以孔子的一句話來概括：

> 子曰：「弟子入則孝，出則弟，謹而信，汎愛眾，而親仁。行有餘力，則以學文。」（論語，學而）

孔子這段話有兩點主要的意義。第一，倫理是有層次的，我們對所有的人都要有愛心，也有一些基本的義務，例如行為要謹慎，說話要負責任，不可造成對別人的傷害，但對家人親友則有更多的義務。第二，倫理重於才藝，實踐倫理行有餘力，再去學習才藝。

儒家思想產生於兩千多年前「傳統停滯時代」（traditional stagnation epoch）。所謂傳統停滯時代是指社會缺乏長期持續的技術進步，以致經濟成長停滯。個人追求財富，不會使社會的財富增加，社會全體的福祉來自和諧與安定。因此在我國傳統的價值系統中，倫理優先於財富；反映於教育體系中則是倫理優先於知識。

三、利誠亂之始也

18世紀下半西歐工業革命使技術進步取得持續不斷的可能性，在資本主義機制下，帶領世界經濟脫離「傳統停滯時代」進入「現代成長時代」（modern growth epoch）。個人為追求自己的利益從事生產，創造價值，使社會全體的財富增加。因此自利取得道德的正當性，受到社會鼓勵。亞當．史密斯在他的《國富論》（An Inquiry into the Nature and Causes of the Wealth of Nations,1776）中說：每個人追求自己的利益，冥冥中如有一隻看不見的手帶領，達成社會全體的利益，甚至比蓄意促進社會的利益更有效率。史密斯甚至說：「我從未聽說那些假裝為了公益

而從事交易的人做出什麼好事。」（WN,IV.ii.9）

史密斯並非不重視倫理，實際上他在《國富論》問世前17年發表的《道德情操論》（The Theory of Moral Sentiments,1759）就是一本倫理學巨著。史密斯認為人性有利己的成分，也有利他的成分。我們關心自己的幸福，所以產生審慎的美德（the virtue of prudence）；我們也關心別人的幸福，所以產生公平的美德（the virtue of justice）和仁慈的美德（the virtue of benevolence）。審慎是對財富與社會地位及名聲的追求，公平是不使別人的利益減少，仁慈是增加別人的利益。

史密斯說：「多為別人著想，少為自己著想，節制私欲，樂施仁慈，成就人性的完美。」（TMS, Part I, Sect. I, Chap. V）又說：「為人如能做到恰好的（prefect）審慎，嚴格的（strict）公平和適當的（proper）仁慈，可謂品格完美矣。」（TMS, Part VI,Sect. III）

我們若將史密斯的倫理觀和儒家的倫理觀加以比較，二者似乎並無重大的差異。史密斯雖然鼓勵自利，但也強調公平；公平是不傷害別人的利益。個人在從事生產、創造價值的過程中，如不使任何利害關係者包括個人、社會和環境受到損傷，則他所創造的價值就是社會全體所增加的淨價值，他所得的利益是他為社會創造價值應得的報酬。史密斯雖然視審慎為一種美德，但也主張節制私欲、樂施仁慈，猶如朱子的「存天理，去人欲。」不過社會的價值觀一旦將個人利益放在倫理前面，則當自利和倫理發生重大衝突而社會又缺少有效節制的機制時，就會棄倫理而成就自利。這是現代西方資本主義文化的基本缺失。太史公司馬遷說：

> 余讀孟子書，至梁惠王問「何以利吾國」，未嘗不廢書而嘆也。曰：嗟乎，利誠亂之始也！夫子罕言利者，常防其原也。故曰「放於利而行，多怨」。自天子至於庶人，好利之弊何以異哉！（史記，孟子荀卿列傳）

四、重知識輕倫理的現代教育

進入現代成長時代，技術持續進步，勞動生產力不斷提高，工商業發達，人口從農村進入城市，人力逐工作而居，產業結構改變，社會結構改變，人際關係也隨之改變。

傳統的大家庭消失，只有夫妻子女、甚至無子女的小家庭興起。教育機會平等，生育減少，婦女進入職場，追求自己的理想。生活富裕，健康改善，青春永駐，壽命延長，白首偕老的婚姻不易維持。離婚增加，再婚甚至多次婚姻漸為社會接受。家族與親屬的關係趨於淡薄，朋友、職場與一般的社會關係日益重要。亞當・史密斯說：文明愈發達，家族的關係愈疏遠。蘇格蘭文明的程度已經很發達，但親情在英格蘭比在蘇格蘭更疏遠。

所得增加，財富累積，人生的追求從物欲滿足，轉移為超越物質，追求個人自主與自由。人生態度從消極默從轉變為積極進取，從集體主義轉變為個人主義，從曲己從人、達成群體的任務，轉變為伸張自我、追逐個人的目的。每個人膨脹自己的權利，欲凌駕他人的權利，擴張自己的自由，欲超越他人的自由，衝撞傳統的倫理規範與社會秩序，使社會的和諧與安定日愈不容易維持。

大家庭消失，家庭守護倫理、傳遞文化的功能式微，個人意志膨脹，無所敬畏，社會價値混亂，規範鬆弛。科技進步，產業多樣，各種專業興起，知識日新月異。學校教育過去強調德、智、體、群、美五育均衡，如今獨尊智育。教育知識化，知識工具化，以提供經濟發展所需的致用之學，人文素養成為不急之務，倫理道德被視為迂腐。

臺灣早期的教育理念延續中國時期重視倫理與品德的傳統，國民小學課程設有「生活與倫理」。國民中學有「公民與道德」。2001年實施九年一貫課程，均改為「社會」。「社會」內容廣泛，包括歷史、地理、社會、政治、經濟、本土、生活、環境，「道德規範」與「人際互動」只是其中一部分。國民教育從倫理、道德轉變為社會，顯示教育思想從我國傳統強調做人的義務與責任，轉變為西方現代所強調的權利和自由。高中的「公民與社會」並包括「社會運動」與「公民不服從」，公開表達對社會秩序與規範的挑戰。2014年十二年國教實施後，倫理教育已從學校教育中消失。如今國家的教育政策與文化政策更表達了去中國化，甚至揚棄中華文化的傾向。然而國家發展不論在經濟領域、政治領域或學術領域，都需要品格端方、「修己以敬」的君子，應如何培育呢？

五、倫理可教嗎？

在我國歷史上，品德之學是孔門弟子的必修科目。「子以四教：文，行，忠，信。」（論語，述而）文是知識之學，行和忠、信都是品德之學。孔子最得意的弟子顏回就是德行方面的專家。《論語》中說到學，絕大部分都是品德之學或倫理之學。魯哀公問孔子：「弟子孰為好學？」孔子說：「有顏回者好學，不遷怒，不貳過。不幸短命死矣！今也則亡，未聞好學者也。」（論語，雍也）

倫理教育有理性的部分，也有感性的部分。從理性方面看，了解社會的結構、組織，人與人之間的關係與相處之道，以及人生在世利己、利他各種價值的選擇，讓學生通過思辨，感悟品德對個人與對社會的意義，方能理解何以功名利祿不能使人幸福，品德無虧，實現自我，才能成就幸福人生。

除了個人修養之外，為社會和諧安定所賴的倫理道德建立社會支援體系，誘因制度，也是倫理教育重要的部分。這在孔子時代就是禮和樂。禮引導人的行為，使之中正；樂調節人的性情，使之平和。《禮記，樂記》說：

> 禮節民心，樂和民聲。政以行之，刑以防之。禮樂刑政四達而不悖，則王道備矣。

廣義的禮包括政和刑。在孔子的時代，禮、樂、征、伐是天子的職掌。民主政治發展的今天，政府的道德形象敗壞，若干政客甚至人格邪惡，民間部門尤其是企業部門掌握社會資源最多。因此不僅社會倫理需要與時俱進，更重視個人與群體與環境之間的關係，倫理的社會支援體系也需重建，更仰賴民間企業和各種專業團體與公民組織。這些都應成為現代倫理教育的重要課題。

在感性方面，倫理教育需要樹立典範，讓人景仰、嚮往與學習。亞里斯多德認為應以歷史上我們所崇拜的聖賢豪傑為學習的榜樣。在我國歷史上，堯、舜、文、武。周公都是孔子所塑造的典型。孔子則是孔門弟子和後之儒家加以美化和理想化，復得到歷代統治者加持所形成的典範。

蘇轍在〈東坡先生墓誌銘〉中記述了他的兄長少年時的一段故事：

> 太夫人嘗讀《東漢史》，至《范滂傳》，慨然太息。公侍側曰：「軾若爲滂，太夫人亦許之否乎？」太夫人曰：「汝能爲滂，吾顧不能爲滂母耶？」

范滂是東漢後期名士，有節操，為州縣所服，曾多次應詔出仕。我們很多人應都讀過：冀州飢荒，盜賊四起，他為朝廷征召，勘察災情，舉奏貪瀆，「登車攬轡，慨然有澄清天下之志。」後來遭黨錮之禍，不願家人親友受累，自行投獄。他的母親安慰他說：「汝今與李、杜齊名，死亦何恨。既有令名，復求壽考，可兼得乎？」李、杜指李膺和杜密，都是當時名士。滂行前對他的兒子說：「吾欲使汝為惡，則惡不可為；使汝為善，則我不為惡。」路人聞之，莫不流淚。東漢的大儒鄭玄說：「五霸之末，上無天子，下無方伯，善者誰賞，惡者誰罰，紀綱絕矣！」但范滂仍願選擇善行，而八百年後十歲的蘇軾仍願以他為榜樣。

再說一個反面的例子，謝大寧說：「看《三國演義》讓人不敢做曹操。」

中原大學以「全人教育」（holistic education）為辦學理念，在當前臺灣教育系統重知識輕倫理，甚至棄倫理於不顧的環境下，可能是唯一將專業倫理列為全校各學院通識必修核心課程的大學；並成立專業倫理教學發展中心，培訓種子教師，以加強師資，製作多媒體教材以彰顯教學效果。多年以來，中原大學校園祥和安定，畢業的學生為業界喜愛，除了知識教育精深，我相信倫理教育表現在學生的行為之上也是一個重要原因。

2018年6月20日，我應邀在中原大學作專題演講，題目是〈品格與倫理：美好人生的一堂倫理課〉，由張光正校長親自主持。光正兄並送我一套中原大學的專業倫理教材，包括工程倫理、教育倫理、科學與倫理，其中企業倫理、法律倫理與設計倫理合為一冊，共四冊。2020年，《專業倫理》再版，將原來的四冊擴充為六冊，企業倫理、法律倫理與設計倫理各自獨立成書，各書內容也多有充實，將於2月開學前問世。夏誠華教務長囑我作序。作為鼓吹倫理教育的同道，我覺得義不容辭。

2000年我從工業技術研究院辭職，到元智大學任教，在管理學院教經濟政策和企業倫理。2001年12月美國爆發安隆（Enron）弊案，第二年7月國會通過沙賓法案（Sarbanes-Oxley Act），加強對公司的監督，一時企業倫理和公司治理成為美國各大學商、管學院的顯學。然而不論加強倫理教育或外部監督，都不能阻擋資本主義經濟發展對社會和環境製造傷害。美國麻州理工學院（MIT）的梭羅（Lester Thurow）教授說，企業醜聞是資本主義的常態而非異數。又說：

> 那些爲了防範弊案再度發生所訂的新法規，宛如還在打上一場戰爭的將軍。這些新法規如早已存在，今天的弊案就不會發生，但並不能阻擋明天的弊案。因爲明天的弊案會從新的漏洞爆發。（《天下雜誌》，2002年8月1日）

這也讓我想起孔子的話:

> 道之以政，齊之以刑，民免而無恥；道之以德，齊之以禮，有恥且革。（論語，爲政）

我們如將自利放在倫理前面，縱然有嚴格的外部法規，也無法防止弊端發生。

中華文化誕生於兩千多年前我國「傳統停滯時代」，重視倫理，強調個人的責任和義務，而現代西方文化是「現代成長時代」的產物，重視對自利的追求，強調個人的利益、權利和自由。過去十多年，我少讀本行的經濟學，多讀先賢經典，從2011年到2019年出版儒家五書，推廣儒家思想以平衡利益為先的西方文化。唯有將倫理放在利益前面，才能防止追求自利造成對社會和自然的傷害。

舊曆年假期間，我拜讀中原大學《專業倫理》六書，草成這篇序文，敬備中原大學同道參考，並請指正。我也要藉此機會感謝張光正校長和夏誠華教務長對我的信任和囑託。

臺灣大學經濟學系名譽教授、中華教育文化基金會事事長
孫震
2020年2月7日

院長序

中原大學是秉持基督愛世之忱所創立的一所高教學府，致力於培養具備全人特質之學養俱佳的人才為教育目標。在本校的教育理念中也指出「教育不僅是探索知識與技能的途徑，也是塑造人格、追尋自我生命意義的過程」，期待透過大學教育發展學生重視人生價值領域的統整性，並以此作為釐訂各領域教育價值的標準。

自執行第一期教學卓越計畫起，在本校教務處專業倫理教學發展中心的規劃與推動下，將專業倫理列為各學院之院通識必修核心課程，並發展各學院適用之專業倫理教材。為此，人文與教育學院邀請了院內深具教學熱忱與經驗，並已將教育倫理應用教學實務的教師們，結合他們在教育學與倫理學方面的學識，撰寫「教育倫理學」一書，內容涵蓋「一般倫理」與「教育倫理」二部分，分別從理論層次與規範層次來發展學生對各專業領域之道德觀點的分析與批判能力，再透過教育過程中可能發生之道德現象或道德問題的討論與分享，建立擔任教師或其他教育人員應有的職業倫理觀，使教育發揮更大的正向影響力。

特別感謝本院特殊教育學系潘惠銘、應用外語學系李家遠、陳正婷、張思婷吳碩禹以及應用華語文學系廖宜瑤、柳玉芬、余浩彰等諸位老師付出的時間與心力，使得本書得以順利付梓。深盼本書的出版不僅能成為本校高教深耕計畫的一大亮點，更能促進人文與教育學院修習此一課程的各系學生在教育專業倫理的理論上有所了解，並活用於日後擔任教師或教育行政人員之場域，達成本校致力於國家之高等教育，追求真知力行，以傳啓文化、服務人類之教育宗旨。

中原大學人文與教育學院院長

楊坤原

109年1月

序章

專業倫理與道德思考

一般而言，只有涉及人與人關係[1]的議題才是倫理或道德議題。因此，倫理與道德都是關於人際關係的準則。倫理和道德的定義與差異，就連哲學家都無法說得清楚，儘管我們下不出好的定義，但我們都會在恰當的脈絡、恰當的時候正確使用這兩詞。在該用「倫理」的時候用「倫理」；該用「道德」的時候用「道德」，不大會搞錯。因此，望文生義未嘗不可。「道德」所指較廣，主客兼有，故包括倫理；而「倫理」兩字，可顧名思義，指的是倫常之理，主要是人際關係的規範。道德適用於一般的人際關係（如仁、義、禮、智、信五常），倫理則適用於特定身分的人際關係（如君臣、父子、夫婦、兄弟、朋友五倫）。因此，適用於君臣關係的「忠」與適用於父子關係的「孝」都屬於倫理原則，但適用於不特定人際關係的仁、義等則屬於道德原則。

「專業倫理」的議題通常涉及一般的德目，譬如忠誠、誠信、公平等，也涉及作為專家才會遇到的倫理問題。專家受到社會的相對尊重，居於較有影響力的位置，掌有較大的權力與較多的社會資源。於是，便相應而有如下的問題：專家是否不負社會所託？是否善盡其社會責任？是否讓社會資源受到妥善的運用？是否讓社會涉入風險？例如，設計製造原子彈是否讓人類面臨毀滅的風險？基因篩檢技術的發展是否讓保險制度面臨變質的風險？因此，「專業倫理」絕不是無中生有的道德教條，而是一般人在特定專業領域裡必然會面對的道德議題。

本書所談的「專業倫理」不是一般的道德哲學，不涉及煩難的哲學爭議，而是希望讀者透過熟讀這本書，能夠：

1 更激進的觀點會認為，人與動物的關係也包含在內。

1. 了解道德思考的本質。
2. 釐清各種宗教、文化，以及社會制度中判斷對錯的道德根源。
3. 思考日常生活中各種道德判斷所實際涉及的德目（例如孝順、忠誠等）。
4. 面對人類思考受各種因素（如語言、文化、人性等）之影響，容易產生偏誤的現實。
5. 客觀探討特定情境下的道德責任歸屬。

本書之主要內容為道德思考與道德判斷，希望不僅能夠增進讀者對於現代公民倫理規範的認知，而且能夠促進讀者對於道德議題的思辨能力、論證能力。具體而言，我們希望透過本書或專業倫理課程的教導，讓讀者或學生能：⑴澄清價值（這樣想是什麼意思？）、⑵澄清邏輯（這樣的結論正確嗎？）以及⑶澄清道德以外的因素（我為什麼不願這樣想？）。簡單地說，我們希望社會上大家都能夠給自己的抉擇（不管是現在還是未來），一個清晰、明白的理由，而不是懵懵懂懂的人云亦云。

同時，由於「現代公民要能根據可得的訊息和證據下適當的結論，能夠以證據評論他人的主張，能夠區隔意見與有事實根據之陳述」[2]（OECD, 2006, p.21），因此，透過本書在道德推理能力、道德問題解決能力以及道德決策判斷能力等層面的道德思考訓練，我們也希望本書能讓讀者相信，培養並具備下列能力是重要的：
1. 良好的邏輯推理能力，能夠思考各種日常事件的倫理面向與道德考慮。
2. 尋找與面對不同觀點的勇氣與信心。
3. 能夠考慮特定時間、空間、情境、關係等相關因素，並決定何種觀點是較正確的抉擇能力。

---

2 "People often have to draw appropriate conclusions from evidence and information given to them; they have to evaluate claims made by others on the basis of the evidence put forward and they have to distinguish personal opinion from evidence-based statements."

4. 在有限的資訊以及沒有明確規範的情況下，能夠做出正確道德判斷的智慧。

換句話說，本書的目標並不是想教導讀者怎麼樣做是對的、怎麼樣做是錯的，而是希望培養讀者自己思考什麼是對的、什麼是錯的，為什麼是對、又為什麼是錯的思考能力。事實上，我們都認同許多共同的價值，大部分的人都認為孝順父母、友愛兄弟、善待朋友、尊敬師長是對的，是理所當然的行為準則，但是這樣的準則放到複雜的現實情境中，常常可能因為情境中所涉及的價值互相衝突，或是情境特殊，而出現抉擇困難或實踐偏差的現象。例如，很多青少年認為：「為朋友兩肋插刀，就是有義氣的表現，因此是道德行為。」這樣的價值觀基本上並沒有錯，有時甚至是美德。但是，這樣的價值觀放到現實情境中，萬一這些青少年碰到「現在朋友有困難，要求我去幫忙把風」或「朋友要被退學了，要求我幫他作弊」的狀況時，很可能會出現「我為朋友把風／作弊，就是為朋友兩肋插刀，因此是道德的」這樣奇怪的結論，導致說服自己去做原本並不想做的行為，而誤入歧途、回不了頭的悲劇。

本書的主要內容既然是培養實際專業領域中，關於道德抉擇或倫理規範的思考能力，必然需要先建立一般性的道德思考架構。因此，本書的前半段是以一般倫理的基本道德思考為主軸，以⑴基本邏輯思考、⑵道德原則如何判定、⑶行為結果如何考量，為主要內容，讓讀者先熟悉邏輯思考的基本原則，了解日常思考的可能偏誤；然後再討論道德原則正確推論的關鍵，以及道德原則是否為相對存在，或是否有優先順序的問題；最後則是討論行為後果在道德思考上的角色，以及後果與道德信念相衝突時，該如何考慮較為合理。

顯然，即使了解道德思考的基本原則，如何將這些原則應用到一般或專業情境的判斷上，仍然是一個複雜而困難的問題。因此，在本書的後半段，針對不同的專業領域（科學倫理、工程倫理、企業倫理、設計倫理、教育倫理、法律倫理，等等），我們蒐集了一些發生過或可能發生的案例，嘗試帶領讀者一起思考專業領域的道德議題，以前半段的一般性倫理原則與道德思考應用在這些案例的分析上，學習該考慮哪些因素、該如何判斷，以及該如何做決策。

總而言之，決定「人的行為」的最主要因素還是「人的思考」，然而本書的目的並不想灌輸特定的價值觀，而是希望讀者讀完本書後，能夠更細緻地思考善惡對錯的本質，以及善惡對錯的基準。透過不斷地思辨，增強讀者對於道德議題具備理性判斷和理性抉擇的能力，無論是對於自己的問題、別人的行為，或是政治上的主張、公共政策的爭議，都能夠有清晰的思辨能力，想得清楚，活得明白。

建議資源

高爾著，邱春煌譯（2009），《失控的總統》。臺北：貓頭鷹出版社。

專業倫理臺灣資料網http://uip.cycu.edu.tw/UIPWeb/wSite/np?ctNode=17126&mp=00401&idPath=17101_17125_17126

該網站是由中原大學專業倫理教學發展中心創設，收入了豐富的教學與學習資源，包括各種專業倫理的課程資料與磨課師課程。

Michael J. Sandel著，樂為良譯（2011），《正義：一場思辨之旅》。臺北：雅言文化。

石黑一雄著，張淑貞譯（2006），《別讓我走》。臺北：商周出版社。

Bok, S., & Callahan, D. (Eds.)(1980). *Ethics Teaching in Higher Education.* New York: Plenum Press.

Kirkpatrick, D. L., & Kirkpatrick, J. D. (2006). *Evaluating Training Programs: The Four Levels.*(3rd. Ed.). San Francisco, CA: Berrett-Koehler.

O'Boyle, E. (2002). An Ethical Decision-Making Process for Computing Professionals. *Ethics and Information Technology,* 4, 267-277.

OECD (2006). *Assessing Scientific, Reading & Mathematical Literacy: A Framework for PISA 2006.*

Piper, T. R., Gentile, M. C., & Parks, S. D. (1993). *Can Ethics Be Taught? Perspectives, Challenges, and Approaches at Harvard Business School.* Boston, Massachusetts: Harvard Business School.

Rachels, J. (Fifth Edition by Rachels, S.) (2010). *The Right Thing to Do: Basic Readings in Moral Philosophy*. s. d. Boston: McGraw Hill.

Rachels, J. (Sixth Edition by Rachels, S.) (2010). *The Elements of Moral Philosophy.* s. d. Boston: McGraw Hill.

Rest, J. (1979). *Development in Judging Moral Issues.*Minneapolis: University of Minnesota Press.

Shafer-Landau, R. (2004). *Whatever Happened to Good and Evil*? Oxford: Oxford University Press.

CONTENTS

目　錄

第一篇

一般倫理

第一章

道德思考的本質

邏輯思考

許多人一聽到道德思考、倫理規範，就以爲那是哲學家、教育家，或老學究才必須探究的議題，殊不知在日常生活中我們就常常面臨了許多對錯判斷、道德抉擇；一聽到邏輯思考，直覺上就以爲那是哲學家、數學家才會感興趣的問題，殊不知我們每一次對話都脫離不了邏輯的規範，否則便無法有效溝通。其實，所有溝通幾乎都隱含著「如果……就……」、「因爲……所以……」的邏輯推理形式。

不過，由於課堂上正式的邏輯習題或道德兩難案例，畢竟還是與日常生活我們會遇到的推理問題或道德抉擇有相當大的差距，以致我們容易誤以爲實際生活中的邏輯思考或道德抉擇是難以教導或學習的。事實上，這兩者在本質上是一樣的，只是日常的邏輯思考或道德推理，常常是在前提隱晦不明或資訊不足的情況下進行的，如果我們能養成一個習慣，將日常的問題分析清楚，想清楚判斷所需要的資訊爲何就會發現，課堂上的原則是能夠應用在日常問題的推理或判斷上的。

有學者曾經將一般課堂上的正式推理作業與日常生活所遭遇的推理問題做一個比較（表一），相當有助於釐清這兩種問題的差異（Galoti, 1989），讓我們了解日常道德推理或道德判斷之所以讓人覺得複雜、難以獲得共識之原因。

根據表一的比較，我們可以了解，現實的邏輯判斷或道德抉擇之所以困難，常常是因爲沒有想清楚推論的前提，沒有掌握必要的資訊，或者沒有辦法不考慮個人的利害或人際關係。事實上，只要舉幾個例子來說明，我們應該很快就能了解兩者的差異其實只是形式上的差異，而非本質上的差異。現在請先想想下面的情境：

表一　正式推理作業與日常推理問題的比較

正式推理作業	日常推理問題
所有的前提均很清楚	有些前提是內隱的，有些前提不清楚
解決問題所需要的訊息均很完整	並非能馬上獲得所有必要的訊息
有一個正確的解答	常常有差異性頗大的可能答案
可依循明確的推理原則	鮮有現成的程序來解決問題
問題的本質比較抽象化	問題的本質比較個人化
問題的解決本身就是目的	問題的解決通常是為了達成其他目標

引自Galoti, 1989，頁335

選舉中有人提出：「張三不會講臺語，所以他不認同臺灣。」

張三的確不會講臺語。請問：你要不要接受他們的結論：「張三不認同臺灣」？

有人主張：「有人天生不是讀書的料，讓他們讀書是浪費社會資源。」

學校裡的確有些學生表現很差。請問：你要不要接受他們的主張：「不讓這些學生念書」？

朋友跟你說：「你是我唯一的好朋友，這次考試一定要幫我。」

你的確認爲彼此是好朋友。請問：你要不要接受他的要求，在考試時幫朋友作弊？

老闆跟你說：「公司雇用童工是做善事，你們要幫忙掩飾。」

童工的家境確實很不好，而政府督察員剛好訪談到你。請問：你要不要替公司說謊掩飾？

一、有效論證

表面上這些好像都不是容易馬上有明確答案的問題，但是如果我們將這些例子化爲我們在邏輯課上所學到的三段論證來加以思考，便很容易分辨這些話或這些主張有沒有道理。

所謂三段論證事實上是由三個部分所組成：大前提、小前提和結論，大前提是一般性的原則，小前提是特殊事實，然後根據邏輯法則，從大前提與小前提的連結關係上得到結論。換言之，所有的結論都是由大前提與小前提推論出來的，所有的前提都是支持結論的理由。例如，「只要是生命，都應該被尊重」（大前提），「胚胎是生命」（小前提），「所以胚胎應該被尊重」（結論）。

我們在判斷該不該接受結論時，考慮的自然是：「結論是否爲眞？」要判斷結論是否爲眞，有兩個重要的步驟：一是先確認從大前提、小前提連結到結論的關係是否符合邏輯法則，用學術用語說，就是必須確認這個三段論證是不是一個「有效論證」（valid argument）；其次，要確認大前提、小前提是否爲眞實的論述，用學術用語說，就是必須確認這個論證是否爲「正確論證」（sound argument）。

邏輯法則涵蓋範圍很廣，本章並不打算詳述，但是任何思考的基礎，包括道德思考，仍然是邏輯思考；而我們日常的道德抉擇便是必須從眾多的道德思考中釐出頭緒，做出判斷。因此，我們有必要先花一點篇幅簡單說明一下何謂有效論證、何謂正確論證。

二、有效論證

什麼是有效論證？所謂有效論證就是：能從前提推導出結論的論證。有效論證的前提可能爲眞，也可能爲假；即使前提爲假，只要是從前提導出來的結論，也會是有效論證。無效論證就是無法從前提導出結論的論證，結論儘管爲眞，只要結論不是從前提推導出來，就是無效論證。

以大家所熟悉的「若是人都會死（若P則Q），蘇格拉底是人（P），所以蘇格拉底會死（Q）」的論證形式來說：

（大前提）如果是人，就會死。（若P則Q）
（小前提）蘇格拉底是人。（P）（「前件肯定」）

（結論）所以蘇格拉底會死。（Q）（有效論證）

因爲從前提可以推導出結論，因此是有效論證。以大前提的P爲「前件」，Q爲「後件」，則前件爲眞可導出後件爲眞的推論，因此我們說**「前件肯定」爲有效論證**。

但是，換成「若是人都會死，狗不是人，所以狗不會死」，就不是有效論證，因爲大前提只講人，自然無法推論出不是人的狗究竟會不會死。換句話說，否定前件的論述，無法得到邏輯上確定的結論，因此我們說**「前件否定」爲無效論證**。

（大前提）如果是人，就會死。（若P則Q）
（小前提）狗不是人。（非P）（「前件否定」）
（結論）所以狗不會死。（非Q）（無效論證）

不過，如果是**「後件否定」的論證，就是有效論證**。因爲，在「如果是人，就會死」的前提下，如果有任何東西不會死，那麼邏輯推論上那東西必定不是人。

（大前提）如果是人，就會死。（若P則Q）
（小前提）神仙不會死。（非Q）（「後件否定」）
（結論）所以神仙不是人。（非P）（有效論證）

但是，後件肯定的論證呢？如果有任何東西會死，那麼那東西一定是人嗎？未必。只要是在邏輯上無法得到確定結論的論證都是無效論證，因此，**「後件肯定」是無效論證**，因爲大前提只說人會死，推不出其他動物會死的結論。

（大前提）如果是人，就會死。（若P則Q）
（小前提）狗會死。（Q）（「後件肯定」）
（結論）所以狗是人。（P）（無效論證）

從以上的例子可以看出，有效論證雖然不保證能得到正確道德推理的結論，但卻是正確道德推理之必要條件。許多時候我們只要能判斷出結論的無效性，就不會盲目接受似是而非的結論。例如，如果有人說：「系主任是學術主管，所以不能用投票方式選出，否則就是民主凌駕了學術的考量。」要判斷這句話有沒有道理，我們可以先將其化爲三段論式來看：

大前提：如果投票表決（P），就是民主方式（Q）。
小前提：現在要投票表決學術主管系主任人選。（P）
結論：民主凌駕了學術的考量。（？）

在此論證裡，即使有人認爲系主任是學術主管，應該考量學術成就，而不是有多少人支持他，但是顯然從前提導出的有效結論應該是：「用民主方式決定了系主任人選」，而不是「民主凌駕了學術」這樣的結論。

下面讓我們用簡單的例子來練習判斷結論的有效性（正確答案在本章附錄）：

有效無效動動腦

大前提：如果是人，就會死。
小前提：神仙不是人。
結論：所以神仙不會死。
選項：(1)有效論證。 (2)無效論證。 (3)無法判定。

大前提：如果是神仙，就會死。
小前提：壽星是神仙。
結論：所以壽星會死。
選項：(1)有效論證。 (2)無效論證。 (3)無法判定。

大前提：如果是人，就會死。
小前提：神仙不會死。

結論：所以神仙不是人。
選項：(1)有效論證。　(2)無效論證。　(3)無法判定。

大前提：如果是神仙，就會死。
小前提：狗不是神仙。

結論：所以狗不會死。
選項：(1)有效論證。　(2)無效論證。　(3)無法判定。

三、正確論證

判斷上述論證的結論有效無效時，前提可以為真，也可以為假，端看結論是否是從前提推導出來的。簡而言之，所謂有效論證就是，在「接受前提的情況下，『沒有道理』不接受結論」的論證。但是，如果前提是我們無法接受的說法呢？例如，

（大前提）如果是女性，就會穿裙子。（若P則Q）
（小前提）小菲不穿裙子。（非Q）（「後件否定」）

（結論）所以小菲不是女性。（非P）（有效論證）

顯然，如果我們接受「是女性，就會穿裙子」的前提，我們就「沒有道理」不接受「小菲不是女性」的結論，因為這是邏輯上的有效論證。然而，即使這是有效論證，我們卻無法接受這樣的結論，因此，這樣的結論便成為「邏輯上有效但並不正確的結論」。說到這裡，讀者必須了解，合乎邏輯的，未必合乎事實，因為邏輯思考的前提可以為假，而仍然是有效論證。有效論證未必是正確論證，而正確論證卻一定是有效論證，因為正確論證需要兩個條件：(1)有效論證、(2)前提為真。更淺白地說，正確論證有兩個條件：(1)從前提導出結論需要遵守邏輯法則、(2)前提所敘述的內容

合乎事實或一般信念。因此，在日常生活的判斷上，我們就必須留意前提是否合乎事實或一般信念了。

以前面所述例子而言：「張三不會講臺語，所以他不認同臺灣。」這句話有一個大陷阱，那就是結論是建立在接受「如果認同臺灣（P），就會講臺語（Q）」這個大前提下才會成立。換句話說，除非接受「如果認同臺灣（P），就會講臺語（Q）」的前提下，因為現實情況是「非Q」（「張三不會說臺語」），才會得到「非P」（「張三不認同臺灣」）的結論。這句話可以化為以下的三段論證：

（大前提）如果認同臺灣，就會講臺語。（若P則Q）
（小前提）張三不會講臺語。（非Q）（「後件否定」）
（結論）所以張三不認同臺灣。（非P）（有效論證）

這句話的大前提因為說話者認為那是理所當然的預設前提，所以通常隱晦不表，直接從小前提切入，訴諸結論。根據邏輯法則，前述論證的結論基本上是可以從前提推導出來的後件否定條件句，是一個有效論證，如果我們認定大前提為真，那麼這句話的結論便為真，是可以接受的。但關鍵是，大前提是否為真？是否為事實？便關乎這是否是一個正確論證的判斷，也關乎我們要不要接受結論的判斷了。

我們同樣用幾個例子來練習一下如何判定論證是否正確（正確答案在本章附錄）：

動動腦，是正確論證嗎？
大前提：如果是臺灣人，就會講臺語。
小前提：張大名是臺灣人。
結論：所以張大名會講臺語。
選項：(1)無效論證。 (2)有效但不正確。 (3)正確論證。

大前提：如果是臺灣人，就會講臺語。
小前提：張大名會講臺語。

結論：所以張大名是臺灣人。

選項：(1)無效論證。 (2)有效但不正確。 (3)正確論證。

大前提：如果你愛我，就要跟我發生親密關係。
小前提：你愛我。

結論：所以你要跟我發生親密關係。

選項：(1)無效論證。 (2)有效但不正確。 (3)正確論證。

大前提：如果愛臺灣，就會去服兵役。
小前提：張大名沒有服兵役。

結論：所以張大名不愛臺灣。

選項：(1)無效論證。 (2)有效但不正確。 (3)正確論證。

邏輯思考事實上只是一個簡單的幫助我們不會陷入各種主觀偏誤或思考盲點的思考原則。在《聰明人爲什麼幹笨事？》一書裡，作者舉了許多例子來讓讀者明瞭，大部分的人事實上都是透過經驗所形成的特定的過濾鏡片來看世界，也因此會讓我們錯誤地解讀世界，產生思考上的盲點（Van Hecke, 2007）。下面是心理學家Wason與同事的系列研究中所採用的有趣例子：

日常生活的邏輯思考

案例一　警長的考題

傑克是一位沒沒無名的警察，他的工作內容不是指揮交通，就是幫助市民拯救逃家的鸚鵡。如此一成不變的生活，傑克已經不想再過下去了。有一天，傑克在警局的布告欄上看見警察總部貼出的警長甄選訊息，他欣喜若狂地夢想著自己一旦能甄選上警長，就能脫離目前無趣的生活，因此馬上就遞出了警長申請表格。幾天後，傑克得知申請人需要通過一項性向測驗，以了解申請人是否有能力勝任警長一職。

在考試當天，傑克進入考場後，主考官在他面前展開四張卡片，每張卡片都有兩面：一面是圖形，另一面則是顏色。這些卡片的設計有一個統一的規則：

「如果卡片的一面是圓形，那麼此卡片的另一面一定是黃色。」

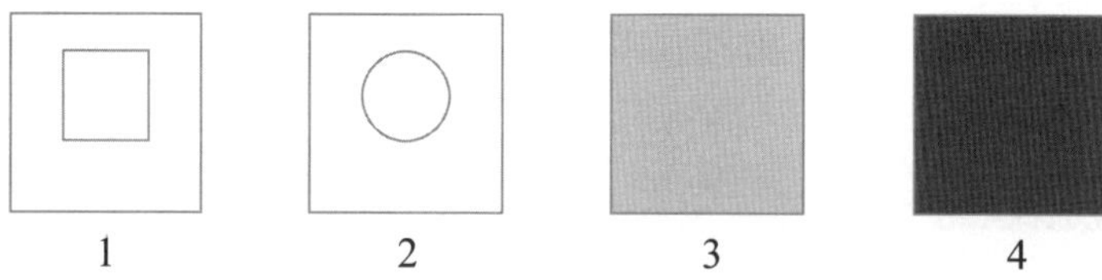

主考官問傑克：

如何能在翻動最少卡片數的情況下，確認上面的規則是對的？

選項：(1) 2　(2) 2與3　(3) 1與3　(4) 2與4

接下來，主考官在他面前展開另外四張卡片，每張卡片都有兩面：一面是數字，代表年齡，另一面則是飲料名稱。這些卡片的設計要符合一個統一的規則：

「如果年齡在十八歲以下，就不可以喝酒精飲料。」

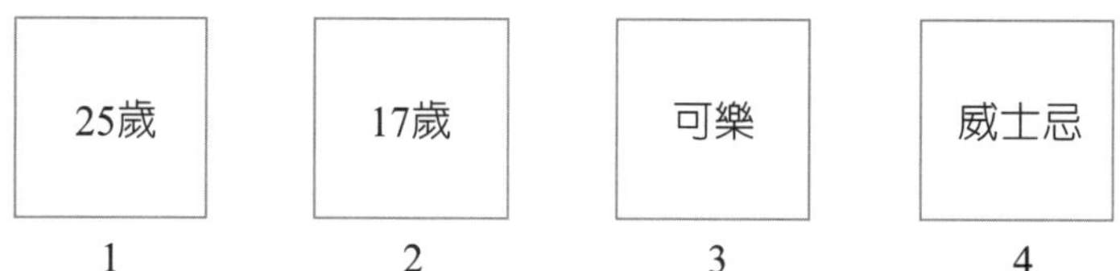

主考官問傑克：

如何能在翻動最少卡片數的情況下，確認卡片符合上面的規則？

選項：(1) 2　(2) 2與3　(3) 1與3　(4) 2與4

首先，以第一階段考題來看，「若P（卡片的一面是圓形）則Q（此卡片的另一面一定是黃色）」，那麼，

1號卡片爲正方形，是「非P」，所以是前件否定，是無效論證形式，則另一面爲Q或非Q都不會違反規則，因此不必確認。

2號卡片爲圓形，是「P」，所以是前件肯定，則另一面一定得爲Q，才不會違反規則，因此必須確認。

3號卡片爲黃色，是「Q」，所以是後件肯定，是無效論證形式，則另一面無論爲P或非P都不會違反規則，因此不必確認。

4號卡片爲紅色，是「非Q」，則另一面一定得爲非P才不會違反規則，因此必須確認。

因此，正答是「2（圓形）與4（紅色）」。美國實驗結果顯示，在第一階段的卡片選擇中，大部分的學生會都會選擇2（圓形），有相當部分的學生會選擇2（圓形）與3（黃色），但是會選擇4（紅色）的不到一成（Wason, 1966）。但是，在第二階段的卡片選擇中，大部分的學生都能夠正確選擇2（17歲）與4（威士忌）（Wason & Johnson-Laird, 1972）。這兩個問題基本上是相同的邏輯問題，爲什麼一般人在兩個問題上的答對率會如此不同？

Peter Wason原先認爲這是一種思考上的確認偏誤（confirmation bias），意思是說，這是一種傾向於尋找能確認要檢驗的命題之偏差反應，因爲翻閱2與3，只能用以確認「如果卡片的一面是圓形，那麼此卡片的另一面一定是黃色」這個命題，而不能用來否證它（只有翻閱4才能）。然而，後來的研究顯示，造成受試者錯誤反應的其實是思考上的相稱謬誤（matching bias），意思是說，受試者不是依據演繹邏輯做反應，而是看哪些卡片與要檢驗的命題內容相稱，由於「如果卡片的一面是圓形，那麼此卡片的另一面一定是黃色」這個命題的內容包括「圓形」與「黃色」，於是受試者就去翻閱與這兩者相稱的圓形與黃色。

然而，第二階段的卡片選擇作業，則是反映了日常經驗中的自然判斷：看到稚氣未脫的人（卡片2）買酒，我們會去確認他／她的年齡；反

之，看到顯然是成年人的人（卡片1）買酒，我們通常不會特別去檢查證件。同樣地，任何人買可樂（卡片3），我們都不會特別注意他的年齡，但是有人買酒（卡片4），我們就會注意一下他／她是否成年了。因此，美國的實驗結果顯示，儘管這個第二階段的考題與第一階段的考題在性質上是相同的，基於經驗的判斷卻導致我們在兩個問題上的答對率截然不同。這類實驗結果顯示，人類的邏輯判斷似乎並不永遠遵循邏輯法則；經驗有時候會幫助我們做正確的判斷，有時候卻會誤導我們接受錯誤的結論。綜合過去這方面推理思考的研究，顯示人類的邏輯推理能力並不如我們所預期的好，在思考上甚至常出現以下的偏誤（bias）：

1. 人類的推理過程常常違反某些邏輯法則。
2. 在某些情況下，多數人沒有能力正確地評估邏輯推論的有效性。
3. 在完全抽象的論證中，多數人表現出十分貧乏的邏輯推理能力。
4. 多數人對於自己的推理判斷能力常有過度的自信。

因此，知道我們在思考上的偏向，對於邏輯思考的有意識地加強與練習，似乎是我們做出較正確、較合理的道德思考判斷之先決條件。

給教師的小叮嚀

1. 注意同學對於邏輯法則先備知識之個別差異。
2. 注意同學對於邏輯法則的掌握，給予適當的增強。
3. 可請同學蒐集道德思考與邏輯思考的案例。
4. 提醒同學注意電視與大眾媒體違反邏輯的簡單洗腦，當心似是而非的思考邏輯陷阱。

附錄

有效無效動動腦

大前提：如果是人，就會死。

小前提：神仙不是人。

結論：所以神仙不會死。

這是「前件否定」，所以是無效論證。

大前提：如果是神仙，就會死。

小前提：壽星是神仙。

結論：所以壽星會死。

這是「前件肯定」，所以是有效論證。

大前提：如果是人，就會死。

小前提：神仙不會死。

結論：所以神仙不是人。

這是「後件否定」，所以是有效論證。

大前提：如果是神仙，就會死。

小前提：狗不是神仙。

結論：所以狗不會死。

這是「前件否定」，所以是無效論證。

動動腦，是正確論證嗎？

大前提：如果是臺灣人，就會講臺語。

小前提：張大名是臺灣人。

結論：所以張大名會講臺語。

這是「前件肯定」，所以是有效論證。

前提並不為真，所以不是正確論證。

大前提：如果是臺灣人，就會講臺語。
小前提：張大名會講臺語。

結論：所以張大名是臺灣人。
這是「後件肯定」，所以是無效論證。

大前提：如果你愛我，就要跟我發生親密關係。
小前提：你愛我。

結論：所以你要跟我發生親密關係。
這是「前件肯定」，所以是有效論證。
前提並不為真，所以不是正確論證。

大前提：如果愛臺灣，就會去服兵役。
小前提：張大名沒有服兵役。

結論：所以張大名不愛臺灣。
這是「後件否定」，所以是有效論證。
前提並不為真，所以不是正確論證。

延伸閱讀

Bernard Patten著，黃煜文譯（2010），《是邏輯，還是鬼扯？》（*Truth, Knowledge, or Just Plain Bull: How to Tell the Difference?*）臺北：商周出版社。（初版十三刷）

Julian Baggini & Jeremy Stangroom著，陳信宏譯（2010），《你以為你以為的就是你以為的嗎？》（*Do You Think What You Think You Think?*）臺北：麥田出版社。（初版七刷）

Galotti, K. M. (1989). Approaches to Studying Formal and Everyday Reasoning. *Psychological Bulletin, 105*, 331-351.

Van Hecke, M. L., (2007). *Blind Spots: Why Smart People Do Dumb Things*. New York: Prometheus Books.（《盲點——聰明人為什麼幹笨事？》，黃怡雪譯，2010。臺北：大寫出版社）

Rachels, J. (Sixth Edition by Rachels, S.) (2010). *The Elements of Moral Philosophy*. Boston: McGraw Hill.

Wason, P. C. (1966). Reasoning. In M. Foss (Ed.), *New Horizons in Psychology*, Vol. 1. Harmondswrth: Penguin.

Wason, P. C., & Johnson-Laird, P. N. (1972). *Psychology of Reasoning: Structure and Content*. Cambridge, MA: Harvard University Press.

楊照（2010），《如何作一個正直的人2——面對未來的五十個關鍵字》。臺北：本事文化。

第二章

道德思考與邏輯原則

我們知道，任何道德議題都必須依賴一個無論是何種主張、何種觀點的人都能共同接受的邏輯規則作爲論證基礎。理由很簡單，如果有任何人告訴你，你「應該」做什麼……做什麼，你自然會問「爲什麼」你應該這樣做，如果對方給不出合理的理由，正常的反應是，你會拒絕這樣做，因爲對方的要求「沒有道理」。

因此，道德判斷與個人偏好、品味不同，如果一個人說：「我喜歡茉莉的香味」，他並不需要說明理由，因爲這只是關於個人的事實陳述，只要這個陳述正確地表達了一個人的感覺偏好，這句話必然爲眞。反過來說，如果一個人說某件事「在道德上是錯的」，那麼他就需要說明理由，如果他的理由是合理的，那麼其他人應該共同譴責這件事；同樣的道理，如果他說不出好理由，那麼他的說法便只是個人意見，不值得我們特別加以注意。

當然，並不是所有說得出來的理由都是好理由，其中有正確的論證，也會有不正確的論證，所謂道德思考能力就是要能分辨正確的論證與不正確的論證。但是，要如何分辨？如何評估論證的好壞？顯然，評估論證的有效、無效也許是比較容易的，判斷前提是否爲眞就比較困難。然而，更關鍵的問題也許是，我們在做判斷時，常常忘了檢視我們據以做判斷的前提是什麼？

我們以著名心理學家Tversky與Kahnemann所用的實驗材料來說明：

案例一　計程車問題

有一部計程車在深夜撞了路人之後逃逸。當地有兩家計程車行：綠色計程車行與藍色計程車行。**目擊者說肇事的計程車是藍色計程車**。根據測試結果，我們知道目擊者有80%的機率正確地指認出計程車的顏色，我們也知道當地的計程車中，有85%是綠色計程車，另外的15%是藍色計程車。

請問肇事車輛確如目擊證人所說，是藍色計程車的機率為多少？（假設目擄證人是很誠實的）

選項：

(1) 12%　(2) 80%　(3) 29%　(4) 41%

邏輯上，總共只有下列四種可能的情況：

1. 綠色計程車肇事，證人正確指認（80%的機率）
2. 綠色計程車肇事，證人錯誤指認（20%的機率）
3. 藍色計程車肇事，證人正確指認（80%的機率）
4. 藍色計程車肇事，證人錯誤指認（20%的機率）

根據測試結果，我們可以得到下列的數據：

證人指認肇事車輛	實際可能肇事車輛	
	綠色計程車	藍色計程車
	85	15
綠色計程車 藍色計程車	85 * 80% = 68 85 * 20% = 17	15 * 20% = 3 15 * 80% = 12

從表上可以清楚知道，在一百件肇事案件中，證人指認藍色計程車爲肇事車輛的案件會有二十九件(17 + 12) ([0.8×0.15] + [0.2×0.85] = 0.29)，然而其中只有十二件（0.8×0.15 = 0.12）是眞正藍色計程車肇事。因此，肇事案件是藍色計程車的機率是12 / 29，是41%。

大多數人知道這答案都會大吃一驚，因爲大部分人都會認爲既然證人的正確率是80%，那麼藍色計程車犯案的機率自然是80%，但是他們忽略了證人有可能誤認綠色計程車爲藍色計程車的機會。爲什麼我們會忽略綠色計程車被誤認爲藍色計程車的機率？我們可以這樣看，現在有一個大前提：「如果藍色計程車肇事（P），那麼目擊證人指認藍色計程車的機率是80%（Q）」。同時，由於我們思考的問題是「肇事車輛是藍色計程車的機率」，於是我們很直覺地將小前提訂爲「證人指認藍色計程車肇事」，於是會得到錯誤的結論。換句話說，思考的主要盲點在於小前提並不爲眞！

這樣的思考盲點在日常對話中也常常出現，例如，有許多政治人物喜歡發誓：

大前提：如果我有罪，我就會出車禍。
小前提：我沒有出車禍。
結論：所以我無罪。

這個論證因爲是後件否定，是有效論證，所以許多人也視它爲正確論證，並不質疑發誓的有效性。很少人會注意到，此論證的大前提顯然並不爲眞，因爲沒有任何證據支持「如果有罪，就會出車禍」這樣的因果關係，因此，這個論證即使是有效論證，也不是正確的論證。再以男女朋友之間常常會出現的對話爲例：

大前提：如果你愛我，你就會順從我。
小前提：你愛我。
結論：所以你應該順從我。

這個論證是前件肯定的有效論證，但是並非正確論證。這個論證的盲點同樣出在大前提並不爲眞。通常，如果結論違反常理或違反自己的經驗，很容易讓我們會回頭檢視前提是否爲眞，但是如果結論符合我們自己的信念時，我們就不大容易發現前提並不爲眞的事實，而接受錯誤的結論。例如，有朋友要求你幫忙作弊，你想拒絕，但是他說：

（大前提）如果你是我的朋友，你就會幫我。
（小前提）現在你不幫我。
（結論）所以你不是我的朋友。

這樣的論點，從邏輯形式來看，是後件否定的有效論證，但是問題出在大前提並不爲眞，因爲朋友互相幫忙並非無條件的絕對道德原則，更何況作弊的結果可能是害了朋友，而不是幫了朋友。因此，在道德抉擇上就不應該接受這樣的結論。

一般而言，許多我們習而不察的道德信念常常成爲我們進行道德判斷時的大前提，例如，「如果以人爲手段，就是不道德」；「如果殺人，就是不道德」；「如果是效益最大的行爲，就是道德的行爲」；「如果是人，生命都是等値的」等等，通常，每一種情境、案例或議題，都會牽涉到個人許多不同的道德信念，因此，道德思考的核心就是對這些作爲大前提的道德信念加以檢視、加以澄清，以了解在特定的情境下，這些道德信念是否爲眞。

請試試看對於下面的命題，你／妳會做何種判斷。

如果救人是道德。

救朋友比救陌生人更道德。

選項：(1)是。　(2)不是。　(3)不一定。

救父母比救朋友更道德。

選項：(1)是。　(2)不是。　(3)不一定。

救一人比救十人更道德。

選項：(1)是。　(2)不是。　(3)不一定。

讀者應該很容易發現，道德論證的好壞不容易區辨，也沒有簡便的方法可供應用。論證在任何時候都可能出錯，因此我們必須了解道德思考中邏輯論證可能有的思考陷阱與後遺症。事實上，這並不是道德思考獨特的現象，在任何領域，對固定思考的挑戰永遠是批判性思考，道德思考也不例外。

在檢視作爲前提的命題是否爲眞時，我們必須了解人在思考上有確認偏誤、喜歡使用捷思法，因此對於前提是否爲眞的判斷容易犯錯，就像前面計程車的問題一般。

我們再以Tversky與Kahnemann的實驗來試試自己的判斷能力：

案例二　猜猜瑪莉的職業

瑪莉是一位聰明、坦率的三十二歲未婚女性，並且擁有社會學學位。在大學時代，她活躍於校園內的政治活動，尤其關心種族歧視與貧窮的社會問題。除此之外，瑪莉也主張動物權、墮胎合法化、反全球化以及參加反核大遊行。目前她認真投入諸如能源再生、氣候變遷等環境議題。

以下列出描述瑪莉的四個句子，請就上述對瑪莉的描述，以1-5判斷這些句子正確與否。1代表非常不可能正確，5代表非常有可能是對的。

1. 瑪莉是一位精神科社工人員。
2. 瑪莉是一位銀行行員。
3. 瑪莉是一位保險業務員。
4. 瑪莉是一位提倡女性主義的銀行行員。

問題：**在評定完上述四個句子的正確可能性後，請問哪一個句子對瑪莉的描述最有可能是正確的呢**？

選項：(1) 1　(2) 2　(3) 3　(4) 4

根據**機率原則**，瑪莉是「銀行行員」的機率不會小於她是「提倡女性主義的銀行行員」的機率。因此，如果受試者的思考方式符合機率原則，他們就會選銀行行員。然而，實驗結果顯示，不論受試者有沒有修過基礎統計學，乃至於修過進階課程，有85-90%的人，在排序上違反了上述的機率法則。換句話說，受試者並未以合於機率法則的方式思考。

顯然，由於瑪莉的個性看來很像典型的女性主義者——關心公平正義、勇於表達等等，因此她比較像「在銀行工作的女性主義者」，比較不像小心謹慎、按規矩辦事的「典型銀行行員」。準此而論，假如受試者根據「瑪莉看來像哪類人」去做反應，他自然會覺得，瑪莉是「提倡女性主義的銀行行員」的可能性高於她是「銀行行員」的可能性。這正是運用代表性捷思法（representativeness heuristic）的具體表現。

舉另一個例子來說，假如你在美國某地遠遠看到一個身高約一百七十公分、深色頭髮的人，走進一家日本人開的商店，你會認定你看到的不是西洋人，而是一個東方人，因爲他的身體特徵（身高、頭髮顏色）與行爲特徵（走進日本人開的商店），都像是個典型的（具有代表性的）東方人，而認定他是東方人。

捷思法只是一種權宜性的簡便方法。通常，使用捷思法的結果可以說是「雖不中亦不遠矣」。這樣的方法可以讓我們以略微犧牲精確性的代價，換得思考上的效率，大大提高心智工作的成本效益。然而，在某些情況下，捷思法卻可能造成判斷上的錯誤，例如，因爲最近才看到幾件車禍的電視報導，便認爲發生車禍的頻率遠高於心臟病的發生，或將一個較矮小、黑髮的白種人看成黃種人等。

由於人們的思考並不通常遵循邏輯法則，又常受到經驗直覺、思考偏誤，以及捷思法的影響，思考上常常出現盲點，甚至會出現後果嚴重的錯誤判斷！下面是一個標準的案例：

案例三　靠運動彩發財？

阿土是棒球迷，職棒比賽他幾乎每場都會準時收看。有一天他收到署名**職棒結果預測股份有限公司**的電子郵件，裡面只寫了一行字：

10月12日，中信兄弟隊會贏。

阿土認定這封信一定是這家公司的宣傳手法，憑機率預測，並不以為意。然而，10月12日阿土準時收看比賽，結果兄弟隊果然贏了。過了一個星期，阿土又收到另一封預測統一獅隊會贏球的信，而統一獅的確也在那週贏球了。連續五週阿土收到的信都準確預知比賽結果，第五週的信上還寫著：「**若要收到下次比賽的預測結果，請使用信用卡網路付款八千元**。」

阿土心想，它的預測那麼精準，一定是有內部消息，我用它的預測去買運動彩券，那不就能發大財？於是馬上上網付了八千元，也如期收到了第六週的預測結果，並且根據預測買了運動彩券。結果，第六週真的如預測公司所言，阿土的彩券果然中獎。阿土很興奮，馬上又付錢給預測公司，並加碼買了第七週的彩券。沒料到，第七週的預測竟然錯誤，害阿土損失了不少金錢。阿土覺得很奇怪，想了又想，終於恍然大悟，發現自己因為一時的貪念被預測公司玩弄了。

請問阿土是想到了什麼，而發現自己被玩弄了呢？

選項：

(1) 預測公司依賴運氣，不依賴機率。

(2) 預測公司收了錢就不會告訴他預測結果。

(3) 預測公司的預測之所以正確是每次預測都是獨立事件，因此連續預測正確的機率並非千分之二，而是二分之一。

(4) 預測公司的預測之所以正確是操弄收信者樣本來的。

事實眞相是：職棒預測公司購買數以百萬計的電子郵送地址，寄送第一封信件時，一半的收信者收到預測兄弟隊會贏的信件，另一半的收信者收到預測對手會贏的信件。換句話說，無論結果如何，都有至少五十萬人收到預測正確的信件。然後預測公司針對收到預測正確信的人繼續寄送第二封信件，同樣是一半的人收到預測統一獅會贏的信件，一半收到預測對手會贏的信件。如此繼續下去，儘管收到錯誤預測結果的人遠比收到預測結果正確的人多很多，總會有一些人永遠都收到預測正確的信件（連續五次收到正確預測結果的便至少有三萬多人），只要他們在收信過程中像阿土一樣心動，匯款過去，預測公司便花小錢賺大錢了。

根據Tversky等人的實驗研究，一般人即使沒有受過統計學訓練，依然有能力做出合乎統計原則的歸納推理，特別是當推理的人能注意到「取樣的範圍與方式」、「隨機因素的影響」等等時，其歸納推理方式便十分可能包含了統計原理的基本精神。然而，統計學及其基礎理論「機率論」畢竟是歷經數百年才發展成熟的學問，要說一般人都能依據統計學原理，用有系統的思考方式去進行歸納推理，確實是件難以想像的事。因此，一般人多半是依賴一些直覺式的推理，雖然此種推理方式往往簡便、有效率，卻也可能犯下推理上的錯誤，就像阿土所犯的思考偏誤，被稱爲「對樣本量的不敏感性」（insensitivity to sample size）。意思是說，人們在推理類似的事件時，並未將樣本大小列入考慮。當然，從另一個角度來看運動彩，只要所有彩券都賣光了，就一定有人中獎。在這種情況下，「運動彩券」的中獎事件則成爲「非機率事件」，而非「機率事件」。換句話說，阿土的思考盲點一方面在於對樣本量的不敏感，一方面在於將非機率事件視爲機率事件。

道德思考或道德抉擇所涉及的影響層面、考慮因素常常十分複雜，如果我們能先認識自己思考的清晰度，了解人類思考上的偏誤與盲點，並經常鍛鍊自己的邏輯思考能力，那麼我們因爲做錯判斷而後悔的機會便會減少很多！

參考資料

Tversky, A. (1972). Elimination by Aspects: A Theory of Choice. *Psychological Review.* 79, 281-299.

Tversky, A., & Kahnman, D. (1973). Availability: A Heuristic for Judging Frequency and Probability. *Cognitive Psychology,* 5, 207-232.

Tversky, A., & Kahneman, D. (1974). Judgment Under Uncertainty: Heuristics and Biases. *Science,* 185, 1124-1131.

Tversky, A., & Kahneman, D. (1982a). Evidential Impact of Base Rates. In D. D. Kahneman, P. Slovic, & A. Tversky (Eds.), *Judgment Under Uncertainty: Heuristics and Biases*. Cambridge, UK: Cambridge University Press.

Tversky, A., & Kahneman, D. (1982b). Judgments of and by Representativeness. In D. D. Kahneman, P. Slovic, & A. Tversky (Eds.), *Judgment Under Uncertainty: Heuristics and Biases*. Cambridge, UK: Cambridge University Press.

第三章
道德抉擇的本質
原則與結果

一般而言，道德思考通常並非假想性的議題，因此其前提必須爲眞，才能保證結論爲眞。也就是說，道德思考除了推論要符合邏輯原則之外，還必須有眞假判斷，只有確定道德推論的前提爲眞時，我們才能放心地接受這個道德推理的結論。根據此一論述，讀者應該已經了解，道德判斷有兩個重點：⑴首先，必須衡量道德推理的有效無效，也就是必須檢視道德判斷的推論過程是否合乎邏輯法則；⑵若推論合乎邏輯，則接著必須衡量作爲道德推理的前提之道德原則是否爲眞、作爲道德推論的基本假設是否爲眞。以邏輯的術語來說，道德思考不僅必須是有效論證，而且必須是前提爲眞的正確論證，我們才能夠放心接受作爲行爲的準則。

然而，實際的道德抉擇除了考慮是否合乎邏輯、前提是否爲眞之外，還有現實的行爲結果必須考量。例如，即使道德思考上確立了誠實的道德原則（「如果說謊，就是不道德的。」），如果實踐誠實原則的結果是：朋友會被恐怖分子抓走，那麼究竟是要遵行道德原則讓朋友被抓走？還是以朋友的安危爲重，寧可違反道德原則？這個道德抉擇就會顯得特別困難了。顯然，在做道德抉擇時，除了必須考慮行爲的原則依據之外，還必須衡量行爲選擇的結果。據此，我們可能必須說，道德抉擇通常除了必須考慮行爲的理由是不是建立在正確論證的基礎上之外，還必須考慮行爲結果對所有關係人會造成何種影響。

一般而言，行爲結果的最基本考量自然是：行爲結果會帶來正向影響還是負向影響？換句話說，就是「利」與「害」的權衡。其次是，會受到正向影響的人是哪些人？影響的程度有多大；會受到負向影響的人是哪些人？影響的程度有多大。然而，由於行爲結果多半發生行爲抉擇之後，也就是發生於未來，因此我們對於結果的估量通常還必須包含對於發生機率的計算，以及以機率計算爲基礎的期望值之估算，這當然也使得我們對於行爲結果的利害計算變得十分複雜而難以掌握。

顯然，從邏輯法則、道德原則，一直到行爲結果，這些都是我們在做眞實的道德抉擇時，必須思考、必須考慮的面向。因此，我們認爲在面臨道德抉擇時，可以圖3-1作爲基本思考架構，幫助我們在面臨道德判斷、道德抉擇時，釐清問題、做出決策。

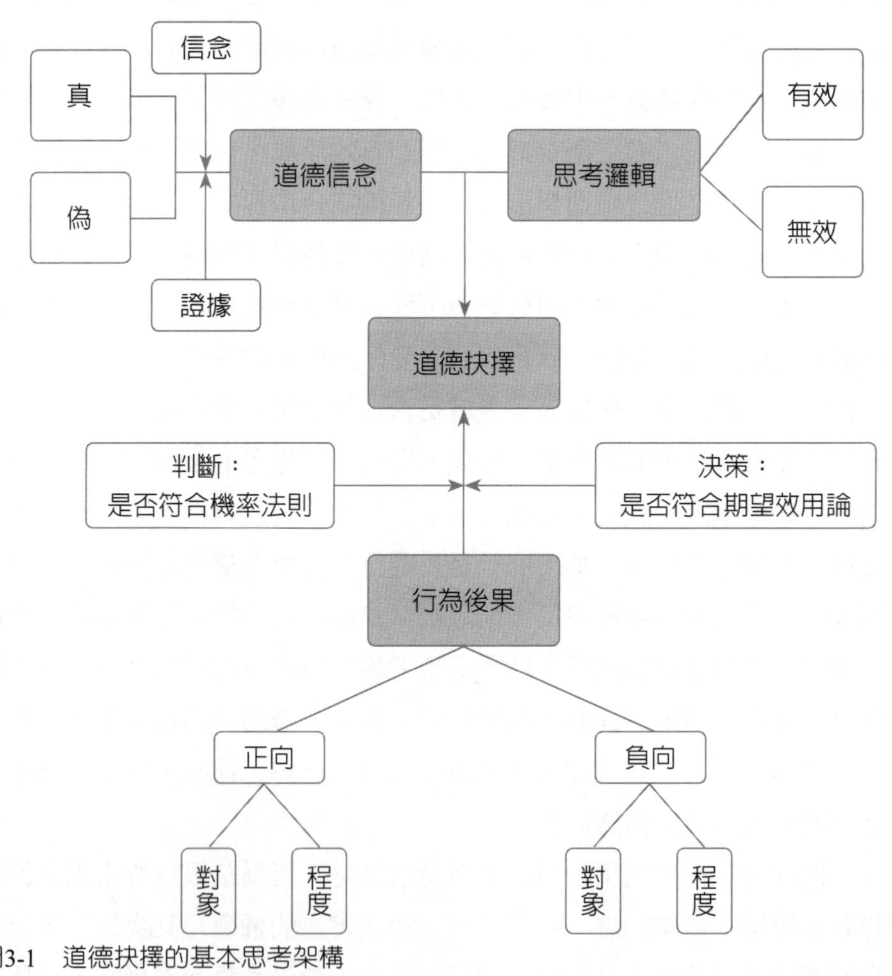

圖3-1　道德抉擇的基本思考架構

舉一個實例來說明如何用這一個道德思考架構來幫助我們思考：2011年2月22日《天下雜誌》刊登了一篇報導文章：〈少子化原兇：企業濫用責任制〉，該文引述一位教授的說法：

「臺灣人工時這麼長，誰有時間養育小孩，跟日本一樣，生育率驟降絕對與工時有關。」

首先，我們可以把這句話化成下列邏輯形式，以便檢視這種說法的邏輯合理性：

（大前提）如果工時長（P），生育率就會降低（Q）。
（小前提）現在臺灣生育率低（Q）。
———————————————
（結論）所以臺灣工時太長（P）。

說這句話的人的邏輯顯然是：因爲企業濫用責任制，以致員工工時太長，從而企業要爲臺灣的少子化負責任。由於大前提：「如果工時長（P），生育率就會降低（Q）」是講此話的人之基本假設，因此我們可以先檢視：如果這假設是對的，推理合不合邏輯？「若P則Q，Q⇒P」爲**後件肯定邏輯推論**，顯然是無效論證，這是一個單純用思考邏輯便能清楚辨識各種說法有效性的具體例子。

下面我們再用一個Rachels書上所舉（Rachels, 2010），歷史上發生過的故事，來看這樣的道德思考架構，如何作爲道德判斷的分析架構：

案例一　Baby Theresa

Theresa Ann Campo Pearson於1992年出生於美國佛羅里達州，她一出生就被判定為無腦症（anencephaly）。所謂無腦症是缺了大腦與小腦，卻還有腦幹維持自主神經系統，因此，這小嬰兒還能呼吸，也有心跳。由於無腦症能早期發現，因此大部分無腦症胎兒的父母都會選擇以人工流產方式處理。即使不做人工流產，無腦症胎兒出生時有一半的機會是死產。但是，即使如此，在美國，每年仍然有大約三百五十位無腦兒出生，而他們通常也會在幾天內自然死亡。Theresa的父母知道他們的嬰兒將在幾天內死亡，而且沒有意識，因此，做了一個非比尋常的決定。他們決定將Theresa的腎臟、肝臟、心臟、眼角膜等捐出來，給其他生病的嬰兒做器官移植。醫師也同意了這項要求，因為他們知道有許多的嬰兒正在等待器官做移植手術。但是，佛羅里達州的法律禁止活體移植，問題是，如果等Theresa自然死亡後再移植，因為器官已經衰竭壞死，就無法使用了。於是，Theresa的父母決定向佛羅里達州政府申請特准這項活體移植手術。

你認為佛羅里達州政府是否該特准這項活體移植手術的進行？

選項：

(1) 應該，因爲爲了造福更多的人，可以犧牲少數人。

(2) 不應該，因爲我們不可以任何理由殺人。

(3) 不應該，因爲我們不能利用人作爲達成任何目的之手段。

如果逐一來檢視這些可能作爲道德抉擇的理由，便會發現所有這些理由都可以化爲邏輯推論，也會發現，這些理由不是基於道德原則的信念，便是基於行爲結果所帶來的利與害之考量：

一、「為了造福更多的人，可以犧牲少數人」

此論點的思考邏輯以圖3-1來說明的話，主要是以「行爲後果」所帶來的利與害作爲考量的基礎。此論點可化爲以下的三段論句：

（大前提）如果可以造福多數人，則應該犧牲少數人。
（小前提）進行Theresa的活體移植手術可以造福許多嬰兒。
（結論）應該犧牲Theresa，進行活體移植手術。

要看這結論是否爲眞，首先，我們必須先看這結論是否合乎邏輯，也就是說必須先檢視此論證是否爲有效論證。大前提「若P（如果可以造福多數人）則Q（則應該犧牲少數人）」，小前提P（進行Theresa的活體移植手術可以造福許多嬰兒），於是得到Q（應該犧牲Theresa，進行活體移植手術）的結論。顯然，此爲前件肯定的條件句形式，因此是有效論證。

但是，緊接著，我們必須檢視大小前提是否爲眞，才能確定結論是否爲眞。大前提是效益主義的道德原則：「只要行爲結果帶來的利益大於不行爲所帶來的利益」，就是道德的行爲，因此可以視爲信念而接受其爲眞。但是問題是，反映行爲結果的小前提：「進行Theresa的活體移植手術可以造福許多嬰兒」是否爲眞？顯然，要確定這個小前提爲眞，對於手術結果的掌握至少還必須考慮下面兩種狀況：

1. **移植手術成功的機率**。因爲除非手術成功，Theresa才有機會造福其他嬰兒，但是所有的手術都有風險，何況是移植手術。
2. **手術成功是不是一定代表造福其他嬰兒**？或許是，或許不是，因爲其他嬰兒與Theresa 一樣，沒有能力爲自己做決定或表達意願。他們可能也是身體狀況很差的嬰兒，藉著器官移植存活下來之後的人生是否帶來嬰兒他自己或家人的幸福，也是很難預測的。

此一論證的小前提是對於行爲結果可能帶來的利與害之權衡與推論。但是，任何行爲的利益永遠包含了從社會到個人、從實質到心理層面、從期望值到實際效果的不同考慮，許多結果無法量化，影響層面也難以衡量。以Theresa的例子來說，就連我們認爲會帶來正向的結果也有上述無法預測與掌握的層面，會帶來負面結果的考慮是否就更需要仔細斟酌？例如，雖然Theresa沒有意識，在幾天後就會死亡，但是手術會不會造成她的痛苦？Theresa如果能多活幾天，是否一定沒有奇蹟或變化出現？

因此，如果要從行爲後果來考量何種行爲是對的行爲，結果的發生機率、結果的期望值、結果的影響對象，自然都是必須審愼考量的因素。

二、「我們不可以任何理由殺人」

這個理由與上個理由不同的地方是，它不是從權衡行爲後果的利害角度出發，而是基於「**殺人是不道德的**」的基本信念。同樣地，此論點也可以化為以下的三段論證：

（大前提）如果殺人，就是不道德的。
（小前提）進行活體移植手術會殺死Theresa。
（結論）進行Theresa的活體移植手術是不道德的。

如果以圖3-1來說明的話，我們可以先檢驗此論證的邏輯性，顯然，這個論證也是前件肯定（若P則Q，P⇒Q），因此是有效論證，邏輯上是站得住腳的論證。接下來，我們必須繼續檢視前提是否為眞，才能確定要不要接受以此前提所導出的結論。這裡的大前提「如果殺人，就是不道德的」，是道德原則，它可能是個人或團體的信念（例如，「人類是上帝所創造的」），也可能是證據支持的想法（例如，「人類是從動物演化來的」），信念與證據都必須經過檢驗才能判定眞偽。

如果我們相信任何情況下都不能殺人，那麼不可殺人便是絕對道德，相信並接受此道德原則的人，很自然地只能選擇拒絕當兵、拒絕死刑、拒絕安樂死、拒絕墮胎。在此信念下，如果我們清楚知道動手術的結果就是Theresa會死亡（小前提），那麼，在大前提小前提都為眞的情況下，道德抉擇自然就很清楚：「不應該進行手術」。然而，「不可殺人」的大前提究竟是絕對性的道德原則，還是允許有例外的道德原則？

首先，如果我們認為「不可殺人」是絕對道德，就會遇到一個基本問題：什麼是絕對道德？是誰規定的道德原則？所謂絕對道德通常只能來自絕對的權威，例如上帝。但是即使聖經上的義人亞伯拉罕，只要是上帝的旨意，連自己的兒子都可以獻祭，因此，「不可殺人」是絕對道德嗎？

其次，如果「不可殺人」是允許有例外的道德原則，那麼，我們會遇到另一種問題：什麼情況是允許有例外的情況？Theresa的情況是可以被容許的例外嗎？要回答這個問題，我們可以先試著檢驗自己對下列問題的答案：

如果殺人，就是不道德。

現在老虎殺人，所以老虎是……

選項：(1)不道德。(2)道德。(3)無法確定。

現在劊子手殺人，所以劊子手是……

選項：(1)不道德。(2)道德。(3)無法確定。

現在司機不小心撞死人，所以司機是……

選項：(1)不道德。(2)道德。(3)無法確定。

現在司機故意撞死人，所以司機是……

選項：(1)不道德。(2)道德。(3)無法確定。

現在張先生為了救一個人而殺了人，所以張先生是……

選項：(1)不道德。(2)道德。(3)無法確定。

現在張先生為了救父母而殺了人，所以張先生是……

選項：(1)不道德。(2)道德。(3)無法確定。

理論上，如果我們接受大前提「如果殺人，就是不道德」，則按照邏輯法則來思考，上述論題形式都是前件肯定，因此，結論應該都是「所以，……是不道德的」。然而，我們會發現，我們在做這些判斷時，很難做出一致的結論。我們做這些道德判斷時會因爲行爲主體的屬性、角色、動機、結果，而做出不一致的決定。從這樣一個簡單的例子看來，顯然，「如果殺人，就是不道德」這一個大前提，在現實社會中並非是永遠爲眞的絕對性道德原則。接下來要思考的自然是我們要不要接受Theresa的情況是可以被容許的「非不道德」的殺人？

三、「我們不能利用人作為達成任何目的之手段」

這個論點與上個論點一樣，不是基於行爲結果的考慮，而是基於道德原則所做的判斷。但是，這個道德原則不是「不可以任何理由殺人」的道德原則，而是「人是目的，不可以爲其他任何目的之手段」的道德信念，根據這個信念，「我們不可以用殺人作爲救人的手段」。同樣地，此論點也可以化為以下的三段論證：

（大前提）如果是人，就只能是目的不能利用作為手段。
（小前提）Theresa是人。
（結論）不可以利用Theresa作為救活其他嬰兒的手段。

同樣以圖3-1來說明這個論點，就此結論是否合乎邏輯而言，顯然，這個論證是**前件肯定**的有效論證（若P則Q，P⇒Q），在邏輯上是站得住腳的。接著，我們就必須檢視前提——「人是目的，不能利用作爲手段」是否爲眞。何種作法是將人當作手段？簡單的說，就是「利用」特定人作爲達成其他人目的之行爲。例如，日常生活裡，如果有人想要認識某位政要，就特意去接近朋友中認識這位政要的人，找機會讓朋友介紹這政要給他，那麼，這人就是想「利用」朋友，達成他自己認識某位政要的目的。如果這人的朋友知道這人和自己親近是爲了結交政要，而不是因爲想和自己做朋友，一定勃然大怒。爲什麼？因爲覺得自己「被利用」了！凡是爲了自己的利益，用操弄、欺騙或者強迫的手段讓人爲自己或特定人服務，都稱爲「利用人」。再例如，複製人在技術上已經成熟了，我們如果複製自己，以備移植器官之用，便是要利用複製人達成讓自己健康長壽的目標。問題是，即使是自己的複製人，如果複製人是獨立的生命個體，我們有權利這樣做嗎？

大前提的「人是目的，不能是手段」是一種信念，是「人權宣言」裡所標示的普世價值，因此，是大部分人類社會所共同接受的道德原則。如果我們也接受這個道德原則，認爲其爲「眞」（true），那麼只要看小前提是否爲眞，就可以判斷結論是否合理了。只要我們認爲人只能是目的，不能是其他任何目的之手段，只要我們承認Theresa是人，那麼結論的合理性就很清楚了。

綜合上面的論述，我們可以清楚了解，無論是關於個人的日常生活抉擇，例如，要不要冒著失去朋友的風險對朋友說實話、要不要順從父母的意願選擇婚後與父母同住……等等，還是關於公共事務的選擇，例如，要不要贊成代理孕母合法化、要不要支持廢除死刑……等等，都會牽涉到思考邏輯、道德原則，以及行爲結果，常常練習將生活中所遭遇的抉擇難題以圖3-1的思考架構加以分析，也許能夠讓我們慢慢了解「所欲有甚於生者，所惡有甚於死者」的道理，活得更明白，死得更無憾！

參考資料

Rachels, J. (Sixth Edition by Rachels, S.) (2010). What is Morality? In *The Elements of Moral Philosophy* (pp.1-13).Boston: McGraw Hill.

第四章

道德有客觀標準嗎？兼論文化相對觀點

我們已經反覆說明正確的道德推理，其必要條件有二：「論證必須爲有效論證」與「前提（不論大前提或小前提）爲眞」，缺一不可。論證的有效、無效，透過邏輯原則的熟練，一般人在判斷上都不會有太大的問題。但是對於前提是否爲眞的判斷，由於常常牽涉到信仰、信念、知識、經驗等等，就顯得複雜多了。例如，有人堅持「墮胎是不道德的」，有人堅持「同性戀是不道德的」，也有人堅持「一夫多妻是道德的」，堅持「女性應該順從父兄的意見」。有人堅持就是有人相信這些是道德原則，是「永遠爲眞的前提」。但是，顯然也有很多人不會同意前述那些說法是理所當然的前提。如果我們因爲有人同意、有人不同意，就以「公說公有理，婆說婆有理」來認定世界上所有有爭議的事情都是無法確認眞僞的，是必須互相包容的，那麼，我們顯然就會以「道德是沒有客觀標準的」來作爲不同社會間道德規範互相出入、各有歧異的註腳，不會想認眞思考不同道德規範的道德前提是否有可以判斷優劣、分辨眞僞的客觀標準。

傳統的社會科學家相信道德規範是社會所建構出來維持社會秩序的產物。大多數人認爲什麼是對的行爲，什麼是錯的行爲，便成爲該社會的共識，從而成爲規範人們行爲的標準。因此，他們認爲道德原則自然也是文化相對的，沒有客觀的標準。但是，近代有不少學者開始主張，道德其實也是科學，有其生物根源，因此也有其客觀標準。他們認爲，道德規範其實就是人類看世界的眼光，人類的思考有其共同基礎，文化表現只是在共同基礎之上的變異，就像語言一樣。

語言是思考的主要媒介，這個世界有那麼多種不同的語言，每種語言的詞彙與語法常有很大的差異，中文的彩虹代表七種顏色，有些語言代表五種（例如古英語）或八種顏色（例如古日語），也有些只代表兩種顏色（例如琉球語），這些不同語言的使用者，會不會因爲語言的不同而用不同的眼光來看世界，例如，只看到五種或兩種顏色？

此外，有一種流傳極廣的說法，說愛斯基摩人的語言裡有幾百個用來描述「雪」的字眼，相對地，無論是中文或英文，能湊出幾十個描述「雪」的字彙就很勉強了，因此，我們會揣測，是不是愛斯基摩人眼中的世界，特別是關於「雪」的部分，與我們所看到的世界有很大的不同，以至於字彙的數量才會有這麼大的差異？

關於語言與思考的關係這方面早期的研究顯示，對於色彩或形狀的認知與記憶基本上決定於關於事實的認定，而非語言因素，換句話說，儘管愛斯基摩語中關於雪的性狀之字彙遠多於中文，愛斯基摩人與華人對於雪的形狀或色彩、聲音的知覺辨識能力其實是一樣的。但是，後來更精細的實驗設計卻顯示，語言的因素對於色彩或形狀的認知還是有相當的影響。換句話說，我們還是有可能因爲語言的限制而使用不同的思考方式。這就是有名的語言相對假說。

Kahneman與Tversky曾做了一系列實驗，闡明語言會爲思考架設一個框架，從而影響到思考，下列實驗便是其中的經典實驗。根據這樣的實驗結果，顯然，描述不同方案的語文呈現，對受試者的判斷會有很大的影響。

現在讓我們先來看這個例子：

案例一　亞洲疾病

想像美國正在為一場將爆發的不尋常的亞洲疾病預作準備。這次疫情預計將奪走六百條人命。有A、B兩個方案被提了出來。假設對這兩個方案所做的科學精確評估結果如下，你會贊成採取哪一個方案？

A方案：確定會有200人獲救。

B方案：有1/3的機會讓600人均獲救，2/3的機會無人獲救。

選項：

⑴ A方案。

⑵ B方案。

Kahneman與Tversky的實驗結果：72%的人選擇A方案；28%的人選擇B方案。

案例二　火山地震

想像美國正在為一場將爆發的不尋常的火山地震預作準備。這次地震預計將奪走六百條人命。有C、D兩個方案被提了出來。假設對這兩個方案所做的科學精確評估結果如下，你會贊成採取哪一個方案？

C方案：確定會有400人死亡。

D方案：有1/3的機會無人死亡，2/3的機會讓600人均死亡。

選項：

⑴ C方案。

⑵ D方案。

Kahneman 與Tversky的實驗結果：22%的人選擇C方案，78%的人選擇D方案。

在這個實驗中，亞洲疾病中的A方案其實就是火山地震中的C方案；同樣地，亞洲疾病中的B方案其實就是火山地震中的D方案。但是，實驗結果卻顯示，亞洲疾病中選擇A方案的有72%，但是在火山地震中選擇C方案的卻只有22%；反過來說，亞洲疾病中選擇B方案的有28%，但是在火山地震中選擇D方案的則高達78%。Kahneman 與Tversky認爲其中原因可能是，在A方案與B方案之間做選擇的人會覺得，既然A方案保證會救活二百人，B方案則有三分之二的機會沒有救活半個人，因此，放棄A方案選擇B方案，形同拿二百人的生命去做賭注，賭更多人獲救的機會。反過來看，在C方案與D方案之間做選擇的人會覺得，既然採行C方案的結果必然有四百人無法倖免，不如冒險採行D方案，說不定因此救活所有的人。

這樣的實驗結果生動地闡明，陳述問題的語言會設定一個思考框架，使思考偏向某個特定的方向。因此，Kahneman與Tversky將這種語言對思考所造成的影響稱爲**框架效果**（**frame effect**）。（註：Kahneman是2002年諾貝爾經濟獎得主）

一、道德的標準與事實的判準

如果語言會爲思考設定框架，那麼文化必定是另一個無形而強力的框架。事實上，不同的文化也的確爲人設定了不同的道德準則、不同的社會規範，然而，我們所觀察到的多元文化現象與多元社會規範現象是不是就意味著：道德規範很難有跨文化的、客觀的共同準則？既然無法有客觀的道德原則作爲道德思考的前提，則在前提無法確定爲眞的情況下，基本上便只能以行爲結果來判斷行爲的善惡對錯。換句話說，善惡對錯只能依情境、對象而定，因此現實情況是多元道德的世界。這就是文化相對論者所主張的**多元道德觀點**，他們的思考邏輯基本上是這樣的：

大前提：如果有客觀的道德原則，那麼就有絕對的善惡對錯。
小前提：人世間沒有客觀的道德原則。
結論：人世間沒有絕對的善惡對錯。

這樣的觀點是否立論在正確的思考基礎上呢？首先，從邏輯法則來看，這是前件否定（「若P則Q，非P⇒Q」），因此顯然是一個無效論證；其次，大前提「如果有客觀的道德原則，那麼就有絕對的善惡對錯」雖然沒有問題，文化相對論者所主張的小前提「人世間沒有客觀的道德原則」是否爲眞？人世間是否沒有客觀的道德原則？這個前提顯然大有爭論的空間。爲什麼？要回答這個問題，我們先以下列論述來完整介紹Rachels針對文化與道德原則的關係之精闢見解（Rachels, 2010）。

二、多元文化就是多元價值嗎？

古代波斯帝國的國王Darius因爲經常周遊列國，知道許多有趣的文化差異。例如，印度的高蘭地人（Gallantians）在父親死後會將父親的遺體吃掉，而希臘文化卻是在舉行儀式後將父親遺體火化。Darius認爲成熟的思考應該是能體認並欣賞文化的差異。有一天，爲了教導他的想法，他問了他朝廷裡的希臘人他們對於吃父親遺體行爲的看法，這些希臘人震驚到無以復加，回答國王說，即使給他們再多財富也不可能讓他們做出這樣的行爲。之後，國王叫進一些高蘭地人，然後當著希臘人的面問這些高蘭地人，對於燒掉父親遺體的看法，這些高蘭地人表現出無限驚恐的樣子，請求國王不要說這麼可怕的事。

顯然，不同的文化有不同的道德原則（moral code），在某個團體裡被認爲是理所當然的事，對另一個團體的成員可能是非常可怕的事。我們可以燒父親的遺體嗎？如果你是希臘人，這是正確的作法，但是如果你是高蘭地人，你就絕對不會這樣做。

這種文化差異的例子其實很多，以二十世紀初至二十世紀中期散居阿拉斯加、格陵蘭等嚴寒地區的原住民，通稱愛斯基摩人（Eskimos）爲例，他們因爲聚落很小，遠離其他族群，因此發展出許多與其他文化不同的習俗。例如，男人通常多妻，並且大方與客人共享他們的妻妾，以表示好客。同時，有權勢的男人可以隨時接近他人的妻子。至於他們的妻子，如果不想接受這樣的安排，他們的丈夫也沒有意見的話，可以選擇離開他們的丈夫，另尋伴侶。總而言之，他們的婚姻制度是與現代社會很不同的。

事實上，愛斯基摩人不僅在婚姻制度與性行爲方面與其他社會有很大差異，他們對待生命的方式也十分獨特。殺嬰事件在愛斯基摩社會是很常見的，有一個探險家Knud Rasmussen說他碰到一位愛斯基摩婦人，總共生了二十個嬰兒，但是在出生時就將其中的十個嬰兒給殺死了。被殺的嬰兒通常是女嬰，而且這樣做被視爲是父母的選擇與權利，不會有任何社會制裁。甚至，當家中的老人如果身體已經十分衰弱，便會被丟到雪中等死。因此，以外界的眼光來看，在愛斯基摩社會裡，似乎十分欠缺對生命的尊重。

從我們的觀點，上述這些習俗簡直可以說是不道德的，實在難以想像這樣的生活態度，同時因為我們太習慣於自己的文化，以致於會認為愛斯基摩文化是「退化的文化」或「原始文化」。但是，從人類學家的角度來看，愛斯基摩人並沒有比較特別，因為從一開始人類學家就認定對錯觀念是有很大的文化差異的，任何特定文化的道德原則或倫理觀念並不一定能夠被所有其他文化所共同接受。

三、文化差異的意涵——價值觀抑或信仰／信念的差異？

然而，雖然道德行為的文化變異性顯而易見，但是，文化差異的背後一定是價值差異嗎？不一定，事實上最可能是信仰差異。例如，某個社會相信人的靈魂死後會附身於動物，特別是牛。因此他們即使食物不夠，還是堅決不肯殺牛來吃，因為牛可能是某些人的祖父或祖母。這種視牛為神聖而不殺牛的行為，與我們以牛為食物的社會相較，是價值上的差異嗎？不，其實是信仰上的差異。因為兩個社會都同意不可以吃祖母，但是對於牛是否是祖母有不同的意見。換句話說，價值觀相同，信仰不同。當然，信仰的內容與各文化、社會對事實的認定有很大的關係。換句話說，影響各個社會傳統習慣的因素不只有價值系統，還包含了宗教信仰、環境生態，以及知識信念等等。因此，不能說觀察到兩個社會的文化習俗不同，就下結論說，這兩個社會的價值觀不同。

以愛斯基摩人殺嬰的例子來說，這在我們社會是不被容許的，做這種事的父母甚至會被判刑。因此，表面上看來，好像這兩個社會的價值觀是不同的。好像愛斯基摩人比較不尊重生命，比較不愛他們的子女。事實上，在情況允許的時候，愛斯基摩人是非常照顧他們的小孩的。但是，他們為什麼殺嬰？因為他們的生活環境十分嚴苛，只要稍微錯估環境，就會有性命的危險，例如，由於他們生活在冰天雪地的環境，不適合耕種，打獵是最主要的食物來源，因此他們必須常常遷徙，尋找食物。而在遷徙或做戶外工作時，一個母親最多只能背一個小孩，也因此愛斯基摩的母親需要親自照顧子女至少到四歲。當然，最重要的因素是，愛斯基摩人缺乏節育的觀念，意外懷孕所在多見。但是，即使如此，殺嬰通常還是父母在不得已之下所做的最後抉擇，在殺嬰之前，父母會想盡辦法尋求讓其他較富裕或不育家庭收養嬰兒的可能性。至於為什麼殺女嬰？原因主要有二：⑴食物的主要供應者是男性，因為食物短缺，男嬰自然較被保護。⑵打獵風險高，男性早逝比率遠高於女性。從統計數字估算，若男女嬰出生率相同，愛斯基摩社會中的成年男女性比例會成為1：1.5。

因此，無論是對小孩的態度而言，還是生命價值觀而言，愛斯基摩社會與我們現代社會並無軒輊，只是他們的生活條件惡劣，殺嬰成為他們確保家庭存活機會的手段。換句話說，是嚴苛的生活環境逼迫他們必須做我們不必做的選擇。

四、道德的文化相對論

即使我們理解多元文化並不一定意味著多元價值，但是，對很多人來說，觀察到「不同的文化有不同的道德準則」這樣的現象，似乎成為了解道德準則究竟是絕對還是相對準則的關鍵，因此大部分人會說，放諸四海而皆準的普世倫理原則是迷思，是不可能存在的。理由是，既然不同的社會有不同的習俗，要說哪一種習俗是對的、哪一種習俗是不對的，就必須有一個獨立客觀的判斷標準，問題是，任何標準都具有文化特定性，這種獨立客觀的標準不可能存在。社會學家William Graham Sumner早在1907年便主張此種觀點：

「所謂『正確』的方式，便是那些老祖宗用過而且傳承下去的方式。所謂『正確』是存在傳說中，不是外來的，也沒有能夠驗證它的獨立根源。傳說中的任何事情都是對的，因為他們本身就是傳統，背後就是祖先鬼神們的權威，因此，當我們碰到傳說，我們只好停止分析。」

這樣的說法使得許多人開始懷疑普世價值的存在，逐漸相信道德其實是文化相對的，道德並沒有客觀標準以及普世原則，至多就只能有文化特定性的規範。這些道德文化相對論者的邏輯觀點主要如下：

1. 不同的社會有不同的道德準則。
2. 特定社會的道德準則決定了在那個社會裡什麼事情是對的、什麼事情是錯的。因此，如果社會規範說某種行爲是對的，至少在那個社會裡，沒有人能說它是錯的。
3. 並沒有客觀的標準足以讓我們判斷哪一個社會的道德準則是比較好的，因此，並沒有適用於所有人或所有時代的道德準則。
4. 我們的道德準則不過是眾多準則中的一種，不會有特殊地位或價值。
5. 批評別的文化便是傲慢，因此，我們必須包容所有文化的道德準則。

這五個主張乍看之下似乎密切相關，事實上他們是彼此獨立的主張，而且，有些是對的，有些是錯的，因此可能彼此矛盾。例如，第二個主張說，對錯都是由文化決定的，第五個主張說，我們應該包容所有社會的規範。但是，如果有一個社會的規範是「不包容」呢？這讓我們想起德國納粹在1939年9月1日突襲波蘭的二次世界大戰歷史往事，德國的泛日耳曼思想是我們不能容忍的，但是這種思想顯然是德國社會的理想。如果我們主張道德文化相對論，顯然我們就沒有立場譴責德國當時的行爲，因爲他們所做的正是當時德國社會所認爲對的事情。

讓我們重新整理一下前述文化相對論的論證，並將其以命題形式列出：

1. 希臘人相信吃死人的屍體是不對的，但是高蘭地人相信吃死人的屍體是對的。
2. 所以，吃屍體既無法客觀地說它對，也無法客觀地說它錯，它只是一種態度，文化變異很大。

或者

1. 愛斯基摩人認爲殺嬰沒有錯，美國人認爲殺嬰不道德。
2. 所以，殺嬰既無法客觀地說它對，也無法客觀地說它錯，它只是一種態度，文化變異很大。

綜而言之，文化差異論點的說法是：

1. 不同的文化有不同的道德準則。
2. 所以，道德上並沒有客觀的眞理存在。對錯都只是一種態度，文化變異很大。

但是，這是正確的論證嗎？

根據前面對於邏輯思考的討論，我們知道，所謂正確的論證應該是⑴邏輯上有效的論證、⑵前提均爲眞。現在的情況是，前提是關於「事實」的陳述，結論卻是關於「信念」的陳述，前提的確爲眞，但是結論並非根據邏輯法則從前提導出的結論，因此這顯然不是有效論證。具體而言，從「希臘人相信吃死人的屍體是不對的，但是高蘭地人相信吃死人的屍體是對的（事實）」的前提，只能得出「所以希臘人與高蘭地人對於吃屍體的行爲有不同的意見（事實）」的結論。因爲意見不同並不代表兩個都對，有可能是一個對，一個錯，也有可能是兩個都錯。最明顯的例子是我們並不會從「有些社會相信地球是平的，有些社會相信地球是圓的（事實）」的前提得出「所以地理上並沒有辦法判斷，地球是平的對，還是地球是圓的對。平的圓的都只是一種態度，文化變異很大（信念）」的結論。

要注意的是，我們並沒有說「結論一定是錯的」，只是說，「從前提得不出這樣的結論」。換句話說，從「道德準則有文化差異的現象」並無法直接得到「道德原則沒有絕對標準，是文化相對的」之結論。

五、文化相對論的實際意涵

假設文化相對論是對的，其實際意涵究竟爲何？至少有三個意涵是我們必須在意的，因爲正是背後的這三個意涵讓很多思想家不願意接受文化相對論：

1. 假設文化相對論是對的，那麼我們便無法再說另一個社會的風俗習慣是比較不好的，只能說它是不同的。

例如，我們無法批評1989年中國政府在天安門前對和平示威群眾的武裝鎮壓行為是錯的，我們甚至無法說有言論自由的社會是比中國社會好的。因為，這都代表我們認為有一個普世通用的準則。

2. 假設文化相對論是對的，那麼我們便無法再批評我們自己社會中的行為準則。

例如，若有印度人懷疑種姓制度是否是對的，他只能確認這是不是印度社會的準則，若是，只要他是印度人，他便沒有理由懷疑。

3. 假設文化相對論是對的，那麼所謂道德上的進步都是可疑的，因為沒有標準可以說什麼是進步，什麼是退步。

例如，過去歷史上的改革都是以新的想法取代舊的想法，但是，我們以何種標準說新的比舊的好？過去有一段時期，美國的女性、黑人都沒有投票權，現在有了，現在是進步了嗎？奴隸制度的改革是進步嗎？

六、有沒有價值觀上的文化共同性？

如果道德準則的文化差異不代表道德準則有文化相對性，那麼反過來說，不同社會間存在著不少共同價值觀的事實，是不是反映了不同道德準則有共同基本價值的可能性，從而提供了以共同價值為基礎的道德絕對準則的可能性之證據？我們常常因為注意到別的文化跟我們有相異的文化習俗，而忽略了我們有更多共同的價值。畢竟我們都是人類，道德是基於人性的社會產物，道德不會違背基本人性，就像語言不會超越人的基本認知一樣。社會的目的是傳承與發展，因此幾乎所有的社會都會重視以下的價值：

㈠重視小孩

如前所述，事實上，愛斯基摩社會也跟我們一樣重視小孩，甚至珍視小孩。理由無他，在那樣嚴苛的環境裡，小孩如果沒有加倍細心地照顧，是很容易夭折的。任何社會如果不照顧或重視新生命，老年成員無法被取代，這個社會便難逃滅亡的命運，因此，只要是現在還存在的社會團體，重視年輕生命必然是社會的共同價值。如果有違反此價值的行爲，那必然是特例，而非常態。

㈡誠實

誠實必然是所有社會重視的價值，因爲如果說謊是常態，有效溝通便成爲不可能，不能互相有效溝通、不能互相信任的團體是不可能存在的。當然，重視誠實的價值並不代表不會有說謊的行爲，也不代表所有的說謊行爲都被認爲不道德（例如，「白色謊言」），但是我們實在無法想像有視說謊爲常態的社會。

㈢不可殺人

如果沒有禁止殺人的規範，所有團體的成員都會暴露在隨時可能被攻擊的危險中，每個人不是必須隨時戒備防範，就是必須盡量避免跟他人接觸。最終結果是每個人都想要自給自足，不要跟別人互動，或者想獨立分裂成規定不可以殺人的小團體，以致於大團體很快就會瓦解。換句話說，沒有「禁止殺人」戒律的團體不可能存在，禁止殺人必然成爲所有社會的共同價值。

顯然，上述這些價值之所以成爲各社會共同的價值，主要是因爲它們都是維繫社會生存的必要條件，也因此我們幾乎可以在所有社會看到這些價值的法律化或規範化。當然，這些道德準則不會沒有例外，對於例外的界定自然會因爲各社會的獨特狀況而有差異，但是重要的是，這些差異，事實上是建立在一個共同價值的基礎上。

了解了文化差異不必然代表文化相對，而文化差異的背後有共同的普世價值之後，我們有必要再回頭重新檢視文化相對論者的主張是否站得住腳：

七、重新檢視道德文化相對論的五個主張

㈠不同的社會有不同的道德準則。

這主張顯然是對的，因為儘管我們有跨文化的普世性道德價值（例如重視小孩、誠實、不可殺人……），不同的文化還是可能有不同的實踐道德價值的方式。

㈡特定社會的道德準則決定了在那個社會裡什麼事情是對的、什麼事情是錯的。因此如果社會規範說某種行為是對的，至少在那個社會裡，沒有人能說它是錯。

文化相對論者的此一主張顯然是說所有文化的道德準則都是無瑕的，都是不會錯的。然而，我們知道，特定社會是根據他們所相信的事來決定他們的道德準則，但是他們所相信的事未必是事實，也未必正確。以錯誤的知識或信念所建立起來的社會規範顯然不會永遠是對的，十六世紀的人相信地心說，排斥日心說，並不代表地心說就是正確的，日心說就是錯的。

㈢沒有客觀的標準足以讓我們判斷哪一個社會的道德準則是比較好的，因此，並沒有適用於所有人或所有時代的道德準則。

也許我們很難舉出適用於所有人所有時代的道德原則，但是如果我們會譴責奴隸制度、譴責人口買賣、譴責女性割禮、譴責不准女性受教育，那麼我們顯然還是有一個不屬於特定社會規範的原則作為判斷的基礎。這原則可能是：究竟這特定文化習俗或社會規範是增進還是阻礙了該文化、該社會的人之利益？

㈣我們的道德準則不過是眾多準則中的一種，不會有特殊地位或價值。

我們都會同意：任何社會的道德準則不會因為它屬於特定社會而有更高或更低的價值或地位。但是這樣的說法並不表示，所有社會的道德準則都是一樣水平，無法比較高下優劣的。事實上，任何社會的道德準則都可能是最好的一種，也可能是最差的一種。

㈤批評別的文化便是傲慢，因此，我們必須包容所有文化的道德準則。

包容是一種美德，但並不是說，我們應該包容所有的事情。人類歷史清楚告訴我們，我們曾經因爲包容偏見或不義而犯下多麼愚蠢、可怕的罪行，如果我們勇於批評、勇於承擔，決心不讓相同的事發生在未來，那麼我們才能說我們在道德上有了成長與進步。

八、道德有客觀標準嗎？

文化相對論提醒我們，許多我們視爲理所當然的行爲或態度，只是文化的產物，而不是源自於道德準則，也因此與我們想法不一樣的行爲或態度，不見得就是錯的，讓我們免於道德上的傲慢與偏見；文化相對論排斥專斷、狂妄，讓我們能夠擁有開放的心態，準備接受與我們不同的想法，也準備接受對自己文化習俗的批評。但是，文化相對論過於強調文化的差異性，忽略了文化的相似性。文化差異並不等於文化相對，強調文化差異可能導致不切實際的道德相對論，忽略了隱藏在文化相似性背後的道德人性基礎，也就是道德有客觀共同標準的事實。

九、小組作業

㈠養老院實況。

㈡楢山節考。

㈢請找一找在我們文化中是好、在別的文化卻是不好的習俗或事情。

㈣請找找看有沒有在一文化中是好事、在另一文化中卻是不好的習俗或事情呢？

㈤請比較不同文化的習俗或事情，何者較好？何者較差？爲什麼？

附錄：框架效果實驗舉隅

想像你可以在下面的情況做選擇：

A. 25%的機會贏得$240，75%的機會失去$760。

B. 25%的機會贏得$250，75%的機會失去$750。

請問你會選擇A，還是B？

選項：

(1) A

(2) B

參考：西方參與者的選擇反應：A：0%；B：100%

想像你面臨選擇，在兩個選項中選擇一個。

A. 必然獲得$250。

B. 25%的機會贏得$1000，75%的機會什麼東西都不會得到。

請問你會選擇A，還是B？

選項：

(1) A

(2) B

想像你將面臨選擇，在兩個選項中選擇一個。

C. 必然失去$750。

D. 75%的機會失去$1000，25%的機會什麼也不會失去。

請問你會選擇C，還是D？

選項：

(1) C

(2) D

參考：西方參與者的選擇反應：A：84%；B：16%
C：13%；D：87%

參考資料

Tversky, A., & Kahneman, D. (1974). Judgment Under Uncertainty: Heuristics and Bias. *Science*, 185: 1124-1131.

Tversky, A., & Kahneman, D. (1981). The Rraming of Decision and the Psychology of Choice. *Science,* 211, 453-458.

Rachels, J. (Sixth Edition by Rachels, S.) (2010). The Challenges of Cultural Relativism. In *The Elements of Moral Philosophy* (pp.14-31). Boston: McGraw Hill.

第五章

道德效用主義
另一種相對觀點

上一章我們談到了Rachels（2010）論證以道德文化相對論為基礎，無法得到道德沒有絕對標準的結論，現在請讀者再看看這一個日常生活常遇到的情形：

大前提：如果有客觀的道德準則（P），我們就能判斷某些道德信念是對的、某些道德信念是錯的（Q）。

小前提：現在我們不能判斷哪些道德信念是對的、哪些道德信念是錯的（~Q）。

結論：所以並沒有客觀的道德準則（~P）。

請問：這是有效論證（valid argument）嗎？

選項：

(1) 有效論證。

(2) 無效論證。

請問：這是正確的論證（sound argument）嗎？

選項：

(1) 正確的論證。

(2) 不是正確的論證。

此論證是後件否定，因此這顯然是一個有效論證，因為結論是從前提依照邏輯法則導出的結論。然而，這卻不是正確論證，因為正確論證必須滿足兩個條件：有效論證及前提為真。雖然這是有效論證，然而，問題是，小前提是否爲眞？誠然，「不能判斷哪些道德信念是對的，哪些道德信念是錯的」此一說法乍看之下似乎沒有錯，尤其是在討論像墮胎、安樂死這樣的問題時，特別會覺得任何一方都很難證明自己的觀點是對的。但是，如果我們仔細檢視，這樣的說法顯然在一般的日常情境是說不通的。

以考試爲例，如果有一個學生說：「老師考試不公平！」這顯然是對老師的道德指控，因爲公平是一個重要的道德價值。問題是，學生能否證明老師的確不公平？他也許會說，老師出題瑣碎，有些考題是老師沒教或教科書上沒有的；老師沒有認眞監考，放任同學作弊；或者，老師給分沒有客觀標準。事實上，學生的這些說法都是可以證明眞僞的，不會是無法判斷的。

同理，當我們對其他人做道德指控時，例如，「老闆是一個小人」、「張醫師很不負責任」、「小陳是一個黑心的舊車販賣商」，我們一定也都能舉出具體事實來證明我們的信念是對的。儘管如此，爲什麼我們又會認爲道德信念是「不能判斷對或錯」的？Rachels認爲理由很簡單：

1. 一談起道德原則，我們常常只強調那些像墮胎或安樂死這樣複雜又困難的道德議題，忽略了有許多一般較簡單的道德議題是很容易判斷對錯，並獲得共識的，因此會誤認「判斷道德信念爲眞」是困難的事情。事實上，在物理或數學等領域，也有一些複雜而困難的爭論，如果我們只看那些爭論，或許我們會下結論說，物理或數學是無法判斷對或錯的。甚至會說，因爲有「測不準定理」，所以物理世界沒有客觀標準判斷對錯，殊不知「測不準定理」本身也是可以判斷眞僞的。
2. 我們常常將「不能獲得共識」當作是「無法判斷哪一方想法是對的」之結果，忘了還有其他因素讓我們「無法獲得共識」。顯而易見，我們「無法說服對方接受自己的想法是對的」與「自己的想法是對的」可以是兩件不相干的事，事實上，你的論證可能是好的、理性的，只是對方太固執，不想接受你的觀點。同理，兩個人各持己見，互不相讓，並不代表我們就必須同時接受這兩個人的觀點。

一般而言，由於許多人常常誤以爲無法獲得共識，就是意味著沒有客觀的道德原則，但是我們又必須有一個大家共同接受的標準來判斷對錯，於是，很自然地便轉而主張道德抉擇可以根據「行爲結果造成何種影響」來判斷。換句話說，既然客觀的道德原則不存在、純良的動機不可靠，只好審慎思考道德抉擇所造成的後果，從行爲後果來考量行爲的道德性。下面我們就介紹這種以行爲結果作爲善惡標準的道德效用主義之濫觴及其基本原則。

一、革命性的道德概念——效用原則（Utilitarian Principle）

從十八世紀末到十九世紀，西方社會經歷了十分劇烈的社會改革。法國大革命高舉「自由、平等、博愛」，終結了君主專制時代；美國建立了第一個憲法體制，終結了奴隸制度。在這樣社會劇烈變動的時代裡，英國哲學家Jeremy Bentham（1748-1832）提出了一個革命性的道德概念。他說：「道德不是爲了取悅上帝，也不是爲了遵守抽象的原則，道德是爲了讓世界更快樂。」因此，他提出效用原則（Principle of Utility）作爲道德的最終判準。一夕之間，道德不再是不容挑戰的神諭，不再是清教徒式的戒條，用來防止貪欲與享樂，道德竟然是用來讓人更快樂的，這當然是讓人興奮、難以抗拒的想法，因此，許多社會改革者與哲學家都爭相使用這個觀念來討論議題、設計制度。

簡而言之，效用主義者的觀點可歸結爲三個論點：

1. 行爲對錯決定於行爲結果好壞的衡量。
2. 行爲結果好壞決定於行爲結果所帶來的快樂或不快樂。
3. 所有人的快樂是等值的。

Rachels以下面三個問題來讓我們了解何謂效用主義：

「安樂死是否不道德？」

「吸食大麻是否不道德？」

「虐待動物是否不道德？」

首先，根據效用主義者的觀點，安樂死的結果爲當事人帶來他自己所選擇的結束生命的方式，對別人不造成傷害，與此同時，如果沒有安樂死，重病的延命措施會給社會、家庭帶來精神與經濟上的雙重負擔，就結果而言，安樂死所帶來的快樂比不快樂多，利比害多，因此，道德效用主義者認為：安樂死並非不道德的行為。

其次，就吸食大麻而言，當事人吸食大麻很快樂，大麻的成癮性不高，吸食大麻者的暴力性不高，而取締大麻所耗費的社會成本卻很高，權衡利害，道德效用主義者認為：吸食大麻並非不道德的行為。最後，根據效用主義者的觀點，所謂增進利益，便是增進所有能感知快樂與不快樂經驗的生物之快樂，因此，虐待動物或以近乎虐待方式對動物，都是不道德的。對人與人之外的動物差別對待，是物種歧視，與種族歧視一樣不道德。

如果以上的例子讓讀者了解道德效用主義者的基本觀點，現在就讓我們跟著Rachels以哲學思辨的角度來仔細檢視效用主義者的這些基本觀點。

效用主義者認為：「行為對錯決定於行為結果好壞的衡量。而行為結果好壞決定於行為結果所帶來的快樂或不快樂。」換句話說，如果行為的結果是快樂多於不快樂，就是道德的行為；反之，則為不道德的行為。然而，快樂是一種主觀情緒狀態，快樂與不快樂的計算是可能隨時間、地點、人際關係而異的，因此如果行為的道德與否是根據行為所帶來的快樂而定，則行為之道德與否的判斷也就可能會隨時間、地點、人際關係的不同，而有不同的結論，因而，這也是另一種道德相對的觀點。

不過，這樣的論點顯然是建立在下列兩個前提的基礎上：

1. 快樂對人是很重要的。
2. 快樂與不快樂的計算是可能的。

因此，要接受根據此兩前提而來的結論，我們就必須要先確認這兩個前提是否為眞，才能判斷道德效用主義者的論點是否成立。

二、快樂有那麼重要嗎？

效用主義者將「對錯」與「好壞」視爲一體，而什麼是好的？是快樂（happiness），是愉悅（pleasure）。但是，快樂是什麼？愉悅是什麼？從感官知覺到心理感受都可能讓我們快樂，每一個人當然都喜歡快樂，但是請設想下面的例子：

案例一　配偶的婚外情

你認為你的配偶對你非常好，非常忠實，因此十分快樂。但是，事實上他在外面有了婚外情。許多朋友都知道這件事，但是沒有人告訴你，因此你不知道他的婚外情。

請問你希望朋友告訴你這件事嗎？

選項：

(1) 希望朋友告訴你。

(2) 希望朋友永遠不要告訴你。

顯然，不知道結果是比知道結果較爲快樂的，但是實證資料告訴我們，並非所有人都不想知道眞相，甚至大多數人是寧願不快樂也要知道眞相。這個例子讓我們可以進一步思考：快樂固然很重要，但是對人而言，是不是有可能有比快樂更重要的？例如，「意義」對我們可能是更重要的？存在謊言底下的愛情或婚姻，對人而言可能是毫無意義的。換句話說，我們可能必須追求意義，而不只是快樂。

三、快樂與不快樂的計算是可能的嗎？

效用主義者完全以行爲所帶來的快樂與不快樂的計算結果，作爲道德判斷的依據，但是請設想下面的例子：

案例二　朋友的約會

你和你的朋友約好了下午一起去看電影，但是到了該動身的時間，你忽然想到你還有工作要馬上完成，因此你不想去看電影，想留在家裡工作。你打了好幾通電話想聯絡朋友，但是一直聯絡不上。因此你如果留在家裡工作，你的朋友會因為等不到你，打電話找你，才會知道你不去了。假設你認為你完成工作會很快樂，你也知道你朋友等不到你會很不快樂。

請問你會選擇赴約還是留在家裡工作？

選項：

(1) 留在家裡工作。

(2) 依約去看電影。

課堂上同學的選擇顯示，大多數人雖然想留下工作，卻還是會選擇赴約。顯然，我們不僅會考慮當下的快樂與不快樂，也會考慮到遵守承諾的重要性，因爲不遵守承諾的後果可能是良心不安或失去朋友，而這兩者都會帶來不快樂。又或者，你可能因爲擔心朋友，無法專心工作，以致無法完成工作。事實上，我們目前的行爲之原因可能發生在過去，而我們行爲的結果可能發生在當下以及未來，因此要計算到所有的快樂或不快樂的後果，顯然對於必須做出行爲抉擇的當時來說，是困難甚至不可能的事。

如果對人而言，快樂並非最重要的，而當下以及長遠的快樂之計算基本上也是不可能的，那麼，以行爲結果所帶來的最大利益作爲道德抉擇的依據，便可能只是假設性、任意性、當下性的考慮，即使是個人也難以有跨情境、跨時間的行爲準則，就更不用說要獲得跨團體、跨社會的共識了。

最後，請你想像下面的情境，遇到了你會做什麼抉擇？請根據你的抉擇思考一下你是否支持道德效用主義者的觀點？

案例三　張先生的抉擇

選舉到了，李大大是候選人。張先生非常清楚知道李大大是壞人，也知道即使張先生自己投李大大一票，李大大也不可能當選。選舉前一天，有人登門拜訪，原來是李大大請人來買張先生的票。

如果你是張先生，你會不會把票賣給李大大？

選項：

(1) 會，因爲賣票不影響結果，便不是不道德的。

(2) 會，因爲我會爲了能讓壞蛋吃虧而很快樂。

(3) 不會，因爲賣票就是出賣民主的不道德行爲。

參考資料

Jeremy Bentham (1996). *An Introduction to Principles of Morals and Legislation*. New York: Oxford University Press. (1789 First Published)（《道德與立法原理》，1971，李永久譯。臺北：帕米爾出版社）

Rachels, J. (Sixth Edition by Rachels, S.) (2010). The Utilitarian Approach. In *The Elements of Moral Philosophy* (pp.97-108). Boston: McGraw Hill.

第六章

道德行為的結果重要嗎？

雖然效用主義的觀點無法爲道德抉擇提供明確的判斷準則，但是由於行爲結果在當下的確常常會帶來十分強烈的的情感反應，這種情緒也往往阻礙了我們思考眞相的途徑。因爲強烈的情緒常常讓人誤以爲我們知道眞相是什麼，忘了考慮相對論點的合理性或眞實性。不幸的是，感覺或情緒即使強烈，有時也是不可靠的。因爲我們的感覺或情緒許多時候都是非理性的，只是偏見、自利或文化習慣的產物。例如，歷史上曾經有一段時間，人們的感覺讓他們相信，其他人種都是劣等人種，因此奴隸制度是神的旨意，占領其他人種的土地理所當然，甚至殺戮其他人種就像屠殺動物一樣不足惜。我們試著想像自己在下面有名的兩難困境中會如何行動、該如何行動，來了解情緒對行爲抉擇的影響。

案例一　拖車上約翰的抉擇

有一個鐵路工人約翰正在一輛失控的鐵路拖車上沿著軌道疾駛，在別人發現他並想出辦法之前，只能待在拖車上。他遠遠看到沿著軌道正有五個工人在鐵軌上施工，完全沒有注意到拖車正急速接近。約翰知道在不到三十秒內就會撞上這五個工人，這時候他發現前面有一個鐵軌岔道，岔道上只有一個工人正在施工。約翰必須在很短的時間內決定他要不要改變拖車的方向，轉到岔道上去，犧牲一個工人的生命，拯救五個工人的生命。

如果你是約翰，你會改變拖車的方向，轉到岔道上去嗎？

選項：

(1) 會改變方向，犧牲一個人，救五個人。

(2) 不會改變方向。

案例二　陸橋上保羅的抉擇

保羅走在陸橋上，發現有一輛失控的車子正高速逆向朝自己這方向開過來，他發現不遠處有五個人正在熱烈地討論，完全沒有覺察到車子的接近。要阻止車子繼續前進的唯一方法是找一個重量夠大的東西擋在路上。剛好他旁邊站了一個體型壯碩的大個子，因此，他能拯救那五個人的唯一方法就是將身邊的大個子推到路中間去，阻擋車子繼續前進。

如果你是保羅，你會將大個子推到路中間去嗎？

選項：

(1) 會，犧牲一個人，救五個人。

(2) 不會。

兩個案例在本質上是相同的，都是要不要做出犧牲一個人救五個人的行爲抉擇。顯然，從道德效用論的觀點，五個人的生命比起一個人的生命，其利益明顯要來得大，應該選擇將拖車開到岔路或者將胖子推下天橋。然而，實驗的結果卻通常是，多數人在第一個案例會選擇開到岔路，在第二個案例卻不會選擇將胖子推下去。爲什麼？因爲第一個案例讓一個人犧牲生命的行爲是透過機器自動達成，違反「不可殺人」信念所引發的抗拒情緒沒有第二個案例中必須親手將人推下天橋來得強烈。因此，撇開利益計算的考慮，即使情境本質相同，人們還是有可能做出不同的抉擇。即使在第一個案例中，還是會有人不願意因爲自己的主動作爲而犧牲一個人的生命，會因爲堅持「不可殺人」的信念而無法付諸行爲，因此寧願選擇讓事情結果照它原有的方向自然進行，不做人爲干預。換句話說，「不可殺人」的道德信念讓我們產生強烈的情緒反應，以致於無法單純地就行爲結果來計算利害得失。

另外一個我們不會單純地以數量計算利害得失的例子是，如果一邊是兩個人，一邊是三個人呢？又或如果你剛好知道岔路上的這一個人是愛因斯坦呢，而這五個人是混混呢？或者岔路上的這個人剛好是你自己的親人呢？顯然，利益計算所牽連的層面又廣又複雜，不容易有一個明確的答案。

這些例子清楚顯示，要我們主動做出傷害一個人的行爲，來得到有益於五個人的結果，就行爲結果而言，應該是道德的，但是在情緒上卻會出現很強烈的反應，很難做出這樣的抉擇。這種情感上的反應很眞實，也很珍貴，從這樣的角度來看，我們若想做出道德上正確（morally right）的抉擇，就不應該忽視這種感覺（Miller, 2008）。

現在讓我們將前面的場景稍微更改，變成如下的情境：

案例三　拖車上約翰的抉擇

有一個鐵路工人約翰正在一輛失控的鐵路拖車上沿著軌道疾駛，在別人發現他並想出辦法之前，只能待在拖車上。這時候他遠遠看到沿著軌道正有五個工人在鐵軌上施工，完全沒有注意到拖車正急速接近。約翰知道在不到三十秒內就會撞上這五個工人，這時候他發現前面有一個鐵軌岔道，岔道上有一個封閉的隧道。約翰必須在很短的時間內決定他要不要改變拖車的方向，轉到岔道上去，犧牲自己的生命，拯救五個工人的生命。

如果你是約翰，你會改變拖車的方向，轉到岔道上去嗎？

選項：

(1) 會改變方向，犧牲自己，救五個人。

(2) 不會改變方向。

案例四　橋上保羅的抉擇

保羅走在橋上，發現有一輛失控的車子正高速逆向朝自己這方向開過來，他發現不遠處有五個人正在熱烈地討論，完全沒有覺察到車子的接近。要阻止車子繼續前進的唯一方法是找一個重量夠大的東西擋在路上。剛好他自己就是體型壯碩的大個子，因此，他能拯救那五個人的唯一方法就是跳到路中間去，阻擋車子繼續前進。

如果你是保羅，你會跳到路中間去嗎？

選項：

(1) 會，犧牲自己，救五個人。

(2) 不會。

理論上，如果我可以犧牲一個人，救五個人，則不會違反道德原則，而且可以獲得最大利益，因此，似乎只有犧牲自己才是道德行爲。但是，大部分人在此種情況下，在不違背「不可殺人」的道德原則下，還是很難做出犧牲自己拯救五個人的行爲。如果一般人做不到犧牲自己，拯救五個人，那麼我們是否就是不道德的？當然，除非道德上我們有犧牲自己的義務，否則未能捨己救人就不會是不道德的行爲。那麼，關鍵的問題在於：道德上我們有犧牲自己的義務嗎？答案顯然是否定的，因爲如果是義務，我們爲什麼會稱捨己救人的人爲義人、聖人？捨己救人固然是道德高尙的行爲，但是未能捨己救人一般並不會被視爲不道德。由於大部分的人並不會那麼慈悲，不會根據行爲的最大利益來做選擇，我們甚至無法期待我們做了這樣的犧牲後，其他的人也會做同樣的犧牲。因此，由於對自我犧牲的道德要求有其先天上的限制，我們無法將自我犧牲稱作道德義務。因此，要以行爲結果來衡量行爲作爲道德抉擇的依據，也就有了先天上的限制。

以行爲結果作爲道德抉擇依據的另一個盲點是，我們不容易知道事實上行爲的結果會是什麼，即使是專家，對於事實的認定也常常不同，最常見的是我們常常昧於偏見，以致於思考上陷入「確認偏誤」（confirmation bias）。例如，反對安樂死的人會傾向相信安樂死會被濫用，支持的人則傾向不相信。不想捐錢給慈善機關的人會說這些機關很沒有效率，可是他們並沒有證據。討厭同性戀的人會說男同志都是愛滋病帶原者，其實他們中間只有少數人是。「眞正的結果」與我們「希望的結果」常常是不一樣的，因此，所謂根據行爲結果來決定道德行爲，很可能只是根據自己的偏見與受限的資訊所作出來的決定。

現在，讓我們來看Rachel所提供給我們思考的下一個故事：

案例五　Tracy Latimer的悲劇

1993年，一個十二歲的腦性麻痺女孩Tracy Latimer被她的親生父親給殺害了。Tracy與她的家人住在加拿大 Sasktchewan的一個農場上，有個星期天的早上，當她的母親與其他小孩正在上教堂的時候，她的父親Robert Latimer將她放在卡車的車廂裡，然後注入廢氣，將她殺死。Tracy死的時候只有四十磅的重量而且她的心智功能只有三個月嬰兒的程度。Latimer太太回到家發現Tracy死掉時，竟有種解脫的感覺，而且她還表示自己也曾經想親手結束Tracy的生命只是沒有勇氣罷了。Robert Latimer被確定是謀殺犯，但法官和陪審團並不想要這麼草率地給他判決。陪審團發現他有悔意，所以認為他只構成二級謀殺，並建議法官不要判他一般十年牢獄的刑責。法官同意此看法並判決他入獄一年，並在一年之後到農場居留他。但是，加拿大的高等法院干涉此案件，要求法官按照原來的判決強制執行。最後，Robert Latimer在2001年進入監獄服刑，2008年被假釋出獄。

撇開法律的問題，請問Latimer先生有沒有錯？

選項：

(1)有錯，因爲Tracy的生命即使殘缺，也是很珍貴的。

(2)沒有錯，因爲Tracy的生命除了生理上的知覺外，根本就沒有其他意義。活著只是折磨她，不如結束她的生命讓她早點解脱。

(3)有錯，因爲一旦接受安樂死，會讓人覺得我們有權利決定誰的生命該繼續，誰的生命該結束。

針對這些行爲抉擇的理由，Rachels提供了卓越的分析與澄清，我們將它整理如下（Rachels, 2010）：

一、即使是殘缺的生命，也是很珍貴的

這個論點顯然是基於「尊重生命」與「生命等價」的信念，是反對歧視殘障的觀點（Wrongness of Discriminating against the Handicapped）。當Robert Latimar被輕判，許多殘障團體抗議這種判決是對殘障人士的侮辱，患有多重障礙的當地的殘障團體的領導人說：「沒有人可以決定我的生命之價值不如你的生命。這是倫理的最底線。」他認爲，Tracy之所以被殺害，純粹因爲她身體上的殘障，而這是無法接受的，因爲殘障人士應該受到同等的尊重，享有同等的權利。對特定團體的歧視或差別待遇是嚴重的議題，因爲歧視的意思是，有些人受到較差的待遇只因爲屬於被認定爲較差的團體，沒有其他理由。最常見的例子是工作上的歧視，例如，一個雇主不想僱用盲人的想法並沒有比不想僱用西裔或猶太人或女性的想法正當。爲什麼同樣是人卻要受到不同的待遇？是他比較沒有能力？是他比較不聰明？比較不努力？比較不值得給他工作？還是他比較不能從工作中獲得任何好處？如果都沒有這些理由，那麼拒絕給他工作機會便只是純然的隨機。

二、活著只是折磨她，不如結束她的生命讓她早點解脫

Tracy 的父親認爲這不是歧視殘障者生命的事件，而是協助一個正在受苦的人從痛苦中解脫的事件。換句話說，這是安樂死的觀點（Mercy Killing Argument）。在Robert殺害Tracy之前，Tracy經歷了幾次背部、臀部以及腿部的重大手術，未來還有更多的手術必須進行。Robert說：「她插了鼻胃管，背部加了鋼條，腳被切掉，長滿褥瘡。有人能說她是一個快樂的小女孩嗎？」事實上，有三個醫師出庭作證說，很難用任何方法讓Tracy不感覺疼痛。換句話說，Robert認爲他殺害Tracy不是因爲她是腦性麻痺，而是因爲Tracy的病痛與折磨，因爲Tracy的生命毫無希望可言。顯然，這是從行爲結果會爲Tracy帶來利益的觀點所做的抉擇。問題是，沒有人知道醫學上的進步會爲Tracy帶來什麼樣的未來，而Tracy可能也願意

忍受目前的痛苦來換得活著的機會。換句話說，這種觀點強調了行爲結果的利益，卻忽略了行爲結果的不確定性。

三、一旦接受安樂死，會讓人覺得我們有權利決定誰的生命該繼續，誰的生命該結束

當高等法院決定介入此案的判決時，加拿大獨立生命中心協會（Canadian Association of Independent Living Center）的執行長（director）說：她覺得「驚喜」，因爲「否則的話，這會有**溜滑梯效應**（**Slippery Slope Effect**），會開一扇門最終導向某些人能決定某些人的生死」。她認爲，我們可能同情Robert Latimer，我們也可能認爲Tracy生不如死，但是，這是危險的想法，因爲如果我們接受安樂死的想法，我們可能會像溜滑梯一樣，讓某些生命顯得毫無價值。我們要在哪裡畫出界線？如果Tracy的生命不值得照顧，那麼所有重度傷殘患病者的生命又如何呢？那些已經風燭殘年的老人呢？那些毫無社會功能可言、無所事事的遊民呢？在這樣的脈絡底下，最終我們甚至可能走向希特勒所主張的種族淨化（racial purification）之不歸路。

相同的顧慮使我們對於墮胎、人工受精（IVF），或者基因複製等問題採取反對的態度。但是，有時候，從後見之明的角度，這些顧慮有時候是無根而多慮的。例如，1978年第一個試管嬰兒Louise Brown出生之後，所有在她出生前那些關於可能發生在她、她的家人、社會的預言都沒有發生。今天，IVF甚至已成爲例行、成熟的受孕技術。從Louise出生至今，單在美國就已有超過十萬名的試管嬰兒誕生了。

對未來影響的不確定性使我們難以從對結果的想像決定何種觀點是較佳觀點。理性的人不會同意關於接受Tracy的死是安樂死所可能導致的後遺症是可能發生的。但是，這個觀點不容易有共識，因爲反對的人會繼續堅持這是可預見的後果。然而，必須提醒的是，這種觀點很容易被誤用，因爲，只要你反對一個事情，卻又找不到好理由，你便可以隨便編造出一些可能的後遺症，無論你的預言如何荒誕、誇大，當下並沒有人能證明你

是不對的。這種爭論策略幾乎可以用來反對任何事情，因此，我們對於這樣的觀點也必須特別審慎。

經過這些討論，我們再來看看自己對於下面這些案例的想法，決定我們該根據行爲結果還是道德原則來做判斷？

案例六　約翰的困境

約翰被一個恐怖主義的組織抓走，組織的首領告訴他：「現在你面前有二十個被綁在木樁上的人，只要你拿起你前面的這把槍，對準左邊的第一個人，射殺他，我就把其他十九個人通通釋放，如果你不肯這樣做，我就用這把槍把二十個人通通殺掉。」

如果你是約翰，你會

選項：

(1) 拿起槍殺一個人。

(2) 堅決不殺任何一個人。

案例七　死刑該廢嗎？

根據美國經濟學家的統計，每執行一件死刑，就可以減少五件殺人案件。

假設這個數據為真，請問你贊成廢除死刑嗎？

選項：

(1) 贊成廢除死刑。

(2) 反對廢除死刑。

參考資料

Galotti, K. M. (1989). Approaches to Studying Formal and Everyday Reasoning. *Psychological Bulletin,* 105, 331-351.

Miller, G. (2008). The Roots of Morality.*Science,* 320, 734-737. www.sciencemag.org

Mocan, H. N., & Gittings, R. K. (2003,October). Getting Off Death Row: Commuted Sentences and the Deterrent Effect of Capital Punishment. *Journal of Law and Economics,* XLVI, 453-478.

Rachels, J. (Sixth Edition by Rachels, S.) (2010). What is Morality? In *The Elements of Moral Philosophy* (pp.1-13). Boston: McGraw Hill.

Rachels, J. (Sixth Edition by Rachels, S.) (2010). The Debate Over Utilitarianism. *The Elements of Moral Philosophy* (pp.109-123). Boston: McGraw Hill.

第七章

道德原則有優先次序嗎？

讓我們再看一下前面提過的道德思考的基本架構：要做正確的道德抉擇，首先，需要具備邏輯思考能力，能夠分辨有效與無效論證；其次，要能理解道德抉擇牽涉的主要是道德信念與行為後果。行為後果因為是預測性的未來結果，因此必須同時考慮人類思考的限制與統計法則。然而，由於行為結果所影響的對象與程度差異性高，不確定性也高，因此預測也未必準確，根據可能的行為結果所做的道德抉擇容易引發更多的道德議題或道德遺憾。然而，以道德原則來做道德抉擇就比較容易嗎？從前面章節的討論中，我們知道，因為文化、宗教、經驗、知識的不同，人們對道德原則的認知與解釋的基礎也可能不同，最重要地，道德原則的核心是價值，人們可能因為對於價值的優先順序之認知不同，而有不同的道德抉擇。

下面我們舉一些Rachels（2010）書上的例子來挑戰我們對於道德信念的假設與想像，才能了解釐清道德原則的優先次序對於做道德抉擇的重要性。

案例一　連體嬰Jodie與Mary

2000年8月，義大利南部Gozo地方的一位婦人發現她懷了一對連體嬰，由於Gozo的醫療機構無法處理連體嬰，她與先生去了英國待產。他們為這對連體嬰命名為Jodie與Mary。她們胸腔相連，共用一個心臟與一對肺臟，脊椎骨的下部相連在一起。連體嬰中較強壯的Jodie負責血液的輸送。

連體嬰的出生率沒有確切統計數字，一般相信是每年二百對左右。大部分的連體嬰生下沒多久就會死亡，但也有些活得很好，長大之後，還能夠結婚，擁有自己的小孩。但是，Jodie與Mary卻沒那麼幸運，醫師說，如果不動手術，他們會在六個月內死亡，但是如果動手術，Mary會立刻死亡。

Jodie與Mary的父母是虔誠的天主教徒，他們拒絕動手術，因為那會加速Mary的死亡。他們說：「我們相信天意，如果天意不讓兩個孩子活下來，那也只好如此。」但是，醫院方面希望至少救活一個孩子，因此向法院請求在沒有父母的同意下可以進行切割手術。結果法院批准了醫院的請求。手術之後，Jodie活了下來，Mary死了。請問：

誰有權利決定是否該進行這項切割手術？

選項：

(1) 父母。(2) 法院。

(3) 醫師。

什麼是最好的決定？應該進行這項手術嗎？

選項：

(1) 應該，因爲至少能救一個生命。

(2) 不應該，因爲殺人就是不對的。

當年美國Ladies' Home Journal做了一項民意調查，發現美國民眾有78%的人贊成進行這項手術，也就是他們偏好第一個選項，這個選擇反映的是對於行爲結果的考慮。但是，Mary與Jodie的父母則強烈支持第二個選項，他們是嬰兒的父母，兩個孩子都愛，因此他們不願意犧牲其中一個孩子來救另一個孩子。因爲根據西方傳統宗教信仰，任何生命是都是同等珍貴，任何傷害無辜生命的行爲都是不被容許的。即使是好的動機或目標，任何殺人的行爲都是不應該的。因此，Mary與Jodie的父母的選擇顯然是根據「不可殺人」的道德信念而來。那麼法院又是根據何種理由批准這項手術？當時法官Robert Walker的見解是，Mary並不是有意被殺死，而是在分離的過程，身體無法負荷而死亡。換句話說，不是手術讓她死亡，而是她的虛弱導致她的死亡。因此，這裡沒有「殺人」的道德問題。然而，無論是手術讓她死亡，或是虛弱的身體讓她死亡，我們知道她遲早會死，只是，我們「加速」了她的死亡。換句話說，法官認爲在特殊情況下，殺害無辜的生命可能不是都是錯的，而Mary與Jodie的情況就是特殊的例子。

顯然，這裡的根本問題還是在於，「不可殺人」的道德信念是否是絕對道德？是否在任何情況下殺害無辜的人都是不對的？Mary與Jodie的父母顯然認爲是的，而法官顯然認爲不是。從法官的立場來看，Mary與Jodie的情況符合下列三個特殊的條件，因此是可以被容許的特殊狀況：

1. 這無辜的人已經來日無多。
2. 這無辜的人並無意願繼續活下去，或者他根本沒有意願可言。
3. 殺害此無辜的人能夠拯救其他有完整生命可能性的人。

針對這樣的論點，請問你有沒有意見？你會同意在這樣的情況下可以殺害無辜的生命嗎？

案例二　杜魯門的抉擇

1945年，杜魯門（Harry Truman）繼任美國總統之後，得到兩個消息：⑴盟軍已經研發成功威力強大的原子彈、⑵盟軍在太平洋地區已經逐漸取得優勢，並已擬定計畫進攻日本。然而，若登陸日本，盟軍恐怕必須付出比諾曼第登陸更慘痛的傷亡代價。因此，有人建議，在日本的一個或兩個都市投下原子彈，或許可以迫使日本投降，早日結束戰爭，避免盟軍的重大傷亡。杜魯門開始時並不想使用這個新武器，因為他知道這個核子武器將會帶來前所未見的毀滅性破壞，許多非軍事設施，包括學校、醫院、家庭，許多非軍人，包括婦女、小孩、老人、普通市民都會瞬間化成灰燼。何況，羅斯福總統才在1939年發表過措詞強烈，譴責轟炸非軍事地區，以平民為目標的行為是「不人道的野蠻行為（inhuman barbarism）」之言論。

請問如果你是杜魯門總統，你會同意簽署，丟下原子彈嗎？

選項：

⑴會，因爲這樣可以早點結束戰爭，減少盟軍的傷亡。

(2)不會，因爲原子彈會造成無辜平民的重大傷亡，不可以用任何目的合理化犧牲無辜生命的行爲。

(3)會，因爲日本發動太平洋戰事，以眼還眼，以牙還牙。

(4)不會，因爲投下原子彈的後果不可預料，不一定能結束戰爭。

案例三　Anscombe教授的抗議

1956年，牛津大學預備授予杜魯門總統榮譽博士學位，以感謝美國在二次世界大戰期間對英國的支持。牛津大學哲學系的Anscombe教授與其他兩位同事強烈反對這項頒贈儀式，她認為不管是何種理由、何種目的，下令連婦女、新生兒也不放過的核彈攻擊，杜魯門總統根本是一位殺人犯，不應該給他榮譽學位。雖然她的抗議並沒有成功，但是她對於絕對道德原則的堅持與信念，使得她成為二十世紀最偉大的哲學家之一。

請問如果你是Anscombe教授，你會堅持抗議，反對頒贈榮譽學位給杜魯門總統嗎？

選項：

(1)會，因爲頒贈學位等於認同無差別殺人、犧牲無辜生命的行爲。

(2)不會，因爲杜魯門的決定結束了戰爭。

(3)會，因爲要讓大家認識動機不能合理化手段。

(4)不會，因爲抗議也無效，學校不會因而改變決定。

一、是否有任何情況都應該遵守的絕對性道德原則？

在日常生活中我們也常常使用「應該」這個字眼，例如，

1. 如果你想成爲西洋棋高手，你就應該研究Garry Kasparov的比賽。
2. 如果你想上大學，你就應該參加基本學力測驗。

這裡的「應該有某些行爲」是因爲我們先有一個意願或動機（想成爲

西洋棋高手、想上大學），如果我們不想做這些行為，事實上只要放棄這個意願或動機即可。因此，我們稱這種「應該」（ought）為假設性義務（hypothetical imperatives）行為，有別於道德原則的絕對義務（categorical imperative），因為道德原則是沒有條件的。例如，「你應該幫助他人」，而不是「如果你關心他人，你就應該幫助他人」。或者，「如果你是好人，你就應該幫助他人」。它就是單純的「你應該幫助他人」。有沒有這樣的絕對義務？絕對的道德原則？我們以下面的道德困境來思考這個問題：

案例四　漢斯的困境

德國蓋世太保追捕猶太人最緊張的時刻，一個德國人漢斯的猶太朋友，告訴漢斯他要躲到朋友家裡去，請他暫時幫忙照顧店面。漢斯答應了之後，蓋世太保追查到漢斯家裡，並且問漢斯知不知道他猶太朋友的下落。漢斯知道如果蓋世太保捉到他的猶太朋友，就會把他送到集中營去，他的猶太朋友可能因而送命。

請問如果你是漢斯，你會說實話還是說謊？

選項：

⑴說謊，因為這樣可以保全猶太朋友的性命。

⑵說實話，因為說謊違反道德原則。

二、討論：是否在任何情況下都不能說謊？

1. **康德認為我們應該這樣思考：**

⑴我們應該只能做那些符合「我們希望所有人也都遵守」的規則之事。

⑵假如我們說謊，我們就是遵守「可以說謊」的規則。

⑶這個規則不可能被所有人遵守，因為這樣我們就無法信賴彼此。

⑷所以，我們不應該說謊。

但是，Anscombe認為康德的第二個前提出了問題：「為什麼我們說謊，就是『遵守可以說謊的原則』？」事實上你是「遵守『我為了拯救朋友的生命可以說謊的原則』」，而且這個原則可以成為普世原則。換句話說，Anscombe認為絕對義務是沒有意義的，除非了解絕對義務的行為準則。

2. **康德認為我們無法預測行為的結果，因此只好照道德原則來行為。**

例如，可能猶太朋友改變了藏匿地點，如果你說謊，可能剛好讓猶太朋友被抓到，或者如果你說了實話，可能剛好讓猶太朋友逃過一劫。康德認為，遵照道德行為所帶來的壞結果，行為者不必負責任，但是不遵照道德原則所帶來的壞後果，行為者必須負責任。

但是，事實上，雖然行為的後果不容易預測，卻也常常不是那麼不可預測。例如，在說謊的困境中，我們可以預測，若說了實話而讓朋友喪生，我們必定會因為幫忙迫害朋友，而受良心的苛責。

三、討論：道德原則的衝突與釐清

很多時候，價值與價值之間有矛盾，原則與原則之間有衝突。當誠實與拯救生命的道德原則相衝突時，我們可能必須選擇犧牲遵守誠實的道德原則，實踐拯救生命的道德原則。事實上，這種道德原則的優先次序，也有它的普世原則。

顯然，如何訂定道德價值或原則的優先次序並不容易，但是，我們仍然可以運用前幾章所提到的方法，思考道德原則的眞僞，例如，前述Anscombe質疑康德誠實原則的第二個前提就是一個很好的例子。

除了從邏輯思考層次檢驗道德信念的眞僞之外，從事實或經驗的證據上檢驗信念的合理性也是釐清道德原則的好方法。我們舉平等觀念為例來說明，因為任何道德理論都會談論到平等（impartiality）的概念。這概念的意涵是說，任何人的利益都是一樣重要，沒有人應該受到特別待遇。同時，平等觀念也意味著沒有任何團體應該被視為較低等，而受到較差的待遇。因此，種族主義、性別主義都是應該被譴責與排斥的。

然而，這個原則必然會受到種族主義者的挑戰，因爲他們的信念可能是「白人是最優秀的人種」，基於這種信念，他們自然認爲白人應該得到較好的工作職位，他們也可能希望所有的醫師、律師、老闆都是白人。這時候，我們就可以理性地來問一個問題：「白人到底具備了什麼特質，使得他們適合高薪、高聲望的工作？」「白人是否在人種上有較高的智商？較勤奮的態度？」「白人是否更關心自己與家人？」「白人是否有能力從工作中獲得比別人更多的利益？」如果這些問題的每一個答案都是「否」，如果沒有好理由讓我們相信白人是最優秀的人種，那麼對人有差別待遇，或者對特定族群的歧視便是不能被接受的道德上的錯。

因此，平等的底線便是對人不能有差別對待的原則。但是，反過來說，如果這原則說明了種族歧視之所以是道德上不對的事情，它同時也能告訴我們爲什麼有些時候差別待遇並非種族歧視。例如，如果有人要拍一部關於美國黑人民權運動領袖金恩博士的故事，那麼這導演應該不會要甘乃迪總統當主角。這種差別待遇便不是種族歧視。

綜而言之，一個有道德意識的人，應該是一個能隨時檢視自己的行爲抉擇是否合乎思考邏輯，反思自己行爲的理由是否合乎道德原則，同時顧及行爲選擇結果所可能影響的每一個人之利益。

參考資料

Rachels, J. (Sixth Edition by Rachels, S.) (2010). What is Morality? In *The Elements of Moral Philosophy* (pp.1-13). Boston: McGraw Hill.

Rachels, J. (Sixth Edition by Rachels, S.) (2010). Are There Absolute Moral Rules? *The Elements of Moral Philosophy* (pp.124-135). Boston: McGraw Hill.

第八章

道德義務與美德

請先看下面的故事：

我服務的公司是一家知名的汽車安全氣囊製造公司，專門研發新產品。有天我在一個舊檔案夾裡發現了一份十年前設計部門兩位工程師所寫的報告，裡面詳述公司在某一型安全氣囊設計上的缺失，雖然沒有立即而嚴重的安全問題，但是要補救這缺失，卻得花上相當多的時間與大筆經費。報告上說，他們準備重新設計安全氣囊。可是，當時的主管說安全問題不嚴重，如果公司重新進行設計而暫停該型安全氣囊的銷售，將對公司的營收產生非常不利的影響。主管說，若出現問題，再進行必要的修理就可以了，相信消費者不會發現這個缺失的。闔上報告，我真不敢相信，我們公司會把明知有瑕疵的產品賣給顧客。真沒想到當時公司的高級主管竟會縱容這種事情的發生！

我馬上去找公司主管，把報告拿給他看。沒想到主管看過報告後竟然說：「這件事已經過去了！這份報告早該銷毀了！舊事重提只會造成公司龐大的損失罷了！你知道，如果我們公開此事，媒體或政府主管單位可能會利用這個機會對公司大肆攻擊，要求我們負起該負的責任，甚至要我們的客戶召回裝載該型氣囊的所有車子。如此一來，我們好不容易建立起來的公司信譽可能毀於一旦，後果不堪想像。老實說，本公司可能不夠完美，不過，它既然沒有發生問題，我們只要面對未來，好好經營公司成為有社會責任感、有品質的公司就得了。」

我不同意主管的話，認為有社會責任感的公司就應該勇於承認錯誤，亡羊補牢，負責到底。如果公司就此不吭聲的話，那就與十年前那些人一樣辜負消費大眾對本公司的信賴！我們該向大眾公布此事，以保證同樣的事不會再發生！我甚至跟主管說，如果公司不好好處理此事，我不惜單獨向大眾舉發此事！

如果是你發現報告，你會向大眾舉發這件事嗎？

選項：

(1)會，因爲這牽涉到公司的誠信，社會大眾（利害關係人）有權了解「事實」。

(2)會，因爲這牽涉到社會公正，公司不應該將額外增加的成本（更換氣囊的成本）轉嫁給消費者。

(3)不會，既然沒有發生問題，何必把它弄得太複雜。

(4)不會，揭露後可能讓公司倒閉、自己失業。

等了一星期，公司並未處理此事，因此我向報社舉發了此事，報紙登出斗大的標題：「高田（即本公司）的安全氣囊不安全？可能會發生危險！」顯然，報社記者危言聳聽，不說明那是過去的產品，也過於誇大該安全氣囊問題的嚴重性。雖然事情並沒有擴大，社會反應也在公司出面說明並保證免費更換新的安全氣囊後就沉寂下來，然而，公司上上下下卻開始對我另眼相待，避之唯恐不及，公司甚至嘗試提供優渥的退職金，希望我早點離開公司。當主管向我提出公司的條件時，我看著主管說：「我做了該做的事，可是現在我卻成了做錯事的人。那份報告不是我寫的，也不是我搞錯設計的，我說實話，告訴大眾真相，憑什麼大家要責怪我？我告訴你，我不辭職！也不調職！」

你認為故事中主角為什麼會向媒體舉發這件事？

(1) 因爲社會正義感。

(2) 因爲公司沒有人願意聽他的話，賭氣爲之。

如果你是公司主管，你會希望故事主角離開公司嗎？

(1) 會。

(2) 不會。

為什麼？

當我們依據一個價值（如「誠信」）去控訴他人時，其動力經常來自於另一個價值（如「維護社會公義」）。同樣地，我們可能根據第三個價值（如「不傷害第三者」）而放棄我們的控訴。在此情況下，道德兩難是雙重的。

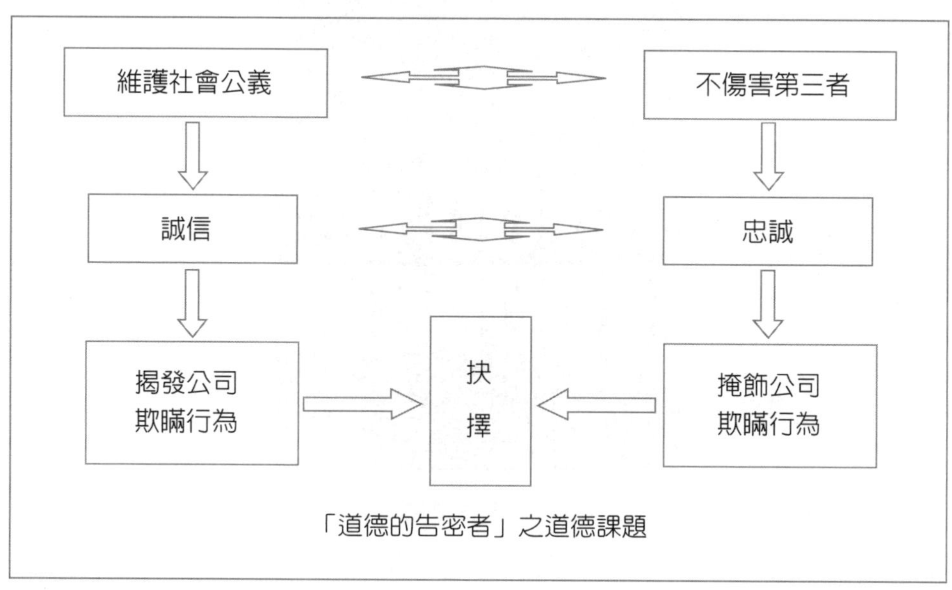

「道德的告密者」之道德課題

道德義務（道義）是個人為避免「不義因我而起」所負的行為責任，美德的追求則是個人為求「公義因我而實現」所產生的使命。因此，「不愛你的鄰人」不能算不道德，但是「愛你的鄰人」則是美德；同理，「不寬恕你的敵人」不能算不道德，但是「寬恕你的敵人」則是美德。據此，則在上述的案例中，「不舉發不義」並不能算不道德，但是「舉發不義」就是美德了。換句話說，在這樣的案例中，無論舉發或不舉發，都是合乎道德原則的行為。

我們如何思考這樣的道德困境？我們可以問：「從絕對道德的角度來看，怎樣的抉擇才是道德的？」我們也可以問：「從文化相對的角度來看，怎樣的抉擇才是道德的？」當然，我們還可以問：「從效用論的角度來看，怎樣的抉擇才是道德的？」然而，除了這三個角度，我們還有哪些角度可以思考？

再來看看下面一個實際發生過的案例之整理報導：

這是擁有一百六十八年歷史的英國暢銷小報《世界新聞報》（*News of the World*）在2011年7月10日出版最後一期的封面，該刊自此停刊，永遠走入歷史。導致《世界新聞報》關閉的主要原因是，警方的調查發現，該報曾僱人侵入一名遭殺害女孩電話的語音信箱，並刪除部分留言，導致警方及家人誤信女孩仍然生存，嚴重妨礙對女孩失蹤案的調查。

這件震驚全世界的竊聽醜聞之得以曝光，主要歸功於英國《衛報》（*Guardian*）記者戴維斯（Nick Davies）鍥而不捨的追查。事實上，《世界新聞報》竊聽醜聞始於2006年，當年王室事務記者古德曼（Clive Goodman）與私家偵探馬爾凱爾（Glenn Mulcaire）因為竊聽手機留言，被判刑四個月。《世界新聞報》的母公司為國際新聞公司，是澳洲傳媒大亨梅鐸（Rupert Murdoch）的新聞集團英國分支。國際新聞公司當時聲稱，竊聽只是「一小撮害群之馬」所為，古德曼因而被解僱，且入獄服刑。當時英國多數傳播媒體、社會大眾以及警方，都接受了這個講法，只有《衛報》記者戴維斯繼續在2009年7月報導：「《世界新聞報》2008年在梅鐸之子詹姆斯主導下，曾祕密支付七十萬鎊給竊聽受害人泰勒，以換取隱匿竊聽事件。」這則報導意味著，竊聽並非限於一小撮人，而是整個《世界新聞報》的高層都知情。

戴維斯的報導刊出後，警方馬上宣布進行調查，但是幾小時後就宣稱，並沒有新進展值得調查。國際新聞公司馬上趁勢反擊，狠批《衛報》誤導公眾。更糟的是，報業申訴委員會調查後亦堅持，竊聽只是《世界新聞報》「一小撮害群之馬」所為。因此，儘管《衛報》沒有放棄，戴維斯沒有放棄，他們的報導卻引不起關注，而一些關鍵線索又礙於英國法律不能公開。

直到《衛報》在2011年7月4日揭發，《世界新聞報》在2002年3月曾竊聽十三歲失蹤少女的手機留言信箱，公眾才發現，原來《世界新聞報》的竊聽對象已不只是達官貴人，他們連一般平民也不放過，這才終於引發眾怒。在輿論一片譁然之際，人們進一步發現，《世界新聞報》的竊聽行為其實並非「個案」。根據警方調查，一名私家偵探在三年內就曾替三百名以上的記者進行竊聽或跟蹤的任務。《世界新聞報》的醜聞不僅葬送了這家百多年歷史的小報，也讓媒體的道德責任和職業倫理受到最嚴厲的考驗。

根據美國國會所公布的竊聽案相關資料顯示，早從2007年起，《世界新聞報》就允許旗下記者竊聽電話，報社主管對於這種行為不但知情，而且支持。然而，在《衛報》舉發整個竊聽案之前，《世界新聞報》一直聲稱，只有古德曼一人涉及竊聽，報社主管並不知情，直到整個事件公開之後，該報管理階層才不得不承認這個長久以來的陋習。

你／妳認為戴維斯為什麼堅持報導《世界新聞報》的竊聽事件？

(1) 為了社會公義。

(2) 為了個人名利。

如果你／妳是《世界新聞報》的記者，你／妳發現整個報社都將竊聽當作獲取情報的手段時，你該如何自處？

(1) 為了社會公義，向社會大眾揭發報社不當的竊聽行為。

(2) 既然大家都這樣做，我也只能隨波逐流。

(3) 辭職自清。

一、美德的追求

在許多情況下，我們常常認爲我們會表現出合乎道德行爲的原則，是因爲我們做出道德抉擇的「理由」比做出不道德抉擇的「理由」好。可是，理由的好壞判斷是主觀的，問題是，你要相信哪一種判準？你要相信道德自利主義者（Ethical Egoism）所說的，人該去做對自己最有利的行爲？

柏拉圖在他的《共和國》（*Republic*）一書中，曾經講過一個故事：

有個牧羊人Gyges意外從山洞裡撿到一個魔戒，只要轉動魔戒，戴魔戒的人就會變成隱形人，別人都看不到他。

先想一下，如果你得到這樣一個魔戒，你會做什麼？

Rachels在*The Ethics of Virtue*（2010）一文中告訴我們，接下來Gyges做了什麼事：Gyges戴上戒指，到皇宮去，引誘了皇后，殺死了國王，竊取了王位以及國王的財富！因爲他有魔戒，所以他做任何事都不會有人知道，因此也不可能得到懲罰。換句話說，他可以爲所欲爲而不會有任何不利於他的後果。在這種情況下，Gyges的行爲似乎是可以理解的。他順著自己的慾望，做出對自己最有利的行爲，但是，問題是，是不是所有的人只要有了魔戒，都會做出與Gyges一樣的行爲？就像《世界新聞報》的記者，只要有了掩護竊聽行爲的公司文化，所有的記者都會利用竊聽來獲取新聞呢？

答案顯然不是。然而，爲什麼有些人能抗拒誘惑，不會做出像Gyges那樣的行爲呢？Rachels認爲最可能的理由是出於對神聖戒律的順服與接受，例如，「不能違背神的旨意，做出不討神喜歡的事」，或者，「舉頭三尺有神明，若要人不知，除非己莫為」。但是，對一個無神論，又不相信因果報應的人來說，他／她又有什麼理由要壓抑自己的願望，做出合乎道德原則的行為呢？有一個好理由是，他／她想要成為一個「好人」。換句話說，當「做一個好人」是自己的願望時，抗拒誘惑便是自己的選擇，遵守道德原則便是合乎自己願望的行為。在沒有任何行為責任的情況下，不會做出與Gyges一樣的行為，而能遵守道德原則的人，便是有美德的人，因為他所追求的是「道德因我而實現」的生命，是擁有美好特質的自我。

有美德的人是什麼樣的人？需要具備什麼特質？亞里斯多德認為有美德的人就是，會將特定道德特質習慣性（habitual action）的表現在行為上的人。所謂習慣性，就是已經將該特質完全內化，不需思考也會自動表現出來。那麼什麼是道德特質？有一個簡單易懂的說法是：會讓別人喜歡親近的特質。我們喜歡有學問的老師教我們知識，喜歡有技術的師傅幫我們修車，但是，作為一個「人」，我們未必喜歡親近他們。因此，所謂美德，可以說，就是作為一個讓人喜歡的人所須具備的的特質。到底什麼樣的特質可以稱為美德？這個清單要列起來可就很長了：誠實、忠誠、慈悲、正義、慷慨、勇氣……等等，如果這樣來看美德，那麼，幾乎大部分的人都可以說是有美德的人了，因為平時當表現這些特質不需付出太大的代價時，大部分的人都會選擇表現出這樣的特質。例如，看到車禍有人受傷時，一般人會幫忙打電話報警，因為這是舉手之勞。但是，幫忙將傷者送醫院，就不是一般人會做的事了，因為那不僅必須花時間、花力氣，可能還會惹上麻煩。只有當人能不計代價、不論情境、不關對象，「**習慣性**」地、一致性地表現或實踐那些我們珍愛、重視的特質或價值時，我們才能說，那人是有美德的人。

讓我們再來看另一個眞實案例：

由雕塑家蒲添生所塑，林靖娟老師捨身救人之雕像。（臺北市立美術館美術公園）

健康幼稚園火燒車事件

1992年5月15日，臺北市私立健康幼稚園師生舉辦校外旅遊教學活動，其中一輛由司機楊清友駕駛的遊覽車，搭載了五十三位家長、學生及老師，在行經桃園縣平鎮市中興路時，因車輛震動電源變壓器，致老舊電源線發生短路，導致電線走火、引燃易燃物而爆炸起火。此時司機楊清友先開啟右前門讓乘客逃離，接著想開啟後座安全門，卻發現安全門年久失修，無法打開，因此踢破安全門玻璃，自己先行爬出車外。遊覽車隨車小姐于桂英、幼稚園老師黃加添發現遊覽車的滅火器早已逾期三年，無法滅火。遊覽車起火後，路人除了立即報警外，也加入搶救行列。其中，幼稚園老師林靖娟原本已經逃出車外，但因惦念學生的安危，選擇重回火場，不斷上下車，來回奮勇救學生逃離火場，想從死神手中挽救更多孩子的生命。但終因火勢太大，最後懷抱四名幼童葬身火場，壯烈犧牲。這起車禍共造成二十三人死亡、九人輕重傷。

林靖娟老師的行爲不是一般人做得到的行爲，她愛人如己，甚至爲了別人願意捨棄自己的生命。捨棄生命固然不是容易的事，然而，就是要捨棄身外物的財富，對一般人也不是容易的事。耶穌教導徒眾，當世界上有人挨餓時，就該散盡自己所有的財富去幫助窮人。顯然，這樣的教誨對一般人而言，也是很難完全遵從的。慈悲、慷慨分享，都是我們共同認定的道德原則，但是道德原則的實踐有其一定的人性限制。即使撇開生命這一最極端的犧牲，仔細想想，爲了道德原則我們又能捨棄財富、名聲、時間、親情、愛情、友情到什麼程度呢？

通常的情況，我們無論是對自己或對別人的道德要求，大抵都有一個界限，就是不損失自己的利益爲前提。最簡單的例子是，我們通常會譴責一個霸占博愛座不讓位給老人家的年輕人，但是如果我們知道他當天因爲打工、考試，的確十分疲累，自然就會收回我們的譴責，覺得情有可原。同樣地，當我們知道有企業爲了賺錢而使用致癌塑化劑作爲食物起雲劑時，我們會強烈譴責公司主管，但是對於知情員工的譴責就不會那麼強烈。爲什麼？因爲，要求別人做出自己未必做得到的事情，實在是不近情理。然而，也是因爲我們知道人性的弱點，所以，對於能夠克服人性弱點、堅持道德原則的人，我們自然而然會敬佩、會喜歡這樣的人，尊稱他們是聖人、是義人。簡而言之，他們是有美德的人。

從林靖娟老師的例子，還有另一個角度來思考何謂「美德」。假設同樣是火燒車，有一位媽媽不顧危險衝上車救自己的小孩，最終不幸罹難。這位奮不顧身的媽媽顯然也是有美德的人，但是她成就的美德是母愛，林靖娟老師成就的則是大愛。母愛此一美德是有對象性的親情，大愛則是無特定對象的慈悲心，相較之下，「愛」此一美德，從「順手捐發票」的小愛，到捨身成仁的大愛，根據實踐的方式（是否犧牲自己的利益），以及實踐的對象（是否針對特定對象），似乎有個美德的光譜，引領我們從道德義務的實踐不斷去追求美德的最高境界。

也許，最終我們並沒有所謂「道德上正確的行爲」（morally right action），因爲有時候我們的確很難斷定什麼是道德上正確的行爲或錯誤的行爲，例如，公司新進職員知道直屬長官違反公司規定向廠商拿回扣，究竟該不該向公司舉發此事？若是不舉發就是道德上錯誤的行爲嗎？Anscombe認爲我們有一個更好的描述與判斷行爲的方式，就是「無法容忍的」、「不公平的」、「膽小的」、「鄉愿的」。換句話說，也許我們永遠無法明確地告訴自己或別人「什麼」是對的行爲，「什麼」是錯的行爲，但是如果我們相信人類是理性的動物，最重要的是，我們不像其他動物單憑直覺或習慣來決定行爲，而是能夠根據理性來判斷行爲的理由，並選擇較「合理的」理由作爲行爲的準則。因此，儘管我們的行爲在很多時候看起來似乎互相矛盾，但是只要那都是我們認眞思考道德原則、努力追求美德的結果，我們便能夠期待一個因爲活得明白而更加令自己滿意的人生。

參考資料

Rachels, J. (Sixth Edition by Rachels, S.) (2010). Ethical Egoism. In *The Elements of Moral Philosophy* (pp.62-79). Boston: McGraw Hill.

Rachels, J. (Sixth Edition by Rachels, S.) (2010). The Ethics of Virtue. In *The Elements of Moral Philosophy* (pp.138-172). Boston: McGraw Hill.

第二篇

教育倫理

基礎教育倫理

第一章
教育、專業與倫理

潘惠銘

印度聖人甘地曾經指出現代人類社會七大自我毀滅的東西：不勞而獲的財富、沒有良知的享樂、有知識卻沒有品格、做生意沒有道德、沒有人性的科學、追求宗教但不懂得犧牲、操弄政治沒有原則。（摘自：經典雜誌。www.rhythmsmonthly.com. 2017年6月21日）

一位集中營生還者吉諾特教授寫給一所教育機關負責人的一封信（收錄在他1974德文書名叫：教室裡的機智與謀略；1972英文書名叫：教師與兒童）

親愛的老師，

我從一個集中營死裡逃生，在集中營我的眼睛見到人眼不應該見到的東西：由訓練有素的工程師所建造的瓦斯房；被科學訓練出來的醫師所毒害的兒童；被資深的兒童護士所殺害的嬰孩；被中學或大學的年輕人所射殺或燒死的婦女和小孩。所以我不再相信教育。

我想說的是：幫幫您的學生發展人性，您的教學和您的努力不應該製造訓練有素的野獸、有能力的精神變態者或是更多的像Eichmann一樣的殺人魔。當閱讀、書寫和算術能幫助我們的孩子們更人性，它們才重要。

我期待教育主管們有這種值得效法的胸襟氣度，希望您能重視並採取行動。

致上最高敬意

一、「教育」的意義、內涵與目的

「教育」的希臘文是"educere"，意思是將潛能引發出來（Flitner, 1966），因此「教育」的意義有激發受教者潛能發展的意思。但是如何將人的潛能誘導引發出來呢？Wilhelm Flitner（1966）用四種觀點說明「教育」的內涵：第一、生物的觀點，嬰孩需要「教育」才能發育和成熟；第二、社會及歷史的觀點，人類社會在特定時空中進行，不斷編織歷史的軌跡，透過「教育」，人類不斷傳承與再現社會歷史文化的產物，提供給新生兒適應生存的基本條件及生命發展的可能性；第三、從啓迪理智的觀點，當受教者的理智透過「教育」被開啓，理性發展越發達，他的思想就越自由，他在人類社會中的生活就越有適應的能力； 第四、從人格發展的觀點，在人類相互依存的關係中，「教育」讓人發現並發展自己的人格和自尊，也學會覺察並尊重他人的人格和自尊，並能意識到發展他人人格的責任和義務。由此可見，從人的生物性一直到人類與時空的依存關係和他發展的需求，「教育」的內涵可寬廣，也可以狹窄，並藉此證明「教育」是人類生活隨時隨地可見、多樣且連續的現象。

人類爲了讓後代適應及發展而醞釀出「教育」，「教育」的前提是人的可教育性（Bildsamkeit oder Erziehbarkeit）（Flitner, 1966）。「教育」的目的在促進學習、增長知識技能、建立價值觀、好的習慣及信念（Xochellis, 1973）。通常「教育」是有意識、刻意、有目的性的活動，稱爲「有意識性的教育」（Intentionale Erziehung），「教育」也可以是潛移默化的結果，稱爲「功能性的教育」（Funktionale Erziehung）（Xochellis, 1973），「有意識性的教育」不一定會在受教者身上達到教育者預定的結果，關鍵在於教育的關係（Pädagogischer Bezug oder Erzieherischer Bezug），「教育」發生在關係中，關係的品質以及施教者的人格、教育方法與能力是否能對應受教者發展的特質與需求並讓受教者的人格德性健全成長，對教育的果效會造成相當程度的影響；爲了讓受教者發展出獨立思考、解決問題、創新變通、策劃未來的能力，施教者在「教育」過程努力的目標應該是讓受教者更多達到「自我教育」（Selbstbildung）（Xochellis, 1973），也就是施教者在教育的過程所有作爲是努力讓自己多餘，且建構出舞臺讓受教者展現其適應及勝任未來的能力。

施教者要達到如此境界，需要對教育專業有相當的掌握，且有足夠的專業自信和自主權，適度運用教育資源，在適當的時刻讓出舞臺、靜候旁觀、陪伴、支持。由此可知，職前「教育專業訓練」及「教育專業倫理」的要求就顯得格外重要。

二、「專業」與「教育專業化」

歸納國內外文獻，「專業」係指一個經過專門的訓練，擁有特定學理知識和能力，能爲公眾提供專門的服務，受國家及專業團體的資格認證及保護，向外擁有專業的獨立自主性，對內能維持專業的品質和履行專業對社會的承諾的職業或工作（林清江，1983；吳清山、黃旭鈞，2005；游惠瑜，2005；Carr, 2000）。要達到「專業」的標準需要滿足三種條件：「專業能力」、「專業精神」和「專業倫理」，且這三個內涵相輔相成，缺一不可。

「專業能力」是指每一種「專業」在執行時所必須具備的知識和技能，這些專業知能是經過長期且嚴謹的訓練和國家及專業團體的層層考核建立起來。這種專業知能的維持和更新主要從專業人員本身出發，本於對自身工作的責任及熱忱，專業人員願意隨時反省檢討自己的專業品質，追求自我專業成長；其次才是專業團體爲了滿足團體的社會責任和義務，定期檢核團體成員的專業能力現況。

「專業精神」是指專業人員個人在執行某專業時所抱持的態度與信念，其核心爲專業人員對其專業的意義與價值的認定和堅持。

「專業倫理」泛指專業人員個人在執行專業時能遵守專業行爲規範及職業道德，滿足社會對此專業在執行過程應有表現的期待，對其專業服務內容對錯和好壞的判斷和選擇。

「教育專業化」的內涵可分爲「教師專業化」及「教學專業化」。「教學專業化」是專注在教學相關的範疇；「教師專業化」則聚焦在教師培育的制度及歷程。根據謝文全（1985）教育人員專業化必須滿足七項標準：㈠受過長期專業教育而能運用專業知能；㈡強調服務重於牟利；㈢應屬永久性的職業；㈣享有相當獨立的自主性；㈤建立自律的專業團體；㈥能訂定並遵守專業倫理或公約；㈦不斷從事在職進修教育。

爲求教育專業的發展，各國陸續訂定各類教師專業標準（National Educational Association (NAE), 1975; 教育部，2004），臺灣教育部於民國95年公布《師資培育素質提升方案》（教育部，2006），頒布教師專業標準，適用幼稚園、國小、國中、高中、高職、特殊教育等，且在師資培育、教育實習、資格檢定、教師甄選、及教師專業成長各層面貫徹實施（吳武典、楊思偉、周愚文、吳清山、高熏芳、符碧眞、陳木金、方永泉、陳盛賢，2005），且要求教師須符合教師專業基本素養、敬業精神與態度、課程設計與教學、班級經營與輔導、研究發展與進修等五個向度，特殊教育還另外加上特教專業知能和特殊需求學生鑑定與評量兩向度，頒布之後還持續努力朝教師專業化及優質化的目標邁進。在2015年教育部公布的《中華民國教師專業標準指引》不分階段別及特殊教育或普通教育，教師專業標準整合爲十項：1.具備教育專業知識並掌握重要教育議題；2.具備領域／學科知識及相關教學知能；3.具備課程與教學設計能力；4.善用教學策略進行有效教學；5.運用適切方法進行學習評量；6.發揮班級經營效能營造支持性學習環境；7.掌握學生差異進行相關輔導；8.善盡教育專業責任；9.致力教師專業成長；10.展現協作與領導力（教育部，2015）（附件一和附件二）。比較2005年和2015年兩版的教師專業標準內容，在2015年的版本可以看到專業內容細緻化的發展，且在指標8-2「遵守教師專業倫理及相關法律規範」，已經正式出現「專業倫理」的字眼。

李信昌（2010）以高職教師爲對象比較我國與英美教師專業倫理守則內涵之差異，結果發現共同點有：英美和臺灣三國教師都被認定爲專業工作者，及社會文化價值的擁護者，三國也都重視教師專業素養以及教師與學生、家長、社會的關係；臺灣與英美不同的是，我國教師專業倫理守則沒有包含同事關係、對資料保密、對不同種族的學生應給予公平的對待及對違反倫理行爲的處理也比較沒有明確的規定和要求；我國教師專業倫理守則有要求但英、美二國沒有的部分有：教師被要求爲學習者、應主動關心學生、對學生的成績評量權、嚴禁教師在課堂之外給學生收費補習的規範、教師在課堂教學政治及宗教上應保持中立及嚴禁師生戀之規範。從比較中可見雖然英美和臺灣對教師專業倫理均有高度的認同，但是我國和英美兩國對教師專業倫理要求有社會文化的差異。

三、「倫理」與「專業倫理」

中國字「倫」是指人在群體中的關係，「理」指的是道理法則，「倫理」是指人在團體中相處時所應該講求的道理和法則（詹棟樑，2004），是人與人相處的道理及做人基本的道德準則（林有士，1995），是「對」或「錯」道德判斷的標準（林火旺，2001）。整合上一段對「專業」的論述，「專業倫理」可以定義爲規範專業倫理關係的法則，其中包含該專業的「哲理思想、價值體系、原則與標準」（徐震&李明政，2002）。因爲專業提供的服務直接間接影響人類的福祉，因此對專業也應該特別講究「專業倫理」的訓練和要求。

「專業倫理」是指專業人員在執行專業的過程，是否滿足專業基本訓練的要求，是否滿足專業團體及國家社會大眾的要求及服務應有的內涵和水準。朱建民（1996）將「專業倫理」的內涵分爲鉅觀（Macroethics）和微觀（Microethics）兩部分。鉅觀與社會規範和組織政策有關，雖然與個別的專業人員沒有直接的關係，但是也會影響專業的實踐時的品質，若專業人員取得證照後在執業過程刻意忽略，外在的行爲規範法律條文及專業標準等都無法對其發揮作用，除非他嚴重違反法律、被人舉發或造成別人的傷害；微觀則直接牽涉到工作的規劃，與專業人員較有直接關聯，也直接反映專業人員的專業素養。

透過專業倫理的訓練通常想達到「倫理」和「道德」兩部分的要求，「道德」著眼於個人層面，探討培養專業人員的行爲能符合個人對專業的信念、理想和承諾；符合「倫理」則是以社會層面來說，讓專業人員的行爲能遵守專業的行爲規範和職業守則，帶來人與人關係的助益及人類共同生活的福祉（朱建民，1996；沈清松，1996），單單以專業標準的傳授，無法確保專業人員會做出符合專業倫理的判斷和行爲（林火旺，2006；Paul, French & Cranston-Gingras, 2001; Tennyson & Strom, 1986）；若以個人「道德」層面爲基礎建構「專業倫理」才比較有可能期待專業人員會主動滿足社會層面的「倫理」。林火旺（2009）認爲「專業倫理」是將道德原則應用到各種專業相關的道德問題，基本道德原則包括：「不傷害原則、互惠原則、自主、正義、效益、守信、誠實、尊重隱私」等，這也呼應在文章最前面引用甘地先生所說的，有知識也要搭配品格。當專業訓練只著重讓個體具備專業的知識和技能，但卻忽略專業倫理的培養、個人道德操守的提升，以及專業人員的社會責任感的栽培，專業人員可能濫用專業知能，造成社會群體的傷害，這正是近幾年臺灣社會普遍驚覺臺灣高等教育對專業倫理素養栽培訓練的缺乏，而開始建構各大學系所專業倫理的課程與教學（林火旺，2006；陳怡方，2017），同時也符合本章開頭的第二段的引文吉諾特教授大力鼓吹且希望能夠避免的。

四、「教育專業倫理」的意義與內涵

國內外公認「教育」是一種「專業」（National Educational Association, NEA, 2008; Lieberman, 1956；林清江，1972），也認定教師

的工作是一種「專業」（中華民國全國教師會，2000）。吳清山、黃旭鈞（2005）認爲「專業」的標記是「倫理」，「專業」需要倫理，以確保其品質。范熾文（2008）強調學校教育需要特別看重倫理的實踐，否則會流於技術性的問題解決，就如教師若只看重學生知識技能的傳授，不看重學生品德的教育，只淪爲教書匠，不能兼爲經師和人師。游惠瑜（2005）視「教學」爲「教育最核心的活動」，她認定「價值與倫理是教學的核心」，因此推論「倫理才是教育專業的核心」。

「教育專業倫理」是教育專業化的一項重要的條件，是指從事教育或教學工作的從業人員，根據其職業專門的學術、學科或知識技能等作教學品質的檢驗，也關乎到在教學的職業倫理，藉由教學過程中，讓學員或學生能得到助益，在教學過程結束後，對社會人才培育或好的社會氛圍有正向提升或貢獻（蔡淑麗，2010）。要成爲一個成功的教師，除了通過教師資格認證，滿足「教師專業化」的基本要求，更關鍵的是滿足「教學倫理」的要求，在教學、輔導、評量歷程，保持良好師生關係及親師合作與溝通（吳明隆，2009）。朱建民（1996）認爲教育人員的專業倫理應具備五項條件：「一、具備良好的一般道德教養，除了有比較成熟的道德認知發展，也已養成了道德實踐的習慣」；「二、對於自身專業領域曾經涉及的倫理議題有相當的認識」；「三、對於自身專業領域較常涉及的一般倫理原則有相當的認識」；「四、在專業方面具有的知識，足以認清事實，做出正確事實判斷」；「五、能夠將一般倫理原則應用到自身專業領域涉及的倫理議題上，以闡明或解決問題」。要發揮專業精神和滿足專業倫理的要求，對專業人員個人道德層次的提升和喚醒其社會責任感尤其關鍵（林火旺，2006；Paul, French & Cranston-Gingras, 2001; Tennyson & Strom, 1986）。

五、「教育專業倫理」可以教嗎？「教育專業倫理」課程的目的、內涵和教學方法

國內外學者都曾經問過同樣的問題：「教育專業倫理」可以教嗎？

（Paskoff, 2014；王雅觀，2007），雖然他們也承認這個課題是困難的，但是他們不僅確定教育專業倫理是可以教，而且還強調這個課程的重要性。「教育專業倫理」課程與教學的目的是要培養學生在進入教育專業的職業之前，建立正確的價值觀，對自己專業領域倫理議題的敏感度，以及在面對倫理兩難情境的判斷及抉擇的能力，尤其是處理畢業後在職場上所遭遇之倫理兩難處境之能力（蔡淑麗，2010）。朱建民（1996）建議大學專業倫理課程內容應該包含倫理理論、倫理原則、以實際案例說明原則、以實際案例討論道德兩難情境。統整歸納兩位學者的意見和建議，因此教育專業倫理課程與教學的內容應該包含：專業支持的價值觀、專業領域倫理議題的分析、職場倫理兩難處境之判斷與抉擇等。

六、反思問題

1. 您認為教育專業倫理行為模式可以被訓練嗎？
2. 您認為教育從業人員在職前訓練階段接受教育專業倫理訓練的必要性為何？
3. 您認為教育從業人員職前及在職階段接受教育專業倫理訓練應該包含哪些內容？以哪種方式最有效？

參考資料

王雅觀（2007）。教師專業倫理的發展困境與落實途徑。教師天地，148期，60-63頁。

中華民國全國教師會（2000）。全國教師自律公約。

朱建民（1996）。專業倫理教育的理論與實踐。通識教育季刊，3(2)，33-56頁。

朱建民（2000）應用倫理學在臺灣的發展應用倫理研究通訊13，1-6。

林火旺（2001）。倫理學。臺北：五南。

林火旺（2006）。專業倫理和社會責任。「法律倫理核心價值探討」學術研討會。臺北：東吳大學法學院。

林火旺（2009）。基本倫理學。臺北：三民。

林有士（1995）。倫理學的新趨向。臺北：臺灣商務印書館。

林思伶（2000）。淺談倫理教育教學法。哲學與文化，27(4)，362-371頁。

林清江（1972）。教育社會學。臺北：國立編譯館。

林清江（1983）。文化發展與教育革新。臺北：五南。

李信昌（2010）。我國與英美國家教師專業倫理守則內涵差異之研究——以高職教師觀點。臺北科技大學技術及職業教育研究所碩士論文。

沈清松（1996）。倫理學理論與專業倫理教育。通識教育季刊，3(2)，1-17。

吳明隆（2009）。教學倫理：如何成為一位成功教師？臺北：五南。第一版。

吳清山、黃旭鈞（2005）。教師專業倫理準則的內涵與實踐。教育研究月刊，132，44-58頁。

吳清山、張世平、黃旭均、黃建中、鄭望崢（1998）。教師專業倫理內涵之建構。行政院國家科學委員會專題研究計畫成果報告（編號：NSC 87-2413-H-133-006）。

吳武典（2005）。專業標準本位的師資培育制度之建構。載於中華民國師範教育學會：教師的教育信念與專業標準。臺北：心理出版社。

吳武典、楊思偉、周愚文、吳清山、高熏芳、符碧真、陳木金、方永泉、陳盛賢（2005）。師資培育政策建議書。臺北：中華民國師範教育學會（未出版）。

范熾文（2008）。教師專業倫理—理論、困境與實踐途徑。中華民國師範教育學會（主編），教師形象與專業倫理。第4章，臺北：心理出版社。

徐震&李明政（2002）。社會工作倫理。臺北：五南。

陳怡方（2017）。高等教育轉型的人類學反思：以社會實踐課程的經驗為例。臺灣人類學刊，15(2)，147-184頁。

教育部（2006）。師資培育素質提升方案。臺北：教育部。

教育部（2015）。中華民國教師專業標準指引。臺北：教育部。

游惠瑜（2005）。教育的專業倫理與教學倫理。發表於94年度「專業倫理與公民社會」學術研討會，新北市：華梵大學。
詹棟樑（2004）。教育倫理學導論。臺北：五南。
蔡淑麗（2010）。專業倫理學在倫理學中的定位，通識教育學刊，5(12)，9-28頁。
謝文全（1985）。教育行政。臺北：文景。
Carr, D. (2000). *Professionalism and ethics in teaching*. London: Routledge.
Lieberman, M. (1956). *Education as a Profession*. NJ:Prentice-Hall.
National Educational Association (NEA) (1975). *Code of ethics of education profession.*
Paskoff, S. M. (2014). *Can ethical behavior be taught? Ethikos*, Vol. 28, No. 4, 1-3.
Flitner, W. (1966). *Allgemeine Pädagogik*. Stuttgart: Ernst Klett Verlag.
Paul, J.; French, P. & Cranston-Gingras, A. (2001).Ethics and Special Education. *Focus on Exceptional Children, Vol. 34*, No. 1, 1-16.
Tennyson, W. Wesley; Strom, Sharon M. (1986). Beyond Professional Standards: Developing Responsibleness. *Journal of Counseling & Development. Vol. 64*, Issue 5, 298-302.
Xochellis, P. (1973). *Pädagogische Grundbegriffe. Eine Einführung in die Pädagogik*. München: Ehrenwirth Verlag.

附件一　中華民國教師專業標準及其內涵（教育部，2015）

標準1：具備教育專業知識並掌握重要教育議題

1. 教師應具備教育理論、教學理論、教育行政與法規等相關知識。
   (1)教育理論知識，係指了解教育的目的及價值，以奠定教師教育信念及態度的理論基礎；
   (2)教學理論知識係指進行有效教學之理論基礎，包括課程發展與設計、教學原理、教育測驗與評量、輔導原理與實務、班級經營與師生溝通互動等；
   (3)教育行政與法規係指教育與學校實務之行政法令及規章等。
2. 教師應了解各階段學生身心發展與學習特質的基礎知識，以掌握每位學生學習發展與學習特質的差異，據以彈性規劃班級各種學習活動。
3. 教師應了解教育政策與任教階段目標，關注重要教育議題及精進專業知識，並能統整教材、新知與新興議題的內涵，融入教學活動規劃。

標準2：具備領域／學科知識及相關教學知能

1. 教師具備任教領域／學科的專門知識，了解任教領域／學科學習課程綱要內涵、核心知識結構和學生學習的迷思概念，並能掌握任教領域／學科學習最新發展趨勢，及連結其他相關知識。
2. 教師應具備任教領域／學科之特定教學策略，以及不同教材性質之教學設計。

標準3：具備課程與教學設計能力

1. 教師應參照課程綱要內容、學生背景特質、學校願景或重要議題訂定教學目標，進行課程與教學設計，將教學構思轉化為實際的教學設計。
2. 教師依據學生學習特性之差異，彈性調整教學設計、教材內容、教學進度與教學活動，以達成教學目標。針對特殊教育學生之需求，教師／特教教師、輔導人員、家長、學校行政人員或相關專業團隊能合作擬定個別化教育計畫／個別輔導計畫，並納入課程與教學設計。

3. 教師能統整領域／學科知識概念，並結合學生的生活經驗，引用實例幫助學生理解知識，活化教學內容。

標準4：善用教學策略進行有效教學

1. 教師應適當運用多元教學方法與策略，考量教學目標、領域／學科內容、學生特質及能力等，以口語／非口語、教學媒介、提問及肢體等溝通技巧，清楚傳遞教學訊息。
2. 教師應具備基本的資訊素養能力，根據教學需要，評估各種資訊的來源與用途，並適時運用多元教學媒介及科技，以支援教學活動，豐富教學內容。
3. 教師能依據學生的學習表現，分析學生的個別差異，反思教學結果，採取補救措施或提供加深加廣之學習內容，並適時調整課程內容與使用適當的教學策略，滿足個別學習者的需求。

標準5：運用適切方法進行學習評量

1. 教師應了解各種評量方法之特性與限制，依據教學目標，善用各種評量活動，評估學生學習狀況，並將評量結果回饋至教學活動，以改進教學設計。
2. 教師應運用分析評量結果資料，了解學生優劣勢，以提供學生具體的學習回饋及指導，引導學生評估自己的學習成果，調整適合自己的學習策略與學習計畫。
3. 教師應覺察學生身心特質與個別學習需求之差異，並了解相關的評量方式，以發現學生之學習困難，進而設計個別化的教學與評量。此外，教師應具備轉介與鑑定流程的概念，視學生個別需求尋求學校行政、社區網絡及社會支持系統的協助。

標準6：發揮班級經營效能營造支持性學習環境

1. 教師應能營造一個支持學生有效學習的物理及心理環境，建立適當的班級規範，營造關懷友善的班級氣氛。
2. 教師應能於課堂中掌握及敏銳察覺學生的學習狀況，妥善處理師生間及同儕之間的班級事件。同時，教師應具備危機處理能力，了解校園危機、衝突與偶發事件的預防及通報機制，適時尋求相關單位的支援與協助。

標準7：掌握學生差異進行相關輔導

1. 教師應認識並辨別任教班級學生的背景特質之差異，尊重及傾聽學生的想法與需求，輔導其學習。
2. 教師應了解學生身心特質、同儕關係與次級文化，尊重學生多元文化背景，體會學生想法、感受與需求。
3. 教師應了解不同類型學生的特殊需求，並能符應不同學習特質需要，並善用學校輔導室、社區輔導網絡及社會支持系統等相關資源，給予適切的生活教育與輔導。

標準8：善盡教育專業責任

1. 教師應展現教育熱忱與使命感，維護學生的學習權益，關懷學生需求，開展學生潛能。
2. 教師應了解並遵守教育相關法律規定、教師專業倫理守則與自律公約，並依照相關規範進行教育專業活動。
3. 教師願意付出時間關心學校發展，主動參與教學、行政或輔導相關事務與會議，善用教學經驗及實務知能，協助學校規劃和執行校務發展計畫。

標準9：致力教師專業成長

1. 教師應能反思自己的專業實踐，發掘問題，探索可能的解決方法，並能嘗試精進教師專業發展。
2. 教師應能敏銳察覺學科內容知識、教學方法之變革趨勢及學生特性之變化，並主動參與校內外各種教師專業進修活動，將所學應用於實際教學情境脈絡。
3. 教師應參與校內外專業學習社群、專業發展組織，透過共同探究學生學習與教育問題，及分享交流教學經驗等活動，建立專業對話與協同合作教學的機制，促進教師專業成長。

標準10：展現協作與領導能力

1. 教師應與同事保持良好關係，共同合作解決問題，並能協助或引領同儕教師專業成長，共同致力於發展課程與教學方案，展現協作與領導能力。
2. 教師應能與家長維持互信的合作關係，並運用社區資源。
3. 教師應能因應校務發展需求，積極主動參與學校組織運作，協助研擬校務發展計畫，提出校務改進策略，適切展現個人的領導能力。

附件二　教師專業標準專業表現指標（教育部，2015）

專業標準	專業表現指標
1.具備教育專業知識並掌握重要教育議題	1-1 具備教育專業知能（與涵養）。
	1-2 了解學生身心特質與學習發展。
	1-3 了解教育階段目標與教育發展趨勢，掌握重要教育議題。
2.具備領域／學科知識及相關教學知能	2-1 具備任教領域／學科專門知識。
	2-2 具備任教領域／學科教學知能。
3.具備課程與教學設計能力	3-1 參照課程綱要與學生特質明訂教學目標，進行課程與教學計畫。
	3-2 依據學生學習進程與需求，彈性調整教學設計及教材。
	3-3 統整知識概念與生活經驗，活化教學內容。
4.善用教學策略進行有效教學	4-1 運用適切教學策略與溝通互動技巧，幫助學生學習。
	4-2 運用多元教學媒介、資訊科技與資源輔助教學。
	4-3 依據學生學習表現，採取補救措施或提供加深加廣學習。
5.運用適切方法進行學習評量	5-1 採用適切評量工具與多元資訊，評估學生能力與學習。
	5-2 運用評量結果，提供學生學習回饋，並改進教學。
	5-3 因應學生身心特質與特殊學習需求，調整評量方式。
6.發揮班級經營效能營造支持性學習環境	6-1 建立班級常規，營造有助學習的班級氣氛。
	6-2 安排有助於師生互動的學習情境，營造關懷友善的班級氣氛。
	6-3 掌握課堂學習狀況，適當處理班級事件。
7.掌握學生差異進行相關輔導	7-1 了解學生背景差異與興趣，引導學生適性學習與發展。
	7-2 了解學生文化，引導學生建立正向的社會學習。
	7-3 回應不同類型學生需求，提供必要的支持與輔導。
8.善盡教育專業責任	8-1 展現教育熱忱，關懷學生的學習權益與發展。
	8-2 遵守教師專業倫理及相關法律規範。
	8-3 關心學校發展，參與學校事務與會議。

專業標準	專業表現指標
9. 致力教師專業成長	9-1 反思專業實踐，嘗試探索並解決問題。
	9-2 參與教學研究／進修研習，持續精進教學，以促進學生學習。
	9-3 參加專業學習社群、專業發展組織，促進專業成長。
10.展現協作與領導能力	10-1 參與同儕教師互動，共同發展課程與教學方案，展現協作與領導能力。
	10-2 建立與家長及社區良好的夥伴合作關係。
	10-3 因應校務需求，參與學校組織與發展工作，展現領導能力。

第二章

教育專業倫理之內涵

李家遠

教育專業倫理包含教育與倫理兩個面向之結合，教育之內涵在於教導、養育及引導；而倫理之內涵，則包括在人群當中相待相倚的生活關係，也是人與人相處時，應講求之道理及法則，其更涵蓋了群體集合、彼此相對、以及隸屬之關係（詹棟樑，1997）。當其與教育結合時，必然會對學生產生更加深遠之影響，所以古今中外對教育倫理都異常重視。

在教育專業方面，依據教育部105年發佈的教師專業標準中，提及教育專業、學科教學、教學設計、教學實施、學習評量、班級經營、學生輔導、專業成長、專業責任及協作領導等面向，並訂出了各項教師專業表現指標。教師必須要：

1. 具備教育專業知識並掌握重要教育議題，了解學生身心特質與學習發展，了解教育階段目標與教育發展趨勢。
2. 具備領域／學科知識及相關教學知能。
3. 具備課程與教學設計能力，參照課程綱要與學生特質明訂教學目標，進行課程與教學計畫。依據學生學習進程與需求，彈性調整教學設計及教材。統整知識概念與生活經驗，活化教學內容。
4. 善用教學策略進行有效教學，運用適切教學策略與溝通互動技巧，幫助學生學習。運用多元教學媒介、資訊科技與資源輔助教學。依據學生學習表現，採取補救措施或提供加深加廣學習。
5. 運用適切方法進行學習評量，採用適切評量工具與多元資訊，評估學生能力與學習。運用評量結果，提供學生學習回饋，並改進教學。因應學生身心特質與特殊學習需求，調整評量方式。
6. 發揮班級經營效能，營造支持性學習環境，建立班級常規，營造有助學習的班級氣氛。安排有助於師生互動的學習情境，營造關懷友善的班級氣氛。掌握課堂學習狀況，適當處理班級事件。

7. 掌握學生差異進行相關輔導，了解學生背景差異與興趣，引導學生適性學習與發展。了解學生文化，引導學生建立正向的社會學習。回應不同類型學生需求，提供必要的支持與輔導。
8. 善盡教育專業責任，展現教育熱忱，關懷學生的學習權益與發展。遵守教師專業倫理及相關法律規範。關心學校發展，參與學校事務與會議。
9. 致力教師專業成長反思專業實踐，嘗試探索並解決問題。參與教學研究／進修研習，持續精進教學，以促進學生學習。參加專業學習社群、專業發展組織，促進專業成長。
10. 展現協作與領導能力，參與同儕教師互動，共同發展課程與教學方案，展現協作與領導能力。建立與家長及社區良好的夥伴合作關係。因應校務需求，參與學校組織與發展工作，展現領導能力。

當教師能夠在其專業之領域上，明瞭或是達到以上之原則後，教師同時更當深刻體會教育倫理之內涵，才能真正的完成教師之天職。（吳清山、黃旭鈞，2005）

一、教學的倫理意涵

而在倫理方面，如眾所周知的，教學的目的，除了要培養學生的專業技能之外，更應著重全人的養成。如果只是符合教育部所訂之專業標準，所要求的教學知識、教學技巧、教學評量及分析教學工作是不夠的；必須對第八條之專業倫理部分特別加以強調，釐清該有的倫理規範，擔負起專業倫理的規範，和道德責任的傳承，教育下一代能善用知識技能，並分辨正確及合理的社會價值，建構完整的社會體制。不可諱言的，教育專業倫理在近年來，愈發獲得重視，因爲師生的年齡、社會變遷、及觀念的轉變，都使得師生之關係，更加的複雜，如果稍有不愼，很容易誤導師生之關係，甚至產生嚴重之後果。因此，身爲教師必須從四個面向，來處理倫理的問題，其分別爲㈠教師的職業道德；㈡教師的教育責任；㈢教師的行爲準則；㈣師生關係。

教師因爲扮演著許多不同的角色，如關懷、鼓勵、互補、給予、互動、實驗、創造、計畫、胸懷大志、解決問題及挑戰的角色（海克&威廉斯，1999）。因此其相對的重要性也愈發增加，所以，不論是在職業道德、教育責任、行爲準則及師生關係上，都必須有嚴格的規範，如此方能進一步地讓學生能夠受益。因此在教師職業道德方面，所有教師均須明白其工作與一般之工作不同，其有傳道授業解惑之神聖性，更應具有使命感，以期能夠建立以人本爲中心之教育理念，並以道德精神教育來紮下基礎，同時結合良性且合於倫理綱常的社會意識與價值，因應社會環境變化，在教育之理念及方向技巧上調整，並有所堅持，理智的處理事務，與人合作，鼓勵學生思辨之能，不斷精進其專業素養，不斷的求知，以最新之媒介，加速有效的傳播知識。

在教師的教育責任方面，教師必須清楚明瞭其責任，忠於自己的職業選擇，並要以熱情面對及擔起其應負的責任，將學生視爲具有價值及潛力之個體。發現學生之潛能，看見學生的光，並以此自我期許，俾便使教學之職責發揮至其最高價值。

而在教師的行爲準則方面，教師必須深切提醒自我之典範價值，嚴以律己，時時檢視自我之爲人處世，是否合於國家社會文化之善良風俗，不逾規矩，並審愼避免一切試探機會，自我要求，輔導學生，並以身教引導學生遵循教導，以臻教育之精神；在情緒方面，更要適當管理，不會因政治宗教或是其他議題上，而產生逾越教師應有之行爲原則。

而在師生關係方面，教師必須在教育與倫理關係方面，加以清楚界定，尤其在大學環境當中，教師與學生關係如有疏忽，很容易產生師生間不易釐清之複雜關係，使得教師失去其與學生應有之亦師亦友之關係，易失去學生對教師之尊重，而教師本身亦會因此複雜關係而失去其對教育的專注，破壞師生間之和諧的制度。

二、教育專業倫理之重要性

近年來，不論是國內或是國外教育界都發生了不倫之事，有教師與學生發生不正常之性關係，或是不當之金錢往來，甚至還有某些教師因爲意識形態，刻意散佈許多個人的政治，或是宗教的意識形態，而間接剝奪了學生眞正求知以及思辨的自由，更有博士生在未取得博士學位之前，就以博士之名義發表論文，並登在學術期刊上，在被揭發後，卻毫無悔意。諸此種種案例，都是倫理教育的警訊，若是不及時加以矯正，不加以強調，未來恐會造成學生道德淪喪，唯利是圖，以及學習空洞化之危機。由此可見專業倫理在教育領域中之重要價值；而教育倫理之課程又可成爲教師專業道德與倫理養成的器皿，藉之建立起教師職業道德與倫理的連結，並滿足現今社會的狀況及需求，解決忽視倫理教育所產生的負面後果。再者，其內涵亦可成爲處理校園倫理問題的依據；因爲其提供解決問題的依據及方式，可以促進校園和諧，提供給學生一個理想的學習環境。然而光講教育倫理之理念，實爲抽象，爲免落入各說各話之危險，因此必須建立教育倫理之尺度及規範。

三、教育專業倫理尺度及規範

教師對教育專業倫理尺度及規範必須非常清楚明確，尤其在教學方面，不論是授課內容的選擇與編輯、授課方式、課堂或課外之專案活動講義參考書籍或是網路傳媒等教學資源之使用、學習評量標準擬訂等，都需要以倫理之角度來考量並且公佈之。如此訂定一致之倫理準則，並將之內化爲自身的準則，並期能在潛移默化中，成爲教師外在行爲或是做決策之依據。因此教師必須從其基本概念開始，依循教育專業倫理之基本要求。當然不論選擇哪一種作法，都會有深遠的影響，譬如說，某位平時功課學習態度均爲全班典範的同學，在某次考試時，因求好心切，因此作弊，然而，身爲教師明明發現了，卻必須做出抉擇，舉發他，按照校規必須開除，不舉發他，其他同學又都已經看見這位學生作弊之事實，其他學生亦會對教師的公平性產生質疑，以上這些都是在教育環境中屢見不鮮的例子，所以每位教師都必須恪遵某些教育倫理之準繩，才不致進退失據。以下爲教師應遵守的教育專業倫理規範：（國立嘉義大學教師倫理守則，國立臺灣大學教師倫理守則）

1. 教師授課內容應當要充分準備，必須與課程相符，授課前應該將課程綱要、教學進度及成績評定原則公告，如有課程及教材之調整，要適時更新，且要註明引用資料之來源。
2. 教師要遵守表訂之授課時程，切勿遲到、早退、私自找人代課或缺課、更要盡量避免調課；如需調課，亦應事先向學生說明，並依規定請假及儘速補課。
3. 教師應注重自我成長，積極參與相關領域提升專業之研習活動，以提升教學知能。
4. 教師應多與學生雙向溝通，了解學生學習興趣及成果。
5. 教師對教學評量及評鑑結果，應視爲精進教學之幫助而非學校獎懲之依據。
6. 教師要確實批閱學生作業，對學生之要求與考核，要以公正態度評估，並以多樣化的方式，以及公正的態度，評量學生的學習表現，並依規定期限繳交成績單。
7. 爲確保教學品質，教師應關心學生學習反應，主動找出其學習問題，提供適當輔導機制及課後諮詢。
8. 教師應以身作則，關注學生健全品格及完整人格之均衡發展；爲落實全人教育理念及目標，更應針對學生心理、品德、生活、言行等方面切實輔導，循循善誘，因材施教，公正處理學生面對之各種問題，必要時應尋求有關領域專家學者及學校輔導單位之協助。
9. 教師應持續提昇教學技巧，以激發學生潛能，提升學習效果。
10. 教師應多鼓勵學生提問，以培養學生獨立及創意思考能力。
11. 應尊重學生自主意識，允其發表不同立場言論，並提供不同角度，鼓勵學生反思。

至於在教學技巧方面教師應善用良好的溝通及談話方式：（盧靜文，

2011）

1. 教師提問的問題應該適合學生程度，具有啓發性。
2. 教師應該充分準備，預先計畫談話內容。
3. 教師提出問題時表述方法應該通俗易懂，問題要明確，便於理解，問題有一定邏輯關聯。
4. 鼓勵學生發起談話，由學生向教師提出問題。肯定任何問題。
5. 針對學生的回答，應注意傾聽，不管正確與否，都要以積極肯定的態度回應，開始積極互動。
6. 以同理心的方式，鼓勵學生對話。

當然，教育倫理規範僅是做爲教師在遂行其神聖教職之重要的參考依據，然而，在社會人文環境愈趨複雜之今日社會，許多教師定會遇見各種試探，而稍一不慎，極可能落入無法挽回之後果當中，這也可以從近年臺大郭姓教授論文資料造假，以及多位師生不正當關係，或是教師與教師間之相互詆毀等案例當中看出。因此，光有倫理規範是不夠的，更重要的是內化的道德提醒，才能減少教育不倫事件之發生。總而言之，在講求全人教育的中原大學，教學倫理之常規建立，實乃刻不容緩之計，每一分鐘課堂上，或是課外的師生互動，都充滿著展現專業倫理之契機，專業地教學，絕不再只是將學生的專業教好就畢竟其功了，更重要的是，教給學生駕馭專業知識的能力，使其專業能夠爲他人或社會謀福祉爲目的，並且能以教師之行爲準則爲行事之依據，漸而影響整體之教學環境，造就全人全方位的學生。

問題討論

1. 以學生的立場而言，具有教育倫理之教師，應該在觀念上及作為上有那些必要之特質？
2. 教育倫理非常重要，因此學校應如何採取何種有效之措施來提倡此種觀念，幫助教師能夠願意即全心投入教育工作。

3. 為了培養更多好的老師，你認為社會國家當如何鼓勵及吸引優秀的人才來主動擔任教職呢？
4. 一位深具教育倫理觀念的老師就一定是位好老師嗎？要當一位好的老師顯然必須有許多犧牲，如此你願意擔任如此的職務嗎？

參考資料

海克&威廉斯（1999）。教師角色。臺北：桂冠圖書股份有限公司。

詹棟樑。（1997）。教育倫理學導論。臺北：五南出版社。

吳清山、黃旭鈞（2005）。教師專業倫理準則的內涵與實踐。教育研究月刊，132，頁44-58。

國立嘉義大學教師倫理守則http://www.ncyu.edu.tw/NewSite/law_list.aspx。

國立臺灣大學教師倫理守則http://host.cc.ntu.edu.tw/sec/www/ethics2.html。

第三章
教師專業倫理議題

柳玉芬

教師專業倫理談論教師在工作中應有的倫理道德。教師不但要有專業能力，也需要依據其專業的倫理才能在與學生互動、同事互動、學校關係及社會關係上做好調合。中原大學人育學院本全人教育的精神，基於「信望愛」進行教學，如此本院教師及對師資生培育除了教授專業訓練，更教授專業倫理道德的涵養。在「信」方面，本著基督的精神，相信教師自己本身具有專業倫理道德及責任，全心全意教導學生，也相信學生能日益進步。在「望」方面，教師對學生的未來充滿希望，因此對每一個學子皆認眞且平等地對待。在「愛」方面，基於教育的仁愛，關心且愛每一個學生，並給予適當的關懷及愛護。

以下本章節將以「信望愛」爲基本精神，引導並思考教師專業倫理議題，並建議在處於兩難之時，進行符合教育專業倫理的抉擇方式。分五大項進行各種議題的討論：第一點從教師與學生的關係，第二是教師教學輔導方面的議題，第三是教師與學校的關係，第四部分從教師與社會的關係進行探討，第五點以教師的專業角色及教師生涯倫理的培養來討論。

一、基於「信望愛」的價值抉擇

一位教師必須擁有教育理念，基於「信望愛」的基本精神的教育理念，可協助我們在進行各種議題兩難時的抉擇更有依據可循，也就是在兩難的情境下，自問：我的選擇是否遵守「信望愛」的價值觀？還是只是一時的情緒抉擇？這個選擇的正向及負向結果如何，如下圖3-1所示：

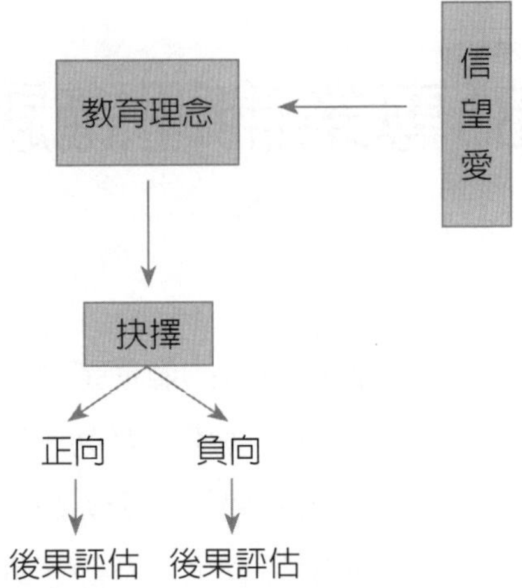

圖3-1　信望愛的價值抉擇

二、教師與學生的關係

思考議題：你平常對學生很好，也請學生吃飯，相處得很開心，但學生常常很晚還找你。肚子餓了，也會找你要食物，有時候東西也要借放你的辦公室，你會怎麼做？

提示：你的教學理念為何？當一個老師除了對學生仁愛，是否也要教授學生獨立、不要依靠？而當一個朋友，朋友與朋友之間存在著界線，你要如何跟朋友表明界線？

師生關係是一種教與學的關係，現在的教育比較開放，師生的關係由以前的上下關係，漸漸地越來越平等，不但學生能從教師方面學習，而教師也能從師生互動中也成長精進專業。所以，師生關係非常類似朋友的關係，也就是「亦師亦友」的關係。這樣的關係在教學中除了傳授知識以外，師生情誼的互動與建立則有助於教學活動順利進行。然而，如果這種關係處理不當則會造成情緒上以及評分上公平性的議題，以下從師生關係的界線以及班級經營時的師生互動關係進行討論。

(一)師生關係的界線

在亦師亦友的師生關係中，「界線」的拿捏需要小心地注意，以保持教師評分的公平性。師生相處過程中，若超過傳統師生界線的情況，無論是產生師生戀或是友好的朋友關係，皆可能會影響老師打分數的公平性。師生之間的「界線」點需要注意的主要有以下兩項：

1. 朋友關係

老師和學生之間亦師亦友的關係界線在哪裡？其實很難界定，因此教師在與學生建立友情的同時，還需要讓學生知道，師生界線是存在的。如果師生關係不太清楚，有時會產生一些問題，比如師生之間金錢往來，如果學生沒有還錢，教師應該如何面對？這樣的關係一來會造成學生在界線上的超越，另外也會讓老師感到困擾。

2. 師生戀

師生戀是指教師與自己正在教授的學生談戀愛。師生戀的情形一旦產生，不僅顯出教師之不專業也同時會影響這個關係中的學生學習情形。另外，學生如果是未成年，教師更有可能惹上官司。因此，師生之間需要保持一定的界線，教師對學生的愛是仁愛心，不可混淆，教師必須做好自己情感管理，注意自己的言行舉止避免學生誤會。

由上可知，師生之間的分寸，需要小心拿捏，如果跨越界線，容易造成學生及老師之間的尷尬情形，不能不小心，要步步為營。

上面的議題便是在師生友好的情況下，學生搞不清楚跟教師的界線，認為教師是自己的家人可以隨便請求，這時身為教師的你要提高自己的觀察視野，從兩個角度思考：首先思考自己的教育理念，在信望愛之下，一個老師除了對學生仁愛，也要教授學生獨立，相信學生在自己仁愛教導之下也能發展獨立的人格。另外從朋友的角度思考，思考朋友與朋友之間是存在著界線，因此教授學生如何跟朋友表明界線也是教學生一個重要的內涵。

㈡班級經營管理

教師與學生的關係除了亦師亦友，上課時的關係也非常重要，通常可以分爲以下兩種：

1. 教師中心的班級經營

以教師爲中心，在教學活動進行的過程，老師是教室中主要的帶領者，此時教師的角色不但要授業、解惑還要帶領各種活動的進行。另外在班級的經營，比如佈置教室、設立班規方面，都是以教師爲主的。

2. 學生爲主的班級經營

在課程上相較過去傳統的講授方式，老師應安排更多的機會讓學生討論、發表，讓學生成爲課堂中的主角、學習的主動者，對於教室的佈置和班規的設立亦可以學生的意見爲主。

以上兩種都是班級經營的方式，教師可根據情況調配。

三、輔導與教學

思考議題：去年你在某門課程裡出了一個作業，今年你又教授同一門課程，然而你覺得去年學生的作業非常不錯，於是拿來放在自己的教學講義裡面，且沒有提及出於哪一位學生。請問這樣做對學生是公平的嗎？

提示：教師的角色之一就是教授平等的概念，雖然學生所學來自你，但他的創作，應該受到尊重。

教師的主要工作是在學校輔導學生並教授課業，尤其後者是教師主要的工作。

㈠輔導角色

師生的關係中，教師不但是知識的傳授者，更是幫助學生養成學得良好品格的輔導者。作爲輔導者教師可從以下兩方面進行：

1. 啟發學生的潛能，找到人生方向。

2. 啟發學生自保覺知的能力並保護學生，避免走上歧路。

㈡教學角色

教師做好教學工作，善盡職責，且需要有敬業的態度，並努力提升自己的專業知識與能力，如此追求卓越與美善的教學理想，便是展現了教學的倫理面向。課程的進行，一般可分為：課前的預備、實際教學以及課後的反思，以下依據詹棟樑（1996），分此三項進行說明。

1. 預備課程

課程內容應包含「知識傳授」及「道德教育」兩方面的教導，且需要根據學生能力進行備課。

2. 實際教學

⑴教學目標需要清楚，讓學生知道其所學之目的為何，並盡量完成。

⑵教學過程考慮公平性

活動進行需要考慮每一位同學的受教權，教師應採取民主的領導方式，確保每一位同學皆能公平地在課堂裡學到內容及發言權。

⑶教師應掌握教學活動的各項因素，思考各種課堂可能發生的情形，比如學生會不會過於開心而造成秩序無法控制。

⑷課程的進行是以教師為中心的教學，還是以學生為中心？其比例應佔多少？都是需要考慮的。

3. 課後反思

課後的檢討可以提供下一次的教學一個改進的途徑，教師也可從中看到自己的優缺點，讓教學越臻完美。而反思日記的建立更可以提供自己在教學方面經驗的累積，促進自己成長，也能協助學生成長。

從以上的討論，我們知道老師不但是班級經營的執行者，也是輔導者、教學者。身教和言教對一個教師來說同時重要，教師如果不能以身作則，難能讓學生心服口服，遵照教師所教授內容進行學習上的發揮。因此，上面的議題很清楚，教師並沒有盡到身教的責任，拿了學生的作品當範例，沒給學生應有的肯定，如此如何教授學生抄襲的不正確性？因此，教師得注意自己的教學，讓身教及言教相符合。

四、教師與學校行政方面的關係

教師除了教學、面對學生以外，其實也是學校的員工之一，對於學校的政策執行，以及各種規定的遵守有其一定的義務。以下從教師與學校之間，及同事之間進行討論。

㈠教師與學校之間

教師的工作不僅止於教學，對於學校的政策及規定都要盡力宣傳、執行、配合，如此是職業道德，也是一位好員工的行為。對於與長官之間的相處，在合理道德之下盡量做到配合，而非唱反調，造成政策執行之不便。

㈡同事之間

教師同事之間的關係應該互相合作支持，如此可讓學校事務運作更順暢。除此之外，在教學上遇到的困難也能彼此切磋探討，共同解決學生或教學上所遇到的困難。

五、教師與社會的關係思考

議題思考：當一位教師的教學理念與社會所期待的標準不同時，教師應該如何面對自己的教學？

提示：1. 這裡提到的社會期待可能是父母的期待，可能是當時社會的風氣。當一位老師要因為這些而時常改變自己的教學理念嗎？
2. 教學最重要的是了解教學對象，因材施教，引導學生追求適合他們的未來。

教師是這個社會培育人才的來源之一，且是個重要的來源，對於這個的社會的成長有一定的影響力，因此教師需要能培養出有益社會的人才，以下我們從親師之間關係及社會對教師的期待來討論。

㈠親師之間的溝通

教育的眞正影響者並不是教師而是家庭教育，爲了避免學生父母對教師角色的誤會，親師之間應有良好的溝通或是聯繫方式，清楚聯絡父母在家可以做的事情，也清楚表明教師的工作範圍，如此親師共同協助輔導學生，學生才能健全成長。

㈡社會對教師的期待

教師的工作對象是社會及國家未來的主人翁，因此教師的工作對社會所背負的責任是極大的，因此「傳道、授業、解惑」需要兼顧，且要作爲學生成長的榜樣。

六、教師專業發展

一個具有「信望愛」爲教育基本理念的教師，是不斷學習成長的。他會不斷地尋求專業的成長，參加各種研討會、工作坊。另外，「信」的理念讓他有教育理念、想法，有自己的教學信念，也是常培養自己的「教育愛」。以下從專業發展、教育理念發展及自我成長進行說明。

㈠專業發展

一位老師除了職前所受的師培教育，更需要常常增進自己專業方面的發展，多參與各種相關研討會、工作坊，並且時常撰寫教師日誌以增進專業能力，提升自己的教學方法。

㈡教育理念的發展

作爲一位老師要有自己的教育理念與想法，不輕易被影響，具有良心「教育愛」是教師的基本道德，不論教學或輔導學生，皆需要發自內心眞誠關懷。啟發、引導學生是教師的基本工作，教師對學生需要有正面的影響力，使其對自己的能力有自信、自重。

㈢自我成長

一位專業教師需要不斷地充實自己才能在多變、多元的社會下進行對學生合乎當代的教育，如此教育才不會和社會脫節。

議題思考：以學生為主的教學方法越來越多，比如問題導向學習法（Problem based learning, PBL），學校方面也希望老師們都能使用這些教學法，基於專業的發展及教學理念，你也認真地學習各種教學法，然而第一次接觸PBL的學生不喜歡分組，也很難適應自己去發現問題、解決問題，有很多的抱怨，你如何面對這樣的議題？

提示：1.教師本身的教學理念及專業發展的決心的自我支持。
2.尋求學校相關資源的協助。
3.如何與學生溝通了解新的教學法的使用目的。

七、結論

一位專業教師的工作對象是人，所以他的工作不僅止於專注於專業的傳授，而需要考慮其專業工作範圍內的各種倫理議題。面對各種專業倫理議題，一個最好的方法，就是擁有穩固的教育理念。教育理念可以引導我們做正確、問心無愧的選擇，而基於「信望愛」的教育理念，讓我們對這工作可以不斷付出愛心之外，還能隨時對工作保有信任與希望，讓我們不斷在漫長培育工作裡充滿信心與期望。

問題討論

根據你的專業思考，基於「信、望、愛」的教育理念為何？

參考資料

詹棟樑（1996），《教育倫理學》。臺北：明文書局。

第四章

研究倫理

吳碩禹

一、導言

大學校園中研究倫理爭議時有所聞。美國紐約時報曾以專文〈爲何美國名校學生抄襲現象愈演愈烈〉，報導美國近年有大量學生違反學術倫理，撰寫報告時抄襲網路資源作弊，以求得更好成績。無獨有偶，2010年，臺灣一名任職研究機構的研究助理A抄襲另一名博士生B的碩士論文，經B發現後遭控抄襲。A認爲自己僅是未註明出處，並無抄襲侵害著作權的意圖。但經比對後，發現A所寫論文與B之碩士論文相似性高，法院因此判定A敗訴，除需賠償22萬元外，A已取得之碩士學位亦遭學校註銷。A抄襲論文除了侵犯著作權外，也違反了研究倫理。研究倫理究竟是什麼？是不是只有研究生跟研究人員需要了解研究倫理？

二、何謂研究倫理

根據臺灣學術倫理教育資源推廣中心的定義，「研究」指的是「有系統地利用科學方法，規劃、設計和蒐集資料，並將資料進行分析和詮釋的過程，目的是探求特定問題的答案。」（周倩、潘璿安，2019）由此可知，研究倫理（research ethics）便是從事上述研究工作時所遵守的道德規範。廣義來說，舉凡運用科學方法系統蒐集資料、分析資料，嘗試解決問題，像是大學生撰寫學期報告、做專題研究等，都是研究工作的一種，也都必須遵守研究倫理規範。研究倫理究竟包含哪些面向呢？

近代明文規範研究倫理，應始於〈紐倫堡宣言〉。1946年，一群德國納粹醫師被指控在二戰期間以受俘的猶太人爲實驗對象，對其從事殘忍不人道的各種醫學實驗，經國際法庭審判後判定有罪。此審判引發各界對人體實驗的多方探討，審判法庭因此列出十條從事人體實驗應遵守的守則——亦即〈紐倫堡宣言〉——確立了人體試驗僅在有利於社會福祉前提下才得以進行；任何人體試驗都必須經由受試者同意，不得違反其意願；從事實驗時，亦不得刻意折磨受試者等基本原則。自〈紐倫堡宣言〉之後，各界才開始關注從事研究工作的相關倫理守則，不同研究領域也逐漸發展出各自的研究倫理規範，對研究倫理的認識也更加完備。如美國心理學會（American Psychology Association）提出五大研究倫理守則，建議心理學相關工作者應：一、以善爲目的、不造成傷害（Beneficence and Nonmaleficence）；二、忠於專業職責（fidelity and Responsibility）；三、誠信（integrity）；四、公正（justice）；五、尊重人權與尊嚴（Respect for People's Rights and Dignity）（American Psychology Association, 2010）。臺灣近年來亦日益重視研究倫理，不同研究學會亦提出符合自身專業的研究倫理守則，如臺灣社會學會所提出之研究倫理守則（臺灣社會學會，2011），目的即在「保護研究者從事研究的自由，同時確保研究對象不受任何傷害」，其五大研究基本守則爲：

1. 尊重人權尊嚴：研究者應尊重所有人的基本權利、尊嚴和價值，在專業活動中致力消除任何偏見和歧視。
2. 追求學術自由：研究者應在自由意志下秉持專業精神從事研究，並支持各種具有開創性的專業研究，且堅決反對各種不當的暴力、權威、利益干預專業研究。
3. 恪守社會責任：研究者應堅守專業責任，以公正客觀的方式推展和應用學術知識，並對社區和社會有所貢獻。
4. 發揮專業能力：研究者應盡力發揮接受專業養成的技術和能力，以最高標準從事教學、研究及服務等學術活動。
5. 珍視學術誠信：研究者應以誠實、公正的態度從事研究、教學及服務等學術活動，珍視公眾對學者的信任，若察覺任何可能危害此種信任的行爲，應設法勸導阻止。

總的來說，儘管學門專業不同，所須遵循的倫理守則亦不盡相同。但研究倫理大致不脫對資料取得、資料詮釋、撰寫報告發表等過程的倫理規範。一般常見的研究倫理規範爲：

1. 資料蒐集程序適當合宜
2. 不得捏造與篡改研究資料
3. 不得抄襲與剽竊他人的著作
4. 不得不當掛名
5. 不得重複發表與出版

三、大學生應注意之研究倫理：抄襲剽竊與自我抄襲

對大學生來說，最常碰觸的研究倫理問題應是抄襲與剽竊他人的著作。撰寫學術報告時，同學需要查找可靠資料、適當引用、詮釋資料並撰寫成書面報告。引用資料有助提高報告的正確性與可信性。然而，倘若引用不當，則可能構成抄襲剽竊，嚴重違反研究倫理，甚至可能侵犯著作權。根據哈佛大學《哈佛資料引用守則》（Harvard Guide to Using Sources）（Harvard University, 2020），所謂剽竊指的是：「有意或無意將他人著作當作自己著作繳交。」牛津大學的《學術技能實用手冊》（Academic good practice – a practical guide）(University of Oxford, 2020) 亦指出， 就出版形式而言，不論是出版品、未出版作品、手稿、印刷品或電子檔案，只要引用卻未清楚明示來源出處，均構成抄襲。此外，抄襲也不限於複製文字，使用他人所編寫、創造的電腦程式碼、插畫、圖表而未註明來源者，亦爲抄襲。《哈佛資料引用守則》指出，一般大學生因引用資料不當，造成剽竊的常見狀況有：

1. 文字抄襲（verbatim plagiarism）：指一字不差地引用他人著作，卻未註明出處來源。
2. 改編抄襲（mosaic plagiarism）：指稍微更動他人著作之字句，添加或刪減部分內容，將其作爲自己著作。
3. 不當重述（inadequate paraphrase）：指嘗試改寫他人著作，但仍與原

著作高度相似者。

4. 未註明出處之重述（uncited paraphrase）：他人論點即便經過適當改寫，仍屬於原作者之觀點。引述時仍應註明出處，否則亦爲剽竊。
5. 未註明出處之引文（uncited quotation）：指以引號註明他人論點，卻未註明出處者。
6. 抄襲其他學生想法（Using material from another student's work）：若報告中運用與他人共同發想或由他人所發想的論點時，應註明此論點由何人提出，否則亦爲剽竊。

除了上述六類外，另一種常見的抄襲行爲則是「自我抄襲」（self-plagiarism）。「自我抄襲」指的是未經註明，便將自己過往寫過的（部分或全部）作品放入新報告中繳交。簡單來說，「自我抄襲」就是使用寫過的報告內容，將其作爲新報告的一部分重複繳交。上述七類行爲，無論有意或無意，均嚴重違反學術研究倫理。爲避免抄襲，撰寫報告時，應注意：

1. 對引用段落理解是否正確，避免誤讀原意或刻意曲解。
2. 絕不可隨意複製他人作品。
3. 引用時，應標註出處來源。
4. 引用或改寫他人論點時，應凸顯他人論點與自己論點的差異。
5. 引用自己過往作品時，應標註出處外，亦須說明爲何需要引用該作品。

爲避免抄襲疑慮，撰寫報告需引用他人或自我相關作品時，可參照符合學術規範的論文書寫格式，如社會人文學科常參考的美國心理學會（American Psychology Association, 2010）發行的出版手冊（簡稱APA手冊）即對如何引用有詳盡與仔細的規範。採用正確引用格式，除了可使文稿更清楚易讀外，更可避免不當引用與抄襲嫌疑。

研究是人類對廣泛知識的不斷探求。研究觀點創新、研究方法嚴謹、研究成果卓越固然重要。缺乏研究倫理的研究，即便具備上述要素，也無法成爲眞正有益於眾人的研究。雖然研究倫理因學門領域差異不同，但注重學術誠信的基本原則無異。第六版APA手冊所列出研究倫理規範自我檢核表，或可供研究倫理入門者參考，作爲研究設計、論文撰寫自我檢核之用。

1. 當使用了（財產權）可能屬於其他研究者未經發表的工具、程序、資料時，是否已經得到使用許可？
2. 所寫文稿中包含他人已發表作品時，引用是否適切？
3. 是否能夠回答審查委員會針對研究提出的相關提問？
4. 是否能夠回答編輯針對知情同意（informed consent）與彙報（debriefing）所提出的相關問題？
5. 若研究中涉及動物實驗，是否能夠回答編輯關於人道照護與動物實驗之提問？
6. 文稿所有作者是否已確實審閱文稿，並願意承擔內文所涉及相關責任
7. 是否有適宜的保密機制保護研究中之參與者、客戶—病患、相關組織、第三方機構以及其他消息提供者？
8. 文稿所有作者對作者排序是否確認無疑？
9. 文稿所引任何受著作權保護之內容是否已經獲得使用許可？（American Psychology Association, 2010, p.20）

四、個案討論

根據Bailey (2012) Self Plagiarism, Ethics and the Case of Jonah Lehrer一文，喬納·雷爾（Jonah Lehrer）是美國知名科普作家，因其曾接受神經科學訓練，所寫相關科普文章大受歡迎，曾經擔任《連線》雜誌（Wired）、《華爾街日報》（The Wall Street Journal）、《波士頓環球報》（Boston Globe）等知名報刊之撰稿人。其所出版的科普書籍亦大受歡迎，一度被視爲美國科普作家中的明日之星。2012年，喬納·雷爾離開《連線》雜誌，成爲美國頂尖雜誌《紐約客》（The New Yorker）之專欄作家，前途大好。但不久後隨即被人發現，喬納·雷爾爲《紐約客》撰寫的專欄，幾篇文章的部分段落曾刊於其爲《連線》雜誌所寫的舊文

中。經追查，喬納．雷爾所撰寫的暢銷書中，亦有抄襲他人、捏造竄改他人研究成果以及自我抄襲等情事。喬納·雷爾因違反研究倫理，不得不辭去《紐約客》專欄作家一職，其所撰寫之暢銷書也遭出版社回收，不再發行。

五、延伸思考

1. 請細讀臺灣社會學會的研究倫理五大基本原則，說說看這五大面向有何重要性？
2. 你認為喬納．雷爾一案可能違反了哪些研究倫理規範？

參考資料

American Psychology Association (2010), Ethical Principles of Psychologists and Code of Conduct. Retrieved from: https://www.apa.org/ethics/code/principles.pdf

American Psychology Association (2010), *Publication Manual of the American Psychology Association*. American Psychology Association: Washington.

Bailey, J. (2012) Self Plagiarism, Ethics and the Case of Jonah Lehrer. *Plagiarism Today*. Retrieved from: https://www.plagiarismtoday.com/2012/06/21/self-plagiarism-ethics-and-the-case-of-jonah-lehrer/

Harvard University(2020/01/06). *Harvard Guide to Using Sources*. 2020/01/06 Retrieved from:https://usingsources.fas.harvard.edu

PÉREZ-PEÑA, R.（2012/09/14）Studies Find More Students Cheating, With High Achievers No Exception. *The New York Times*. Retrieved from:https://cn.nytimes.com/world/20120914/c14cheating/zh-hant/

University of Oxford (2020/01/06). *Academic good practice – a practical guide*. 2020/01/06 Retrieved from:https://www.ox.ac.uk/sites/files/oxford/field/field_document/Academic%20good%20practice%20a%20practical%20guide.pdf

臺灣社會學會（2011年12月10日）。〈臺灣社會學會研究倫理守則〉。2020年01月06日。取自：http://tsa.sinica.edu.tw/research_01.php。
周倩、潘璿安（2019年11月17日）。〈研究倫理的定義〉。2019年11月17日。取自：http://ethics103.nctu.edu.tw/Ethics103/Contents/preview/u01/p03.html。

第五章

特殊教育的意義、目的、緣起以及特教支持的價值觀

潘惠銘

"Der Mensch kann nur Mensch werden durch Erziehung. Er ist nichts, als was die Erziehung aus ihm macht." (Kant, 1977, S. 699)

「人唯有透過教育才成爲人，人是教育化育的結果」（康德，1977，699頁）

一、特殊教育的意義和目的

特殊教育從字面來看是一種特別的教育，張紹焱（1970）就教育對象和教育方法兩方向論述特殊教育的意義和目的，由於一般教育措施無法滿足教育需求的身心有障礙和身心秉賦優異的個體，必須透過特別的教育方法、策略、設備與設施，以符合個別化的需求的教育。張紹焱（1970）也認爲特殊教育是在醫療所力有未逮時正開始發揮功能和目的，醫療介入爲的是讓身體功能的限制減輕，但是牽涉到促進人內在品質能力的提升和增進人未來適應生活的能力，就是教育及特殊教育的目的。傅秀媚（2013）在書的緒論裡寫到特殊教育的意義和目的：「 1.特殊兒童不僅應受到社會的照顧，而且在人格上應該受到尊重； 2.即使是嚴重殘障的兒童，只要有合適的特殊教育設施，仍然可獲得教學的效果，亦即「天下沒有兒童是不可教育的」； 3.每個學習者在學習能力、學習性向與

學習困難上有其獨特性，所以因材施教的個別化教材設計對每位特殊兒童皆有需要。不只身心障礙兒童如此，資優兒童亦是如此； 4.一位特殊兒童除了生理障礙外，可能兼有一些心理上（情緒上）的障礙與社會障礙，所以傷殘復健應從多層面同時考慮； 5.特殊教育的目的不僅在指導特殊兒童獨立技能，充實現代知識，尤其在培養健全的人格與生活態度，所以自我接納的輔導與人生觀的培養非常重要。」特殊教育是什麼？美國公法94-142定義特殊教育爲了滿足特殊學生的特殊需求而特別設計執行的教育措施（U.S. Department of Education, 1975），它包含介入和教學；特殊教育的介入又可以包含預防性介入、治療性介入和補救性介入；特殊教育的教學內容涵蓋：由什麼人教？在哪裡教？教誰？教什麼？以及如何教？特教教師是通過特殊教育職前訓練並通過特教教師檢定及特教教師甄試的教師，在他的工作場域如特殊教育學校、一般學校內的特教班或資源班或沒有特教教師的一般學校或醫院，以自足式班級或巡迴的方式，配合各種專業的教材、教具、教法、設備，教導具備特殊需求的學生，包括資賦優異的學生及身心障礙的學生。特殊教育的特徵是個別化的、專精的、集中的和非常目標取向的（Heward, 2009），因此特殊教育被形容成教育中的教育。國內外有關教育目的的論述，中國韓愈的「師說」描寫教師核心的角色任務在滿足教育的目的爲傳道、授業、解惑，而西方教育的目的在達到身心靈全人的陶冶，發展個人的潛能（Drave, Rumpler & Wachtel, 2000），一般教育的目的也適用於特殊教育，終究不管特殊需求的學生的身心特質爲何，如康德說，就人的本質，他們受教育的需求沒有改變。

二、特殊教育的源起和發展

特殊教育有規模且有系統的發展以特殊教育學校的設置最具代表性，最早可追朔到十八世紀歐洲的法英兩國，1763年法國巴黎出現歷史上第一所聾啞學校和盲校，同年英國在愛丁堡爲聾生創立第一所特殊學校，迄今特殊教育的歷史約略256年。德國特殊教育的歷史約242年，1777年Johann Heinrich Pestalozzi（1746-1827）於Neuhof提供教育給被遺棄、被忽略及智能不足的孩童，Samuel Heinicke（1727-1790）於1778年，在來比錫建立第一所聾啞學校（Ellger-Rüttgardt, 2008），巧合的是美國哥老德牧師建立聾校和盲校（1817, Gallaudet; 1829, Berskin）、亞洲的日本盲啞學校（1878）、韓國的盲校（1894）、中國的盲校（1874）和臺灣的盲啞學校（1891）也都是以盲聾學校開始，這個時期特殊教育的發展都是出於宗教熱忱對身邊的人的不幸，悲天憫人的具體行動（林寶山、李水源，2011）。

特殊教育發展的第二階段是擴大服務對象。特殊需求學生的障礙類型增加爲輕度智障、語障、弱視、情障、身體病弱以及資賦優異，第二次世界大戰結束後，特殊班及特教制度逐漸完備（林寶山、李水源，2011）。

第三個階段回歸主流。1975年美國通過「殘障兒童教育法案」（Education for All Handicapped Children Act, PL94-142），保障特殊兒童受教權，透過零拒絕、個別化教育方案、最少限制環境以及申訴可能性，建立公立學校內的特教班，讓特殊生得以在資源班與普通班混讀的形式接受教育（林寶山、李水源，2011）。

第四階段融合教育。這是現代特殊教育普遍的趨勢，家長和特殊生可以自行決定受教地點和方式。

從所記載的特殊教育發展史，每一個時代不論是個人或集體的努力都在回答下列幾個問題：「障礙」是什麼？（Was is Behinderung？）（Kuhn, 2012）、具有身心障礙特質的個體的基本教育需求（Erziehungsbedürftigkeit）及可教育性（Bildbarkeit）爲何？（Speck, 2016），這些問題從教育根本且核心的問題延伸而來：人的可教育性（die Bildsamkeit der Menschen）（Flitner, 1966），回答這些問題，同時也回答特殊教育存在理由和根據等原則性的問題。具有身心障礙特質的個體像一般人一樣是需要教育且可以被教育，這個事實是特殊教育專業存在的正當性和必要性，也讓特殊教育在人類社會歷史得以發展。這些特殊教育根本的問題釐清後，後續的努力才是在回答後續衍伸更精緻化、更專業化的問題如誰？在哪裡？對誰？如何執行特殊教育？從上述特殊教育在人類歷史的發展，從最初本著宗教信仰對鄰舍的愛，到後來特殊教育系統性的發展，看到人類社會對特殊教育態度及作法的轉變。

三、特殊教育理論典範的發展

人類最早創立特殊學校至今約略256年的歷史，特殊教育發展在這個歷史演變歷程，受到許多相關學術領域思潮的影響，歷經幾次理論典範的德文轉變（der Paradigmawechsel），理論的改變除了帶來作法上的改變，最核心還是在理論作法後面所支持價值觀的改變。就發生的順序大致可以分醫療、心理學、社會學和人本理論四個觀點（林寶貴，2013）。

第一、從醫療的觀點。特殊教育最早受到醫學的影響，醫學一直追求身心健全的理想化的價值，「障礙」在醫療被看成是個人的特質和個人的命運，是一種身體的缺陷，身心障礙者被認爲個人能力特質整體的不足、無法獨力生活，需要治療、矯正和社會的幫助，身心障礙相關的議題被看成社會的問題和負擔（Barnes & Mercer, 2003；張恆豪，2007）。二十世紀因爲科技的發展及人對生活品質的重視，腦神經科學探索腦這個主控人類許多奧秘的黑盒子，成爲現代一個的新興的科學，醫療的進步使許多病理、病因得以掌握，可以提早發現和治療，使「障礙」減輕，透過電腦顯影技術，許多「障礙」在大腦裡的眞相被多一點認清，讓診斷可以更準確如自閉症、智能障礙等，治療方法的改善，也使極重度「障礙」者可以存活。神經心理學探討腦神經與行爲的關係，對特殊教育在輔導神經性疾患（如癲癇），身體病弱或其他障礙兒童（如先天性心臟病、癌症、各類型罕見疾病）、自閉症、情緒行爲異常（如精神病、注意力缺陷過動症、憂鬱症等）、學習障礙不斷提供最新的研究結果。

第二、從心理學的觀點。因爲心理學發展歷程選擇自然科學的曲徑，心理學界對「障礙」的觀點與醫學相同，不同時期心理學理論也影響特殊教育的理論和實務頗深。20世紀心理分析經常把人身心的「障礙」歸咎早期經驗依附關係的問題，Skinner行爲理論把人當成是被動的、是環境塑造的結果，班度拉社會學習理論在人與環境互動過程加入個體自覺和自主的元素，皮亞傑的認知理論和維高斯基的社會認知理論長時間互相抗衡，兩者都強調認知對發展的重要性，只是維高斯基看重環境中大人的陪伴，兩者對教學影響很大，造成現代的學校教學有過度強調認知及教師教學的傾向，訊息處理理論強調訊息的接收、處理、儲存和提取。這些理論強調人行爲背後不同功能，因此藉由功能性的介入以消彌「障礙」。

第三、從社會觀點。「障礙」是在社會、文化、人的主觀判斷建構出來的，與這個觀點相關的是社會「標記」與身心障礙者「反歧視」對立的現象（張恆豪，2007）。當人發現「障礙」有其社會建構的機制，配合教育的普及、民主人權意識的抬頭，身心障礙者也開始建構自己的自我認同及社會發展條件，身心障礙者及其家庭在世界各地極力爭取身心障礙的受教育的權利應當受到保護，其他後續的發展，如身心障礙者的「社會參與」、「自我決策」、「融合教育」和「通用設計」（universal design）等等，都跟這有關。

第四、從人本理論的觀點，馬斯洛（Maslow）和羅吉斯（Rogers）都看重個體生命的尊嚴，即使有「障礙」，身心障礙者的生命本質沒有改變，應該被尊重，每個人都有權利實現自我。

上述特殊教育理論典範的發展，與特殊教育專業內的發展有關，也與科學發展有關，就科學發展的面向來說，我們可以觀察到從啓蒙時代學門分化持續進行，但是另一分面，理論在不同的應用也造成學門的重新整合。

四、「價值觀」的轉變與對「障礙」與對「特殊兒童」態度的改變

對障礙的定義與認定，包括「障礙」是什麼？以及「障礙」不是什麼？都會影響人與障礙者互動的方式（Smith, 2007）。西方人類對特殊兒童觀念與做法經歷四個階段的演變（Kirk & Gallagher, 1989; Ellger-Rüttgardt, 2008），臺灣特殊教育的發展受西方影響深遠（教育部，2011），因此西方對特殊兒童的態度轉變史，大致也適用在臺灣的社

會，以下就此四個態度做法做說明（何華國，2011；林寶山、李水源，2011；林寶貴，2013）：

⑴否決摒棄：基督教興起前，在希臘羅馬文化時期美的、健康的才是好的，特殊兒童在當時西方社會原則上是受到不人道的對待，有的被當成惡魔折磨、監禁或殺害，有的被視爲廢物丟棄或被當成丑角怪物戲弄雜耍，以取悅眾人等等。特殊教育在中國和臺灣的社會被重視之前，特殊需求個體被對待的方式也類似。

⑵嫌惡歧視：西方基督教興盛以後，除了教會提供身心障礙者的關顧和保護，一般民眾還是對身心障礙的態度仍然是不友善和看輕的。基督教傳入中國和臺灣以後，中國和臺灣才開始特殊教育的發展史，英國傳教士莫偉良牧師（William Moore）1869年在中國北平設瞽目書院，1882年英國傳教士甘爲霖牧師（William Gamble）在臺南設立盲聾學校。

⑶教養機制普遍建立：十八、十九世紀養護機構和特殊教育學校紛紛在世界各地成立，特殊需求個體接受的教養方式是與家庭、社區、正常生活情境隔離的安置和保護。50年代臺灣頒布「殘障福利法」以後，出現大量隔離式的教養機構。

⑷教育和人權逐漸正常化或常態化（Normalization）：最顯著的改變是特殊教育專業化並受法律的保障，特殊教育理論和實務逐漸擴展並精確化（張恆豪，2007）；特殊教育在研究和實務領域的制度逐漸完備，對身心障礙的認識更加深入，身心障礙的類別增加，對各類障礙學生的教育更加符合他們的需求。二十世紀中葉以後，身心障礙者平權運動的爭取，讓特殊個體在人類社會逐漸被接納，並且承認他們和一般人一樣是「人」，當他們人格的主體性廣泛地被尊重，他們在社會上享有的權利，從原本被施捨、被保護，到現在被保障、被賦權，且他們的權力範圍也在擴展中，他們的生活品質也越被看重。現代特殊教育主要的目標是在實現特殊兒童教育機會質和量的提升，特殊兒童的教育逐漸被重視且更密切與

普通教育整合，經歷「去機構化」（deinstitutionalization）、「最少限制的環境」（the least restrictive environment）、「零拒絕」（zero rejection）、「回歸主流」（mainstreaming）、「統合教育」（integration）到現代以「融合教育」（inclusive education）為主流，只是從個人到社會群體，這些理念與做法要落實，每個國家都必須找到適合自己國家社會文化條件的實際做法，且在特殊教育逐漸制度化、法制化且專業化的發展下，特教教師從事特殊教育工作時，應該具備的專業如何，是每位特教教師及特教專業管理單位必須要回答的問題。

五、近代特殊教育所支持的價值觀

全球特殊教育的思潮、趨勢或理念與做法最具代表性有： 最少限制的環境、無障礙環境、個別化教育計畫、適性教育、融合教育、科技輔具應用、早期療育、轉銜教育、專業團隊合作、增能（empowerment）、家庭參與等等，其背後的價值體系是什麼呢？

德國特教資深退休教授Otto Speck（2008）闡釋特殊教育專業倫理的基礎和原則是建立以下幾個價值： 特殊教育的出發點是源自對一切生命的尊重、無條件的尊重別人的價值，特殊教育需要建立在人類各種基本人權上面，任何人都應該享有無條件的社會歸屬，社會資源應該均分共享，在特殊教育執行過程需要支持特殊學生的自主性及自我控制，特殊教育要成功需要先重視人的依存關係和在教育過程保持良好的對話和溝通，不斷取得信任和合作。這些特教工作價值思考的方向與脈絡，值得臺灣特教實務參考。

德國特殊教育支持的價值與德國最高法令「聯邦基本法」（Grundgesetz）（Bundesministeriums der Justiz und für Verbraucherschutz, 2014）和聯合國身心障礙權利公約（das Übereinkommen der Vereinten Nationen über die Rechte von Menschen mit Behinderungen）（Hochschulrektorenkonferenz, 2009）所支持的價值是一致的，都是透過

法律確保人不受歧視，且獲得平等的社會參與權。德國「聯邦基本法」第三章的第1條：「法律之前人人平等」，第三章的第3條：「任何人都不應該因爲其障礙的關係而犧牲其權益」（Artikel 3 Abs. 3 Satz 2 “Niemand darf wegen seiner Behinderung benachteiligt warden.”）這些法條成爲德國落實特殊教育最基本的原則。在中華民國憲法的7條，闡述中華民國國民時，顧及男女性別、宗教、種族、階級、黨派等條件，並未將身心障礙包含在內；憲法21條：「人民有受國民教育的權利與義務」，世界各國普遍都承認人民的受教權，目前臺灣身心障礙學生的受教權已發展到高等教育階段，並不侷限在國民教育階段。中華民國國民的國民教育的義務也從9年延伸爲12年（教育部，2014）。特殊教育法是最主要規範臺灣特殊教育的運作的法規，1984年首度立法，因爲臺灣社會民主及特殊教育的發展，至今特殊教育法也經歷多次的修法（胡永崇，2010；洪儷瑜，2014），1984年特殊教育法立法時，肯定身心障礙學生的受教權，給予特教班的服務；1995年普設資源班，讓特殊需求學生回歸主流教育，能與普通的學生在一般的學校接受教育；2009年支持融合教育的理念和做法，建立各層級的支持網絡，以落實融合教育（洪儷瑜，2014）。這代表特殊教育的系統更複雜，業務更龐大，更需要跨機構、單位、跨專業的整合和合作，除了特殊教育網絡系統的完整性及執行時的協調性及彈性受挑戰以外，特教教師的專業知能、專業倫理和專業精神，以及他個人的工作態度和熱忱可能更會影響特殊教育的工作成效。

六、臺灣現代的價值觀

曾智豐（2013）研究家長社經背景、個人價值觀、教育目的的認知以及子女教養行爲的關係，研究結果顯示，家長的社經背景會影響個人的價值觀，也顯著影響家長個人如何認定子女的教育目的，以及家長對子女的教養行爲；家長教育目的的認知會影響對子女教養的行爲；家長個人的價值觀會顯著影響其教育目的的認定和子女的教養行爲；而且家長社經背景影響子女教養行爲的路徑中，家長個人的價值觀扮演中介的角色，如研究者研究結論所言：「社經背景會透過個人價值觀、經由教育目的認知而影響子女教養行為」（曾智豐，2013），特別是在社會關係發展取向的家長尤其明顯。臺灣社會普通的價值觀為何呢？

現代化諸多的結果中，比較普遍且顯著的一個是傳統價值的喪失，臺灣現代化的結果也出現這個情形，如Brindley在1989及1990年對臺灣價值觀的研究結果顯示，傳統價值如人性關係、道德與自省、孝道、父權和權威以及實用和生存之道，逐漸被現代的價值如高舉科學作為一種歷程和思維方式、實用功利主義、物質主義和個人獨立所取代，黃麗莉和朱瑞玲（2012）接續Brindley的研究，發現臺灣人民無論對自身、對自然或人際間普遍強調和諧；從1987年宣布解嚴以後，兩次政黨輪替，政治趨向民主；人際關係長幼有序仍被推崇，但是年輕一輩傾向獨立自主、支持平等、追求眼前即時享樂；臺灣社會70年代以來追求進步、財富、高教育水準，象徵資本主義在臺灣社會的普及；生活追求自主及情感自主；臺灣人對臺灣文化的主體性提升，又長久不同種族和平居住和容忍不同意見的價值造就多元文化在臺灣發展的潛力。但是同時多元的價值也造成價值的混淆及價值選擇的困難，如臺灣女性在受到高等教育之後結婚，婚姻、家庭和工作等的選擇就有衝突（楊文山，2009），另外楊文山也指出臺灣現代女性高教育水準、高就業參與率，對婚姻的依賴性及信任度降低，造就臺灣少子化其中一個原因。臺灣男性對婚姻的依賴性及信任度仍然高的情況下，外籍配偶就成為臺灣男子結婚新的選擇，臺灣社會在這樣的生活方式及生活條件下，形成家庭及家庭教育多樣化的型態，許多現代臺灣父母忙於賺錢，沒空生小孩，更沒空陪小孩，把孩子交給外勞照顧，造成孩童生活自理能力普遍降低，也間接影響後續抽象能力學習與發展；有些父母在有計畫地生養少量的兒女，花錢把孩子從很小的時候送進替代性、專業性的教養關係，如有名的私立雙語幼兒園、安親班、才藝班，希望用這些投資，創造出高品質的教育結果，這種高社經背景的家庭創造出高學校成就的孩子，繼續維持教育會學上所說的社會利益的不平均分配。有些家長無能力教養兒女或在孩子入學後就把教育子女的責任交給學校，疏忽自己教養的責任及影響力。又有些破碎、不完整、家庭成員關係不好的家庭帶給子女是負面的影響力，如果家長又不自覺不配合時，學校教育無法發揮預期的效果，對兒童青少年的發展整體來看是不利的。這些臺灣家庭現況及部分臺灣價值的現況說明，造就臺灣現代學校教師要面對學生及家庭帶來的挑戰。

七、特殊教育的發展在人類社會代表的意義

特殊教育發展史直接勾勒出人類在歷史中曾經賦予身心障礙者在人類社會的地位和價值，每一個時代人類社會如何與身心障礙者建立和維持關係，也間接決定身心障礙者在人類社會的命運史。這樣的發展進程反應一個社會人道思想的狀態，以及社會、政治、經濟、法律和教育的發展，這樣的進展與時間累積沒有關係，也不是歷史演化自然的結果，而是人類在時空變化中人對生命和存在基本價值有意識的抉擇和維護。人從啓蒙時代發現理性與自由，到現代越強調個人自主權，雖然有法律條文對身心障礙者的保護，每個人類社會個人或集體的選擇都可能讓身心障礙者經歷悲慘的歷史，因此法律條文的正確詮釋和落實才是關鍵，這也意謂對身心障礙者的倫理思維和平時能做出尊重身心障礙者生命富有道德勇氣的決定和行爲。身心障礙者的增能、賦權、正名運動在臺灣發展的狀況，如張恆豪的研究結果顯示（張恆豪、王靜儀，2016；張恆豪、蘇峰山，2009），身心障礙者在臺灣新聞媒體報導和國小教科書，依然保留無助且需要被幫助的形象，障礙者在公共場域自我表達的機會還是非常少，總之身心障礙者的正名運動在臺灣缺乏社會共識。價值的抉擇和維護需要智慧、勇氣和毅力，身心障礙者會一直在人的社會出現，他們的存在挑戰每個人類個體和社會組織群體如何回應特殊教育的倫理議題；每個個體或社群對特殊教的育倫理議題回應的方式，也正反映這個個體和這個社群倫理道德的發展狀態。

問題討論

1. 特殊教育的意義、目的、以及特殊教育代表的價值觀，除了上述的描述以外，請您補充您自己的意見和看法。
2. 請反思臺灣現代生活方式及臺灣社會大眾追求的價值，那些內容您認為是對特殊教育工作有利？那些可能反而是阻力？

參考資料

何華國（2011）。特殊兒童心理與教育。四版。臺北：五南。

林寶山、李水源（2011）。特殊教育導論。三版。臺北：五南。

林寶貴（主編）（2013）。特殊教育理論與實務。四版。臺北：心理。

洪儷瑜（2014）。邁向融合教育之路——回顧特殊教育法立法三十年。中華民國特殊教育學會年刊，21-31頁。

胡永崇（2010）。我國九十八年版特殊教育法之檢討。國小特殊教育，1-9頁。

教育部（2011）。臺灣特殊教育百年史話。臺北：教育部。

教育部（2014）。十二年國民基本教育課程綱要總綱。臺北：教育部。

曾智豐（2013）。家長社經背景對子女教養行為的影響——以個人價值觀與教育目的的認知為中介變項。嘉大教育研究學刊，31期，85-118頁。

黃麗莉&朱瑞玲，（2011）。是亂流？還是潮起、潮落？——尋找臺灣的「核心價值」及其變遷。高雄行為科學學刊，3期，61-94頁。

傅秀媚（2013）。特殊教育導論。臺北：五南。1版，11刷。

楊文山（2009）。臺灣地區家戶組成與家人關係。人文與社會科學簡報，10卷，2期，20-27頁。

張恆豪（2007）。特殊教育與障礙社會學：一個理論的反省。教育與社會研究，13卷，6期，71-94頁。

張恆豪、王靜儀（2016）。從「障礙」到「身心障礙」：障礙標籤與論述的新聞內容分析。臺灣社會學，31期，1-41頁。

張恆豪、蘇峰山（2009）。戰後臺灣國小教科書中的障礙者一項分析。

臺灣社會學刊，42期，143-188頁。
張紹焱（1970）。特殊教育的意義理念與目標。師友月刊，42，6-9頁。
張嘉文（2008）。二十世紀末期英國障礙與特殊教育的社會學觀點。網路社會學，72期。2017年6月30日，摘自：www.nhu.edu.tw。
Barnes, C. & Mercer, G. (2003). *Disability*. Cambridge: Polity Press.
Brindley, T. A. (1989). Socio-psychological values in the Republic of China (I). *Asian Thought and Society, XIV*, 41-42, 98-115.
Brindley, T. A. (1990). Socio-psychological values in the Republic of China (II). *Asian Thought and Society, XV*, 43, 1-16.
Bundesministeriums der Justiz und für Verbraucherschutz (2014). Das Grundgesetz der Bundesrepublik Deutschland.
Drave, W., Rumpler, F. & Wachtel, P. (2000). *Empfehlungen zur sonderpädagogischen Förderung. Allgemeine Grundlagen und Förderschwerpunkte (KMK)*. Würzburg: Bentheim.
Flitner, W. (1966). *Allgemeine Pädagogik.*Stuttgart: Ernst Klett Verlag.
Ellger-Rüttgardt (2008). *Geschichte der Sonderpädagogik*. München/Basel: Ernst Reinhardt Verlag.
Heward, W. L. (2009). *Exceptional children: an introduction to special education*, 9th ed., Pearson.
Hochschulrektorenkonferenz, HRK (2009). "Eine Hochschule für Alle", Empfehlung der 6. Mitgliederversammlung am 21.4.2009, zum Studium mit Behinderung / chronischer Krankheit. Bonn.
Kant, I. (1977). Über Pädagogik. In, Weischeldel, W. (hrsg.), *Werkausgabe, Bd. XII*,Frankfurt am Main, S.699.
Kirk, S. A.& Gallagher, J. J. (1989). *Educating exceptional children*. 6th ed. Boston: Houghton Mifflin.
Kuhn, Andreas (2012). Was is Behinderung? In, Moser, Vera; Horster, Detlef (Hrsg.).*Ethik der Behindertenpädagogik: Menschenrechte, Menschenwürde, Behindrerung, Eine Grundlegung*.Stuttgart: Kohlhammer.
Smith, D. D. (2007). *Introduction to special education: making a difference*. 6. ed. Boston: Allyn & Bacon.
Speck,O. (2008). *System Heilpädagogik. Eine ökologisch reflexive Grundle-*

gung. 6. Auflage, München, Basel: Reinhardt.

Speck,O. (2016). *Menschen mit geistiger Behinderung und ihre Erziehung*. 12. Auflage. München, Basel: Reinhardt.

U.S. Department of Education (1975). *Annual report to Congress on the implementation of the Education o the Handicapped Act*. Washington, D. C.: Author.

第六章

特殊教育專業精神與專業能力

潘惠銘

在本書第一章提到「專業」包含「專業能力」、「專業精神」和「專業倫理」三個內涵（圖一）（林清江，1983；吳清山、黃旭鈞，2005；游惠瑜，2005；Carr, 2000）。

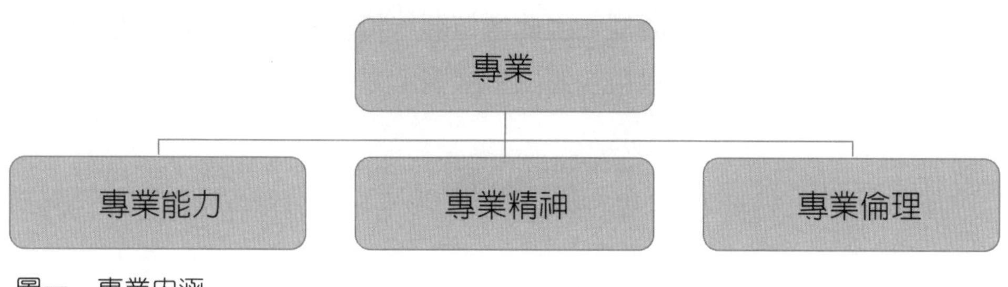

圖一　專業內涵

「專業能力」是指「專業」必備的知識技能，「專業精神」是指專業人員執行專業時應有的態度與信念，並對其專業的意義與價值的認定和堅持。「專業倫理」是指專業人員個人在執行專業時能遵守專業行為規範及職業道德，滿足社會對此專業在執行過程應有表現的期待，對其專業服務內容對錯和好壞的判斷和選擇，「專業倫理」受「專業精神」大過受「專業能力」的影響，但是缺乏專業能力也欠缺專業的條件，更無法達到專業倫理和專業精神的表現水準。特教專業倫理有專章闡釋，本章將聚焦在特教專業能力和特教專業精神的論述。

特教教師的「專業精神」表現在其「教育態度」和「教育信念」；教師的教育工作是否會有成效決定於教師的「教育態度」和「教育信念」，更勝過受「專業能力」的影響；教師的「教育態度」和「教育信念」又受到教師的價值觀所影響，價值觀是個人對事物判斷的標準和行為指導的依據，價值觀決定個人知覺、態度、性格與動機並解釋其行為。教師的工作價值觀是個人在職業活動中，支持或引導教師個人在選擇職業或工作行為的動向（林惠芬，2002）。王阿勉（2009）在其碩士論文用問卷調查的研究方法，從專業精神、專業知能、人格素養及師生關係等四個層面，比較教師與家長認定理想特殊教育教師特質的異同，並且也探究特教教師的理想特質與實際表現的關聯，結果發現不同背景或身分受試者都給予特教教師這四種特質高度評價，以重要性的排序是： 專業知能、專業精神、師生關係、人格素養；家長比教師更看重師生關係；普通學校特教班的特教教師獲得最高的教師自我肯定和家長滿意；反而是資源班的特教教師的家長評價低於教師的自我評價。因此價值觀、特教教師專業精神及其教育態度及教育信念的關係可以用（圖二）來表示。

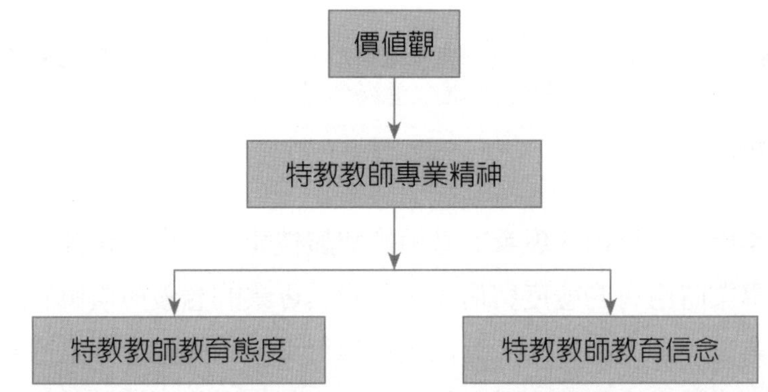

圖二　特教教師專業精神及教育態度及教育信念與其價值觀的關係

「態度」是影響人的舉止形貌的內在觀感意念，教師的「教育態度」是教學成功的要件，就特教教師工作的內涵和性質，經常可以讀到或聽到特教教師的「教育態度」有「永不放棄」、「因材施教」。在此願意以「維持良好的人際關係」、「對工作的目標有深切的了解與體認」、「在自己的工作領域有遠大的理想與抱負」、「不斷研究和充實提昇自己的工作能力」（圖三）來表示，特教教師的「教育態度」。特教教師必須要有維持良好的人際關係的能力，他需要喜歡學生，特教教師也需要有能力與家長、及跨專業人員良性溝通和合作。梁碧明和達君瑋（2011）歸納優秀特教教師認定自己的教師角色是「認眞付出的教學者、諮詢者、整合者與支持者」，以正向積極的態度面對工作，秉持謙卑學習的心追求專業成長，運用特教專業知能協助學生成功融入社會。特教教師要對工作的目標有深切的了解與體認，從了解學生的特性個別差異，掌握適中的原則，了解學生及幫助學生發展，對教學內容的掌握，讓學生能懂且學會，善於運用教學技巧與藝術，製造豐富有趣的學習機會。在自己的工作領域有遠大的理想與抱負，既是經師更是人師，注重學生的品德教育，以身作則，引導學生實踐倫理，富有教育愛，永遠相信、永不放棄、不斷鼓勵、提示、喚醒、又知道何時應該放手。特教教師的任務不是只求按照進度把課教完，不是只求盡最低限度的責任，不是只求符合政府的規定或教育當局的要求，而是會自主不斷研究和充實提昇自己的工作能力。

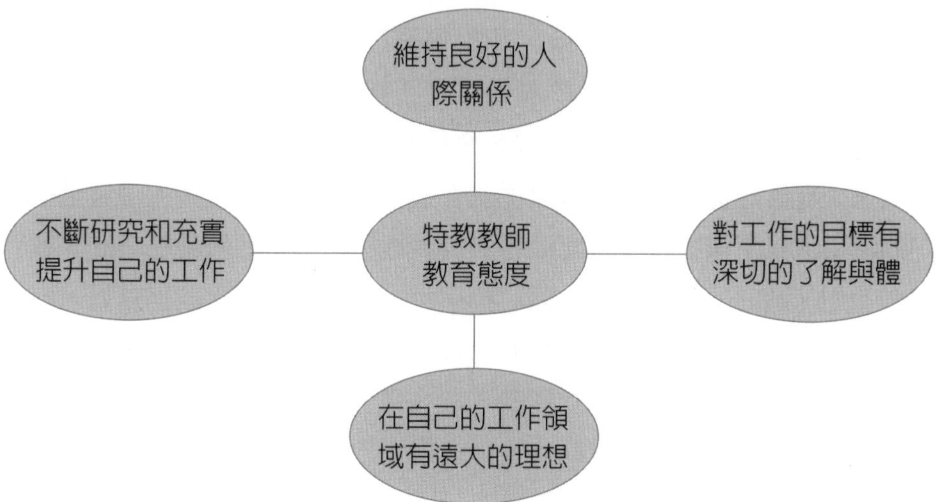

圖三　特教教師的教育態度

趙曼寧與王明泉（1996）以「教學熱忱」來描述一般人心目中的好老師表現出來的教育態度，並從研究文獻歸納出具備教學熱忱的特教教師表現在好的情緒調適能力，使自己經常保持愉快、熱情、有活力的身心狀態；會維持與學生、家長、同事良好的人際關係；會隨時主動關懷學生，有效處理學生問題和困擾；在課堂上會營造愉快的班級學習氣氛，並善用各種有效教學策略讓每位學生都能學會且有成就感；因此這些教師在教學工作能獲得成就感和自信。

「信念」是由相信進而產生堅固不移的信心，康德（1977）認爲人的形成靠教育、人的改變靠教育，中古諺語孺子可教，現代教育觀念相信學生的潛力、相信學生的自主性等等，都代表教師的教育信念。郭爲藩（1983）認爲特教教師的教育信念奠基於對人的價值的肯定、特殊需求學生可受教性及其受教育的必要性、教師對特殊需求學生教學成功的責任意識等。臺灣高師大特教系退休教授邱上眞的話：「只有不會教的教師，沒有教不會的學生。」可以被視爲特教教師的教學信念。吳舜文（2009）在其博士論文探討身心障礙音樂才能優異學生指導者的教育信念，這篇論文難得之處是以特殊教育中爲數少、教育難度高、但是長期被忽略的雙重殊異的學生爲對象，「對象選擇及能力評估」、「學習及課程規劃」、「教學方法與教學調整」及「指導者對於音樂特殊教育工作的整體觀點」四個面向找出24個教育信念的內容（詳見附件一），其內容對未來有志於從事特殊需求兼併有音樂資優天賦的教育的人，會是很具體的指引。以下根據特殊教育最新的發展趨勢建議特教教師應有的「教育信念」如（圖四）：零拒絕，誠心接納每一個學生；尊重個別差異，提供適性發展機會；以生活經驗爲核心，重視全人教育；協助學生發揮優勢能力，接納弱勢能力；營造成功經驗，建立學生信心；設計多元課程，增廣孩子見聞；鼓勵學生建立自信，勇敢表現自我；引導學生走出家庭，進入社區；幫助學生走出學校，融入社會。

有關特教教師的「專業能力」，國內最新可以參考的標準是教育部（2015）公布的《中華民國教師專業標準指引》（詳見第一章附件一），這個專業指引是提供普教教師和特教教師一體適用的專業標準，共有十項：1.具備教育專業知識並掌握重要教育議題；2.具備領域／學科知識及相關教學知能；3.具備課程與教學設計能力；4.善用教學策略進行有

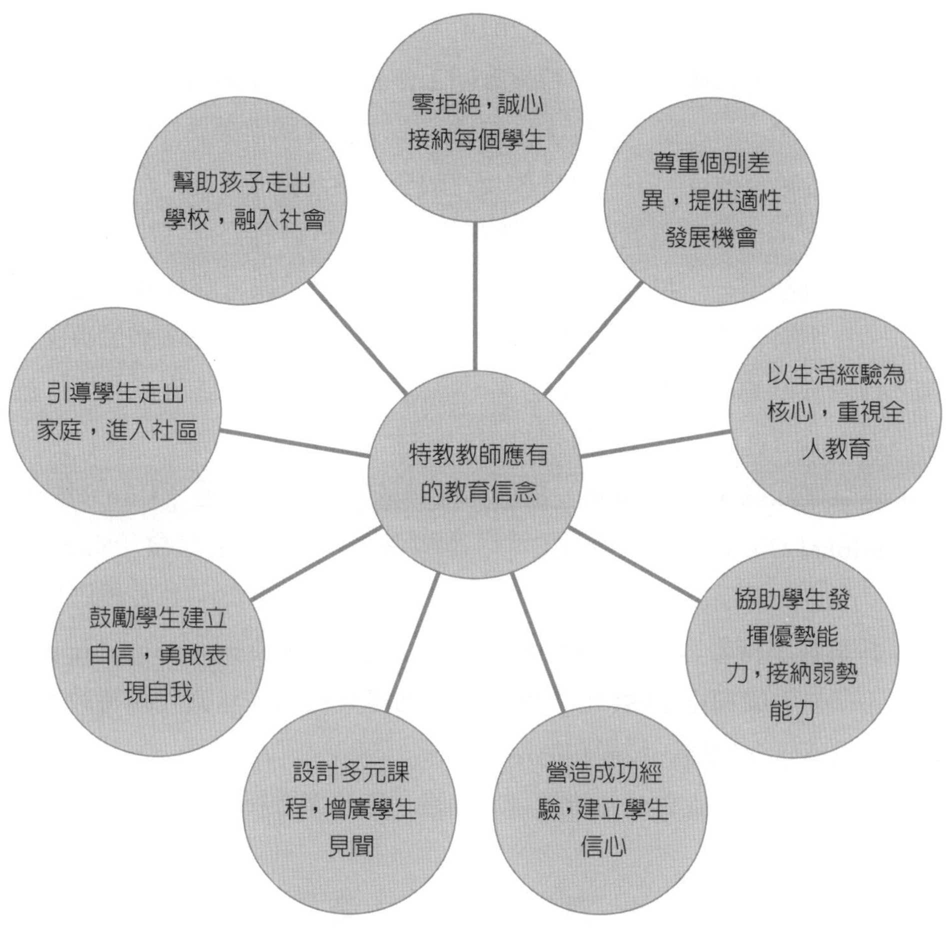

圖四　特教教師應有的教育信念

效教學；5.運用適切方法進行學習評量；6.發揮班級經營效能營造支持性學習環境；7.掌握學生差異進行相關輔導；8.善盡教育專業責任；9.致力教師專業成長；10.展現協作與領導力。教育部從教育專業、學科教學、教學設計、教學實施、學習評量、班級經營、學生輔導、專業成長、專業責任及協作領導等十個面向，提供各師資培育之大學、縣市政府、各級學校及教師規劃職前師資培育課程、師資生實習輔導與評量、教師甄選及精進教師專業成長措施、教師專業成長活動、教師自主終身學習及專業成長之參考。但是此專業標準指引以普教教師爲主體，無法凸顯出特教專業的內涵。陳偉仁、陳明聰和胡心慈（2014）參考現有的教師專業指引，保留普通教師專業十個標準，融入特教教師工作的內容，整理出特教教師的專業指標（附件二）。爲了因應十二年國民基本教育課程綱要的頒佈，其背後的理念是融合教育，不只是普教及特教學生應該接受相同的學科教育，在師資培育也要做到整合，因此教育部在2018年11月公佈「中華民國教師專業素養指引——師資職前教育階段暨師資職前教育課程基準修正規定」，其中師資職前教育階段的教師專業素養指引，包含 5項教師專業素養及17項教師專業指標（附件三），接續2015年版的教師專業指引，繼續強調職前師資培育的教師專業倫理的訓練，並重視其實踐。

陳慧儒和高熏芳（2006）歸納比較美國特殊兒童協會（Council for Exceptional Children，簡稱CEC）、全國專業教學標準委員會（National Board for Professional Teaching Standards，簡稱NBPTS）以及州際新進教師評量暨支持聯盟（Interstate New Teacher Assessment and Support Consortium，簡稱INTASC）三個特教教師專業標準，建議我國特教教師專業標準應包含知識、技能和態度三項。

特教專業知識應包含：特教領域知識、與學習者相關的知識、學科內容知識。

特教專業技能應包含：撰寫個別化教育計畫、編撰及運用教材、運用有效教學策略、執行差異化教學、無障礙教學環境規劃和安排、創造有意義的學習經驗、促進社會互動、運用有效溝通技巧、進行多元評量、建立跨專業合作溝通。

特教專業態度應包含： 促進特殊生福祉、遵守法律和倫理、教學反思、追求專業成長。一位特教教師如果能在特教專業知識、特教專業技能和特教專業態度這三個面向都能面面俱到，這位特教教師必定是具備教育信念、充滿熱情有富有創新和創意的教師。

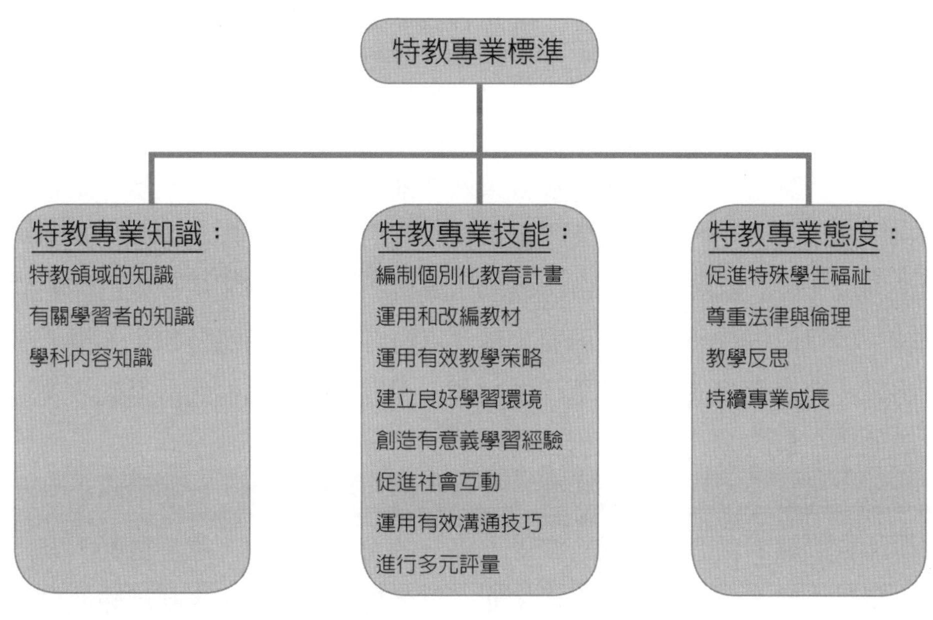

圖五　特教專業標準（整理自陳慧如、高熏芳（2006））

以下透過一個例子來闡釋職場中模範特教教師的「價值觀」、「特教教師專業態度」和「特教教師專業信念」。

林示安老師是臺中特殊學校的綜合職能科的特教教師，剛開始工作時，因爲學生理解力很弱，忘的也快，學會的東西不能自行應用到類似的情境，用了許多方法都沒有用，進步很慢，覺得很挫折，很沒有成就感。後來跟學校其他特教教師一起研究一些對校內特教學生有效的教學策略和方法，自己不斷揣摩和修正，學生以上課參與的動機、學習的成效、順利就業等方式回饋她的教學努力，家長可以明顯察覺孩子的成長和進步，可以放心將訓練孩子的任務交給林示安老師，她訓練的學生順利就業並穩定工作。

她了解特教學生每個都有各種不同的障礙，別人很容易放棄他們，他們更容易放棄自己，因此她認爲要讓學生體會自己是可以的、自己是可以不一樣的、自己是可以被期待的，甚至有些事情他們可以比別人做得更好，她不急著讓學生很快學會很多事物，但她非常看重學生做每件事的時候要抱持做事確實的工作態度。她強調特教教師要比家長看得更遠，當她對學生的教學深思熟慮之後認爲可行、且這樣做是對的，她會堅持到底；她對班上學生的課程規劃是三年完整的內容，高三是學生到職場實習，因此她可以確實爲他們畢業後銜接就業做準備只有高一和高二兩年，她會非常積極運用這兩年的時間，爲學生做就業能力的栽培，如果學生中途轉校無法完成完整的訓練，她也會想盡辦法讓接手的老師能完成學生已開始的訓練；她相信每位學生都有潛能，她會用盡各種方法將每位學生的潛能激發出來。她在教學過程不斷讓學生知道，因爲老師認爲他們辦得到才會用目前他們在學的方式，學他們目前在學的內容。

她了解班上每位學生的特質，充分利用在校的時間，爲個別學生設想需要加強訓練的內容和方式，像班上第一名入學的學生，家境很好，家庭從小幫學生做太多事，讓學生很多能力都沒有發展出來，老師訓練他自行搭公車上下學，在校內下課時間教他學騎腳踏車，在校內學會騎，就到校外練習，會騎腳踏車之後學機車才容易，考到機車駕照未來要找工作比較容易；在學生學會精熟之前，她會陪在學生旁邊，不斷提醒學習策略及工作步驟口訣，不斷鼓勵學生「不可以放棄！不可以放棄！」。

大班上課和生活輔導會模擬職場情境，可以說班上每件事都用來練習訓練學生未來職場需要用到的能力，例如，他們每天站著上課，因爲未來學生當收銀員也都是站著工作；林示安老師每天帶學生跑操場，因爲以後工作需要體力和耐力；中午學生需要用假幣領便當，收銀的同學當老闆，可以練習數錢和找錢，練習未來從事服務業時禮儀；班上清潔區域打掃用來建立工作能力和態度，工作結果登記成薪資表加薪或扣薪；在學校的活動或在教學歷程製造機會，讓個別學生練習他需要加強的能力，練習九九乘法、四則運算、書寫、演戲、練獨輪車等等；特殊生就業需要透過支持性就業協助他們能適應並勝任職場的要求，周末要探訪就業的學生；她每學期爲班上安排三天的班遊，讓學生多一些機會學習認識社會和這個世界。

林示安老師生活的重心和專注力都在學生，把學生都當成自己的孩子教，她讓孩子感覺很穩定很可靠，慢慢學生對她產生信任，跟老師長期生活和學習下來，學生對自己也漸漸有自信，對未來有希望。林示安老師教育態度積極充滿熱情，她在意學生的表現，對學生有高的期待，也相信他們可以辦得到，碰到問題用正向積極的態度解決，永不放棄任何一位學生，把學生的心當作自己的心，手機24小時開機，積極支持家長和職場老闆，好讓他們支持學生在職場可以成功，每年畢業後順利就業就有十多位。

相關影片出處

【我的老師這樣教】20140417 - 特堅持教師～林示安（48:00）

https://www.youtube.com/watch?v=f12Hg2h8yfg

Teach like your Hair's on fire – Rafe Esquith (1:10:19)

https://www.youtube.com/watch?v=jK-1T0geEIk

反思問題

1. 從林示安老師的例子，您認為特教老師應有的價值觀為何？教育態度為何？教育信念為何？
2. 當您聽到有人認為不值得為身心障礙的學生提供教育，您會如何回應？

參考資料

林惠芬（2002）。啟智教育教師教師效能之研究。特殊教育學報，16，141-157。

教育部（2015）。中華民國教師專業標準指引。臺北：教育部。

陳偉仁、陳明聰和胡心慈（2014）。特殊教育教師專業標準建構之研究。中華民國特殊教育學會年刊，75-94。

郭為藩（1983）。特殊教育工作的信念。特殊教育季刊，8，1-5。

陳慧儒&高熏芳（2006）。美國特教教師專業標準對我國特教教師素質提升之啟示。屏師特殊教育，12，17-27。
梁碧明、達君瑋（2011）。良師典範：優秀特教教師的教師角色與教育信念之探究。教育與多元文化研究，5，41-81。
趙曼寧&王明泉（1996）。特殊教育教師教學熱忱之文獻探討與應用，特殊教育叢書，2，123-136。

附件一　身心障礙音樂才能優異學生指導者教育信念（整理自吳舜文，2009）

教育信念之層面	教育信念各層面之內涵
對象選擇及能力評估	1.指導者對於對象選擇抱持「教育零拒絕」的態度； 2.指導者對於教學對象能夠兼容其能力之差異； 3.指導者認為透過適當管道將有助於對學生的事前了解； 4.音感是指導者首要了解學生音樂能力的部分； 5.流暢的演奏表現是指導者據以觀察學生能力的方式； 6.大多數指導者認為位移動作是視障學生較難克服的技巧； 7.指導者認為能力評估過程應給予學生具有安全感的環境。
學習及課程規劃	1.教材選擇應適合學生能力並符合音樂學習內容之均衡性； 2.教材選擇應考量學生的喜好及學習當下之需求； 3.指導者偏好選擇具有清晰主題與和聲伴奏之學習曲目； 4.學生的位移動作、音質調整及合奏經驗應予充實； 5.指導者認為學生應有更進階之音樂專業發展； 6.指導者認為學生活動過多往往會影響練習品質； 7.指導者對於學生未來就讀音樂班或出國發展之觀點不一。
教學方法與教學調整	1.指導者認為了解學生習性及常就教於家長有助於教學； 2.指導者均認為錄音是有效的教學方式； 3.指導者認為觸覺的運用亦可提升對音樂的感知與想像； 4.群體合作、曲目調整、音階變化可作為教學調整的作法； 5.指導者應發揮創意以解決教學現場學生的學習問題； 6.對於學生不同的障礙情形應給予適切的教學引導方式。

教育信念之層面	教育信念各層面之內涵
指導者對於音樂特殊教育工作的整體觀點	1.教師應該要肯定學生的才能並引導他們正確的音樂學習； 2.教師必須熟悉個人的專業並能適時調整教學方法； 3.教師要具有反思的能力以提升個人教學知能及品質； 4.未來有志從事音樂特殊教育工作者應有充分的思考與準備。

附件二　中華民國特殊教育教師專業標準（摘自陳偉仁、陳明聰和胡心慈，2014）

標準1：具備教育專業知識並掌握重要教育議題

1-1 具備特殊教育專業知識與素養。

指擔任特殊教育教師所需具備的教育專業知識（Professional Knowledge, PK）與素養。教育專業知識是指政府為培育特殊教育師資，所訂定各教育階段所需具備一般教育專業課程，以及特殊教育專業知識。

1-2 熟悉特殊教育學生的身心特質與學習發展。

了解任教階段一般學生與特殊教育學生在認知發展、語言發展、情緒發展、生理發展及社會能力發展等特質，以掌握每位學生學習發展與學習特質的差異。

1-3 了解特教發展趨勢，掌握重要特教議題與其對實務運作的影響。

關心並了解整體特殊教育政策與發展趨勢，並掌握任教階段重要教育議題對實務運作上的影響，如特殊教育新課綱、性別平等、新移民子女教育、融合教育等。

標準2：具備學科／領域知識及相關教學知能

2-1 具備任教學習領域專門知識。

教師具備任教學習領域或學科的專門知識（Content Knowledge, CK），包括普通教育課程及特殊需求領域內容知識（如：創造力、溝通訓練、社交技能）。了解任教學習領域或學科的核心知識內涵，並掌握其與其他重要知識和學科領域間的連結，提供學生統整的學習經驗。

2-2 具備任教學習領域教學知能。

教師具備所任教學科領域之教學知能（Pedagogical Content Knowledge, PCK）。教師能依學生特質、個別化教育計畫／個別輔導計畫教育目標、學科領域知識，適切組織課程，運用合適教學方法與策略，協助學生進行有效學習。

標準3：具備課程與教學設計能力

3-1 根據學生個別能力與需求，與相關人員共同擬定個別化教育計畫／個別輔導計畫。

教師能以團隊合作模式，共同評量學生之特殊需求訂定適切的個別化教育計畫或個別輔導計畫，並定期檢視與檢討執行效果。

3-2 依據特殊教育學生個別化教育計畫／個別輔導計畫，並參照課程綱要，進行課程與教學設計。

教師能參照特殊教育學生個別化教育計畫／個別輔導計畫、特質與課程綱要，訂定教學目標，進行課程與教學設計，研擬適切的教學計畫，將教學構思轉化爲實際的教學活動。此外，能與普通教育教師合作，共同爲特殊教育學生設計融合情境中的適性課程。

3-3 依據特殊教育學生學習能力與需求，彈性調整教學設計及教材。

教師依據學生特質、學習進程、學習需求及學習困難等差異，彈性調整教學設計及教材內容，並能審視學生學習的回饋訊息，安排適應學生個別差異之教材與教學活動，並運用不同的教學評量方式，幫助學生有效學習，達成教學目標。例如，爲認知功能嚴重缺損學生調整教材，讓教材更具生態性；資優生學習進度快，教師能調整教學進度，提升學習材料的複雜度。

3-4 統整知識概念並連結生活經驗，回應特殊教育學生的需求。

教師連結及統整學科／領域知識概念與學生的生活經驗，引用日常實例幫助學生理解知識，活化教學內容，使學生的學習經驗獲得更廣泛的統整與意義，激發學生的學習動機與興趣，同時也讓學習更具功能性。此外，教師能具備課程統整的專業知能與意願，跨越學科／領域的邊界與藩籬，建立不同學科／領域知識概念的縱向及橫向連結，學習統整的知識與技能，同時也能引導學生運用跨學科／領域的知識分析複雜的議題，以多元觀點看待事物，培養學生批判思考、創造思考及問題解決的能力。

標準4：善用教學策略進行有效教學

4-1 運用適性的教學策略與溝通技巧，幫助特殊教育學生學習。

教師了解各種教學方法與策略的特色、內涵與限制，並考量教學目標、學科／領域內容性質、學生特質及能力等，運用多元的教學方法與策略，適當運用口語／非口語、板書、提問及正向溝通技巧等，清楚傳遞教學訊息，促進師生良好的溝通互動，幫助學生學習，提升學習效果。

4-2 運用多元教學媒介、資訊溝通科技、學習輔具與校內外資源，增進特殊教育學生學習。

教師具備基本的資訊素養（Information Literacy）能力，能根據教學需要，尋找、判斷及評估各種資訊的來源與用途，並適時善用多元教學媒介及教學媒體（如簡報、圖片、影音、線上教學平臺、部落格……等），以支援教學活動，豐富教學內容，並能充分與學生互動，且運用校內外各種資源（如社區圖書館、博物館、社教館、賣場、超市……等），以拓展學生的學習經驗。此外，能根據特殊教育學生需求，協助選用適合之學習輔具並融入課程教學。

4-3 依據特殊教育學生學習表現，彈性調整進行課程教學。

教師依據學生的學習表現，分析學生的個別差異，採取補救措施或充實與加速學習，並進行調整課程與使用適當的教學策略，實施不同的教學活動，滿足學習者的學習需求。

標準5：運用適切方法進行學習評量

5-1 採用適切評量工具與多元資訊，評量特殊教育學生多元能力與特殊需求。

教師爲了解教學成效，在教學過程中依學習目標和學生特質，採取適切的形成性評量和總結性評量方式，包括教師自編或現有之測驗工具以及多元的評量工具／方法，並根據對學生的評量結果所得到的訊息，進行分析後加以了解學生學習優弱勢。藉以確定學生學習能力與需求，以爲調整教材和教學活動，或發展學生個別化教育計畫／個別輔導計畫。

5-2 教學過程中運用評量結果，提供特殊教育學生學習回饋。

教師教學過程持續評量學生的學習成果、困難與潛能，並分析教學目標的達成情形，提供學生學習回饋（或家長了解學生學習結果）以爲調整教學之依據。

5-3 因應特殊學生身心特質、能力與需求，能了解轉介與調整評量的方式。

教師能覺察學生身心特質，並了解相關的評量方式，以期能協助普通教育教師發現學生學習困難與潛能。並能在校內與普通教育教師及輔導人員合作，進行特殊學生之篩選、轉介及轉介前之輔導。

5-4 了解特殊教育學生評量方式與鑑定流程，並具備相關實務知能。

特殊教育學生的評量與鑑定工作是特殊教育教師重要的專業知能。特殊教育教師能具有特殊學生鑑定評量流程之基本知識。此外，具備使用各種正式與非正式評量之工具與方法的能力，進行符合法規要求之鑑定工作，根據鑑定與評量結果撰寫評估報告，並適切的對學生、家長、監護人或相關教師解釋評量結果。另亦能進行雙重特殊學生的評量。

標準6：發揮班級經營效能營造支持性學習環境

6-1 建立有助於學習的班級常規。

教師針對特殊教育服務型態（集中式、分散式、巡迴輔導、方案……等）與特殊教育學生類別，訂定適性且合宜的班級規範，促進特殊教育學生自我了解、肯定、管理的知能，並依據學生個別需求評估實際實施成效，做爲調整班級常規的依據。

6-2 安排有助於師生互動的學習情境，提升特殊教育學生學習成效。

教師針對特殊教育服務型態（集中式、分散式、巡迴輔導、方案……等）與特殊教育學生類別，安排有助於師生互動且安全、適宜的學習環境（如學生座位安排、硬體設施規劃、空間情境布置配合教學主題等），並能善用學校教學設備資源、社區專業人士及科技輔具等，配合多元教學策略及良好的師生互動方式，豐富學生生活經驗，回應特殊需求，引發特殊教育學生學習動機與自我效能，以增進學習成效。

6-3 掌握學習狀況，適當處理持續性常規事件。

教師具備危機處理能力，了解校園危機、衝突及偶發事件的預防及通報機制，能掌握及敏察學生的學習狀況、問題行爲（如資優生因過度激動特質產生的過動現象，或是自閉症學生的社交技巧問題），妥善處理師生間及同儕之間的互動狀況，並適時尋求學校相關單位的支援與協助，引導學生學習問題解決能力並能善用事件進行機會教育，作爲學生學習之借鏡。

標準7：掌握學生差異進行相關輔導

7-1 了解特殊教育學生背景差異與興趣，引導特殊教育學生適性學習。

教師認識並掌握任學生的學習準備度（先備知識、學習能力）、興趣、背景特質（族群、文化、語言、地區、家庭社經地位、年級、性別）之差異，並尊重及傾聽學生的想法與需求，覺察特殊教育學生在環境中的適應問題，進行學生的學習輔導且能詳實記錄於個別化教育計畫／個別輔導計畫中，據以掌握學生學習成效、引導適性學習、建立生涯發展規劃及調整教師教學方式，並且保護學生及相關人員資料之隱私。

7-2 **了解特殊教育學生文化，引導其建立正向的社會學習。**

建立校園融合支持的氛圍，透過特殊教育宣導、入班輔導、交流活動等方式，處理標籤化所產生的效應。針對特殊教育學生個體，教師具備對其身心特質、同儕關係與次級文化之了解，能尊重學生班級地位體系、人際關係網絡及多元文化背景，也能主動了解學生想法、感受與需求，幫助學生發展正向的社會互動關係，建立正向行爲表現，並可藉由人師身教及形塑班級學生學習楷模的影響力，增強學生自我效能，並引導學生建立正向的社會價値觀。

7-3 **回應不同類別特殊教育學生需求，提供必要的支持與輔導。**

教師了解不同類型特殊教育學生（包含身心障礙學生、資賦優異學生、雙重特殊需求學生等）的特殊需求，並能因應不同特質需求，透過教學設計、班級經營、功能性行爲分析等技巧給予正向的支持與輔導，並採專業合作的方式，善用學校輔導室、社區輔導網絡及社會支持系統等相關資源，召開個案會議，提供學生與家長適當的諮商、安置、轉介及轉銜的協助與輔導。

標準8：善盡教育專業責任

8-1 **展現特殊教育熱忱，關懷特殊教育學生的福祉與權益。**

教師展現教育熱忱與使命感，適切扮演特殊教育倡導者的角色，進行特殊教育的宣導，發揮因材施教的精神，善盡對特殊教育學生的教育職責，以尊重特殊教育學生差異與公平正義之理念，不得有種族、宗教、地區、政黨、社經地位、性別或身心障礙等歧視，維護學生的學習權益，並主動關注文化殊異、身心障礙學生的特殊教育服務機會，建立良好機制以積極協助其解決學習及生活上的問題。

8-2 **遵守特教教師專業倫理及相關法律規範。**

教師必須了解並遵守教育相關法律規定（如教育基本法、教師法、國民教育法、特殊教育法、特殊教育施行細則、身心障礙與資賦優異學生鑑定辦法、身心障礙者權益保障法、性別平等教育法、教育人員任用條例、教師輔導與管教學生辦法、各縣市聘約準則、校園性侵害或性騷擾防治準則、各校聘約內容……等）及教師專業倫理守則與自律公約（如全國／各縣市／各校教師自律公約），並依照相關規範進行教育專業活動，更可組成教師專業學習社群，共同規劃更高層次的專業倫理信條，給予學生正向引導。

8-3 **關心學校發展，參與學校相關事務與會議。**

教師願意付出時間進行教學相關準備與教育議題的思索，並保持工作熱忱與良好的情緒管理，關心學校發展，擔任導師或兼任行政職務，主動參與學校教學、行政或輔導相關事務與會議，參與相關會議（如校務會議、課程發展委員會、特殊教育推行委員會、教評會議、性別平等委員會議、輔導會議、中輟生輔導會議等）及工作（如、學校家長日活動、校外教學活動、職業試探活動等），善用教學經驗或實務知能，協助學校規劃、執行學校發展計畫，帶動學校卓越發展。

標準9：致力於教師專業成長

9-1 **參與特殊教育相關領域教學研究／進修研習，持續精進教學。**

教師應實踐「教師即研究者」的教育理念，具備特殊教育研究的相關知能，透過專業社群對話、專家訪視指導、工作坊、行動研究等研修方式，主動反思及檢視自己的課程與教學活動，發掘課堂教學問題，積極進行教學研究，研發與創新教材教法，並能建立個人教學檔案，系統化的自我省思與改善教學實務，提供更適性的特殊教育服務。

9-2 **參加特殊教育相關領域的專業學習社群，促進專業成長。**

教師參與校內外、特殊教育相關領域的專業學習社群（如校內各領域課程小組、教師成長團體等），透過共同探究教育問題及分享交流教學經驗等活動，建立專業對話與協同合作教學的機制，促進教師個人專業成長，符應學生學習需求，助於形塑信任、學習與專業認同的學校組織文化。

標準10：展現協作與領導能力

10-1建立與同事、家長、相關專業人員及社區良好的夥伴合作關係，建立特殊教育支援系統。

透過特殊教育諮詢與合作的方式，提供同事（如一般教育教師）、行政人員、家長等特殊教育相關知能的諮詢服務。在實務運作方面，能與教師團隊保持良好的關係，共同合作，發揮團隊精神，解決學校組織運作、教師教學或學生學習的相關問題；與家長維持密切且互信的合作關係，在平日的互動以及個別化教育計畫／個別輔導計畫會議中向家長說明特殊教育學生在校生活情形、學習狀況及所需的校外專業服務（如：心理諮商、區域資優教育方案），並能運用家長及社區資源，連結不同的社會關係網絡，擴大特殊教育學生學習場域與生活經驗，建構學校／社區本位的特殊教育支持系統。

10-2結合校務運作與特殊教育推行，參與學校組織運作工作。

因應校務發展需求以及特殊教育的推行，積極主動參與學校組織運作，例如， 參與學校課發會、特殊教育推行委員會、學校教評會代表。

10-3參與課程與教學方案發展，展現領導能力或影響力。

善盡合作、諮詢、督導的角色，與教師團隊合作，共同提出課程設計與教學方法的調整策略，並能積極引領校內外同儕專業成長，與專業社群分享教學經驗、研究等相關經驗，發揮影響力及領導力，以精進教師專業成長、提升特殊教育服務品質，並促進學校卓越發展。

特殊教育教師專業標準及專業表現指標水準

教師專業專業標準	特教專業表現指標	內涵說明
1. 具備教育專業知識並掌握重要教育議題	1-1 具備特殊教育專業知識與素養。	指擔任特殊教育教師所需具備的教育專業知識（Professional Knowledge, PK）與素養。教育專業知識是指政府為培育特殊教育師資，所訂定各教育階段所需具備一般教育專業課程，以及特殊教育專業知識。
	1-2 熟悉特殊教育學生的身心特質與學習發展。	了解任教階段一般學生與特殊教育學生在認知發展、語言發展、情緒發展、生理發展及社會能力發展等特質，以掌握每位學生學習發展與學習特質的差異。
	1-3 了解特教發展趨勢，掌握重要特教議題與其對實務運作的影響。	關心並了解整體特殊教育政策與發展趨勢，並掌握任教階段重要教育議題對實務運作上的影響，如特殊教育新課綱、性別平等、新移民子女教育、融合教育等。
2. 具備學科／領域知識及相關教學知能	2-1 具備任教學習領域專門知識。	教師具備任教學習領域或學科的專門知識（Content Knowledge, CK），包括普通教育課程及特殊需求領域內容知識（如：創造力、溝通訓練、社交技能）。了解任教學習領域或學科的核心知識內涵，並掌握其與其他重要知識和學科領域間的連結，提供學生統整的學習經驗。
	2-2 具備任教學習領域教學知能。	教師具備所任教學科領域之教學知能（Pedagogical Content Knowledge, PCK）。教師能依學生特質、個別化教育計畫／個別輔導計畫教育目標、學科領域知識，適切組織課程，運用合適教學方法與策略，協助學生進行有效學習。
3. 具備課程與教學設計及教材調整能力	3-1 根據學生個別能力與需求，與相關人員共同擬定個別化教育計畫／個別輔導計畫。	教師能以團隊合作模式，共同評量學生之特殊需求訂定適切的個別化教育計畫或個別輔導計畫，並定期檢視與檢討執行效果。

教師專業專業標準	特教專業表現指標	內涵說明
	3-2 依據特殊教育學生個別化教育計畫／個別輔導計畫，並參照課程綱要，進行課程與教學設計。	教師能參照特殊教育學生個別化教育計畫／個別輔導計畫、特質與課程綱要，訂定教學目標，進行課程與教學設計，研擬適切的教學計畫，將教學構思轉化為實際的教學活動。此外，能與普通教育教師合作，共同為特殊教育學生設計融合情境中的適性課程。
	3-3 依據特殊教育學生學習能力與需求，彈性調整教學設計及教材。	教師依據學生特質、學習進程、學習需求及學習困難等差異，彈性調整教學設計及教材內容，並能審視學生學習的回饋訊息，安排適應學生個別差異之教材與教學活動，並運用不同的教學評量方式，幫助學生有效學習，達成教學目標。例如，為認知功能嚴重缺損學生調整教材，讓教材更具生態性；資優生學習進度快，教師能調整教學進度，提升學習材料的複雜度。
	3-4 統整知識概念並連結生活經驗，回應特殊教育學生的需求。	教師連結及統整學科／領域知識概念與學生的生活經驗，引用日常實例幫助學生理解知識，活化教學內容，使學生的學習經驗獲得更廣泛的統整與意義，激發學生的學習動機與興趣，同時也讓學習更具功能性。此外，教師能具備課程統整的專業知能與意願，跨越學科／領域的邊界與藩籬，建立不同學科／領域知識概念的縱向及橫向連結，學習統整的知識與技能，同時也能引導學生運用跨學科／領域的知識分析複雜的議題，以多元觀點看待事物，培養學生批判思考、創造思考及問題解決的能力。
4. 善用教學策略進行有效教學	4-1 運用適性的教學策略與溝通技巧，幫助特殊教育學生學習。	教師了解各種教學方法與策略的特色、內涵與限制，並考量教學目標、學科／領域內容性質、學生特質及能力等，運用多元的教學方法與策略，適當運用口語／非口語、板書、提問及正向溝通技巧等，清楚傳遞教學訊息，促進師生良好的溝通互動，幫助學生學習，提升學習效果。

教師專業專業標準	特教專業表現指標	內涵說明
	4-2 運用多元教學媒介、資訊溝通科技、學習輔具與校內外資源，增進特殊教育學生學習。	教師具備基本的資訊素養（Information Literacy）能力，能根據教學需要，尋找、判斷及評估各種資訊的來源與用途，並適時善用多元教學媒介及教學媒體（如簡報、圖片、影音、線上教學平臺、部落格……等），以支援教學活動，豐富教學內容，並能充分與學生互動，且運用校內外各種資源（如社區圖書館、博物館、社教館、賣場、超市……等），以拓展學生的學習經驗。此外，能根據特殊教育學生需求，協助選用適合之學習輔具並融入課程教學。
	4-3 依據特殊教育學生學習表現，彈性調整進行課程教學。	教師依據學生的學習表現，分析學生的個別差異，採取補救措施或充實與加速學習，並進行調整課程與使用適當的教學策略，實施不同的教學活動，滿足學習者的學習需求。
5. 運用適切方法進行評量與診斷	5-1 採用適切評量工具與多元資訊，評量特殊教育學生多元能力與特殊需求。	教師為了解教學成效，在教學過程中依學習目標和學生特質，採取適切的形成性評量和總結性評量方式，包括教師自編或現有之測驗工具以及多元的評量工具／方法，並根據對學生的評量結果所得到的訊息，進行分析後加以了解學生學習優弱勢。藉以確定學生學習能力與需求，以為調整教材和教學活動，或發展學生個別化教育計畫／個別輔導計畫。
	5-2 教學過程中運用評量結果，提供特殊教育學生學習回饋。	教師教學過程持續評量學生的學習成果、困難與潛能，並分析教學目標的達成情形，提供學生學習回饋（或家長了解學生學習結果）以為調整教學之依據。
	5-3 因應特殊學生身心特質、能力與需求，能了解轉介與調整評量的方式。	教師能覺察學生身心特質，並了解相關的評量方式，以期能協助普通教育教師發現學生學習困難與潛能。並能在校內與普通教育教師及輔導人員合作，進行特殊學生之篩選、轉介及轉介前之輔導。

教師專業專業標準	特教專業表現指標	內涵說明
	5-4 了解特殊教育學生評量方式與鑑定流程，並具備相關實務知能。	特殊教育學生的評量與鑑定工作是特殊教育教師重要的專業知能。特殊教育教師能具有特殊學生鑑定評量流程之基本知識。此外，具備使用各種正式與非正式評量之工具與方法的能力，進行符合法規要求之鑑定工作，根據鑑定與評量結果撰寫評估報告，並適切的對學生、家長、監護人或相關教師解釋評量結果。另亦能進行雙重特殊學生的評量。
6. 發揮班級經營技巧，營造支持性學習環境	6-1 建立有助於學習的班級常規。	教師針對特殊教育服務型態（集中式、分散式、巡迴輔導、方案……等）與特殊教育學生類別，訂定適性且合宜的班級規範，促進特殊教育學生自我了解、肯定、管理的知能，並依據學生個別需求評估實際實施成效，做為調整班級常規的依據。
	6-2 安排有助於師生互動的學習情境，提升特殊教育學生學習成效。	教師針對特殊教育服務型態（集中式、分散式、巡迴輔導、方案……等）與特殊教育學生類別，安排有助於師生互動且安全、適宜的學習環境（如學生座位安排、硬體設施規劃、空間情境布置配合教學主題等），並能善用學校教學設備資源、社區專業人士及科技輔具等，配合多元教學策略及良好的師生互動方式，豐富學生生活經驗，回應特殊需求，引發特殊教育學生學習動機與自我效能，以增進學習成效。
	6-3 掌握學習狀況，適當理持續性常規事件。	教師具備危機處理能力，了解校園危機、衝突及偶發事件的預防及通報機制，能掌握及敏察學生的學習狀況、問題行為（如資優生因過度激動特質產生的過動現象，或是自閉症學生的社交技巧問題），妥善處理師生間及同儕之間的互動狀況，並適時尋求學校相關單位的支援與協助，引導學生學習問題解決能力並能善用事件進行機會教育，作為學生學習之借鏡。

教師專業專業標準	特教專業表現指標	內涵說明
7.掌握學生差異進行相關輔導	7-1 了解特殊教育學生背景差異與興趣，引導特殊教育學生適性學習。	教師認識並掌握任學生的學習準備度（先備知識、學習能力）、興趣、背景特質（族群、文化、語言、地區、家庭社經地位、年級、性別）之差異，並尊重及傾聽學生的想法與需求，覺察特殊教育學生在環境中的適應問題，進行學生的學習輔導且能詳實記錄於個別化教育計畫／個別輔導計畫中，據以掌握學生學習成效、引導適性學習、建立生涯發展規劃及調整教師教學方式，並且保護學生及相關人員資料之隱私。
	7-2 了解特殊教育學生文化，引導其建立正向的社會學習。	建立校園融合支持的氛圍，透過特殊教育宣導、入班輔導、交流活動等方式，處理標籤化所產生的效應。針對特殊教育學生個體，教師具備對其身心特質、同儕關係與次級文化之了解，能尊重學生班級地位體系、人際關係網絡及多元文化背景，也能主動了解學生想法、感受與需求，幫助學生發展正向的社會互動關係，建立正向行為表現，並可藉由人師身教及形塑班級學生學習楷模的影響力，增強學生自我效能，並引導學生建立正向的社會價值觀。
	7-3 回應不同類別特殊教育學生需求，提供必要的支持與輔導。	教師了解不同類型特殊教育學生（包含身心障礙學生、資賦優異學生、雙重特殊需求學生等）的特殊需求，並能因應不同特質需求，透過教學設計、班級經營、功能性行為分析等技巧給予正向的支持與輔導，並採專業合作的方式，善用學校輔導室、社區輔導網絡及社會支持系統等相關資源，召開個案會議，提供學生與家長適當的諮商、安置、轉介及轉銜的協助與輔導。

教師專業專業標準	特教專業表現指標	內涵說明
8.善盡教育專業責任	8-1 展現特殊教育熱忱，關懷特殊教育學生的福祉與權益。	教師展現教育熱忱與使命感，適切扮演特殊教育倡導者的角色，進行特殊教育的宣導，發揮因材施教的精神，善盡對特殊教育學生的教育職責，以尊重特殊教育學生差異與公平正義之理念，不得有種族、宗教、地區、政黨、社經地位、性別或身心障礙等歧視，維護學生的學習權益，並主動關注文化殊異、身心障礙學生的特殊教育服務機會，建立良好機制以積極協助其解決學習及生活上的問題。
	8-2 遵守特教教師專業倫理及相關法律規範。	教師必須了解並遵守教育相關法律規定（如教育基本法、教師法、國民教育法、特殊教育法、特殊教育施行細則、身心障礙與資賦優異學生鑑定辦法、身心障礙者權益保障法、性別平等教育法、教育人員任用條例、教師輔導與管教學生辦法、各縣市聘約準則、校園性侵害或性騷擾防治準則、各校聘約內容……等）及教師專業倫理守則與自律公約（如全國／各縣市／各校教師自律公約），並依照相關規範進行教育專業活動，更可組成教師專業學習社群，共同規劃更高層次的專業倫理信條，給予學生正向引導。
	8-3 關心學校發展，參與學校相關事務與會議。	教師願意付出時間進行教學相關準備與教育議題的思索，並保持工作熱忱與良好的情緒管理，關心學校發展，擔任導師或兼任行政職務，主動參與學校教學、行政或輔導相關事務與會議，參與相關會議（如校務會議、課程發展委員會、特殊教育推行委員會、教評會議、性別平等委員會議、輔導會議、中輟生輔導會議等）及工作（如、學校家長日活動、校外教學活動、職業試探活動等），善用教學經驗或實務知能，協助學校規劃、執行學校發展計畫，帶動學校卓越發展。

教師專業專業標準	特教專業表現指標	內涵說明
9. 致力於教師專業成長	9-1 參與特殊教育相關領域教學研究／進修研習，持續精進教學。	教師應實踐「教師即研究者」的教育理念，具備特殊教育研究的相關知能，透過專業社群對話、專家訪視指導、工作坊、行動研究等研修方式，主動反思及檢視自己的課程與教學活動，發掘課堂教學問題，積極進行教學研究，研發與創新教材教法，並能建立個人教學檔案，系統化的自我省思與改善教學實務，提供更適性的特殊教育服務。
	9-2 參加特殊教育相關領域的專業學習社群，促進專業成長。	教師參與校內外、特殊教育相關領域的專業學習社群（如校內各領域課程小組、教師成長團體等），透過共同探究教育問題及分享交流教學經驗等活動，建立專業對話與協同合作教學的機制，促進教師個人專業成長，符應學生學習需求，助於形塑信任、學習與專業認同的學校組織文化。
10. 展現協作與影響力	10-1 建立與同事、家長、相關專業人員及社區良好的夥伴合作關係，建立特殊教育支援系統。	透過特殊教育諮詢與合作的方式，提供同事（如一般教育教師）、行政人員、家長等特殊教育相關知能的諮詢服務。在實務運作方面，能與教師團隊保持良好的關係，共同合作，發揮團隊精神，解決學校組織運作、教師教學或學生學習的相關問題；與家長維持密切且互信的合作關係，在平日的互動以及個別化教育計畫／個別輔導計畫會議中向家長說明特殊教育學生在校生活情形、學習狀況及所需的校外專業服務（如：心理諮商、區域資優教育方案），並能運用家長及社區資源，連結不同的社會關係網絡，擴大特殊教育學生學習場域與生活經驗，建構學校／社區本位的特殊教育支持系統。
	10-2 結合校務運作與特殊教育推行，參與學校組織運作工作。	因應校務發展需求以及特殊教育的推行，積極主動參與學校組織運作，例如， 參與學校課發會、特殊教育推行委員會、學校教評會代表。

教師專業專業標準	特教專業表現指標	內涵說明
	10-3 參與課程與教學方案發展，展現領導能力或影響力。	善盡合作、諮詢、督導的角色，與教師團隊合作，共同提出課程設計與教學方法的調整策略，並能積極引領校內外同儕專業成長，與專業社群分享教學經驗、研究等相關經驗，發揮影響力及領導力，以精進教師專業成長、提升特殊教育服務品質，並促進學校卓越發展。

附件三　中華民國教師專業素養及其指標

（教育部（2018）。中華民國教師專業素養指引—師資職前教育階段暨師資職前教育課程基準修正規定。）

專業素養	專業素養指標
1. 了解教育發展的理念與實務	1-1 了解有關教育目的和價值的主要理論或思想，以建構自身的教育理念與信念。
	1-2 敏銳覺察社會環境對學生學習影響，以利教育機會均等。
	1-3 了解我國教育政策、法規及學校實務，以作為教育實踐的基礎。
2. 了解並尊重學習者的發展與學習需求	2-1 了解並尊重學生身心發展、社經及文化背景的差異，以作為教學與輔導的依據。
	2-2 了解並運用學習原理，以符合學生個別的學習需求與發展。
	2-3 了解特殊需求學生的特質及鑑定歷程，以提供適切的教育與支持。
3. 規劃適切的課程、教學及多元評量	3-1 依據課程綱要／大綱、課程理論及教學原理，以規劃素養導向課程、教學及評量。
	3-2 依據課程綱要／大綱、課程理論及教學原理，以協同發展跨領域／群科／科目課程、教學及評量。
	3-3 具備任教領域／群科／科目所需的專門知識與學科教學知能，以進行教學。

專業素養	專業素養指標
	3-4 掌握社會變遷趨勢與議題，以融入課程與教學。
	3-5 應用多元教學策略、教學媒材及學習科技，以促進學生有效學習。
	3-6 根據多元評量結果調整課程與教學，以提升學生學習成效。
4. 建立正向學習環境並適性輔導	4-1 應用正向支持原理，共創安全、友善及對話的班級與學習環境，以養成學生良好品格及有效學習。
	4-2 應用輔導原理與技巧進行學生輔導，以促進適性發展。
5. 認同並實踐教師專業倫理	5-1 思辨與認同教師專業倫理，以維護學生福祉。
	5-2 透過教育實踐關懷弱勢學生，以體認教師專業角色。
	5-3 透過教育實踐與省思，以發展溝通、團隊合作、問題解決及持續專業成長的意願與能力。

第七章
特殊教育專業倫理相關議題

潘惠銘

一、特教教師應滿足教育人員基本的專業倫理

朱建民（1996）認爲教育人員應具備五項專業倫理：

「一、具備良好的一般道德教養，除了有比較成熟的道德認知發展，也已養成了道德實踐的習慣」；

「二、對於自身專業領域曾經涉及的倫理議題有相當的認識」；

「三、對於自身專業領域較常涉及的一般倫理原則有相當的認識」；

「四、在專業方面具有的知識，足以認清事實，做出正確事實判斷」；

「五、能夠將一般倫理原則應用到自身專業領域涉及的倫理議題上，以闡明或解決問題」。

這項建議包含道德和倫理的內涵，而且從認識到判斷到應用，算是完整顧慮到個人人格及社會責任，以及認知概念的建立及情境中行爲的反應。特教教師爲教育人員也應該滿足此專業倫理的基本要求。因爲特殊教育服務對象的特質的關係，特教教師被期待在道德發展及實踐上更成熟更積極主動，對自身的倫理原則會自我要求。以下就特殊教育師資培育及特教教師職場現況及基本專業倫理和部分特殊專業倫理議題做論述，希望能爲職前特教教師進入職場前做心態的準備，未來在職場也能做出符合職業道德及專業倫理的行爲（參見第一章，朱建民，1996；沈清松，1996）。

二、臺灣特殊教育師資培育及實務現況

師資的培育不管普通教育或特殊教育都包含「職前」、「導入」及

「在職」三個階段（張德銳&丁一顧，2005），臺灣的特殊教育師資培育栽培身心障礙及資賦優異兩類的師資，吳武典（2014）指出，特殊教育師資的素質還有待提升，資優教育師資合格率偏低，造成資優品質的疑慮，且在臺灣及全球少子化的趨勢下，障礙生的人數是走高的趨勢，而資優教育在政策縮編的景況下，卻是逐漸走低，呼籲應該「落實標準本位的師資培育制度」。目前我國師資培育改革走向多元，但是目前臺灣的師資培訓是處在一個「缺德」的狀態，因爲品格教育的被忽略（楊智穎，2012）。張美華和簡瑞良（2013）也有類似的發現，他們指出臺灣師資培育現況的問題，包括師培課程與教學太重理論，沒有將理論和實務結合，缺乏技能的訓練，學生不會應用所學到眞實情境；缺乏情意課程，學生沒有被預備如何體會學生的挫折和學習和生活適應困難產生的負向情緒，及如何處理；各師資培育單位在經費縮編及評鑑壓力下，大學教授在教學研究輔導等多方負荷下，學生在多元探索及追求自我理想實現的情況下，各方都以功利考量下完成師資培育各階段的歷程，師培過程只爲了「通過教檢和教甄」這個目的，當老師不再是一個「志業」（吳武典，2006），結果是師資品質的低落（黃政傑，2006），實習缺乏完善的規劃，指導老師不一定能提供完整正確的學習，導致實習的成效不佳；在職進修及研習太理論，內容未必幫助教師改善實務問題，成效不佳。張美華和簡瑞良（2013）因此呼籲臺灣師資培訓需要加強教師情意的訓練。

三、特教教師職場基本的專業倫理

臺灣特教教師的專業倫理一直未被重視，但是因爲特教教師工作的對象的特殊性，及其工作方式的獨立性，特別需要特教教師專業倫理的規範，蘇孟君（2009）嘗試從「特教專業知能與態度」、「師生關係」、「同事關係」、「親師關係」、「社會關係」五個面向，建構國民小學特教教師專業倫理準則的內涵（附件一）。這些內容也原則適用到其他階段的特教教師，服務特殊幼兒的特教教師可同時參考中華民國幼兒教育專業倫理守則（中華民國幼兒教育改革研究會，2001）（附件二）和教育部

（2014）發佈的幼兒園教保服務人員工作倫理守則（附件三）。

面對特教的學生，特教教師更需要做到在執行各種教育措施及活動如測驗、特別的實驗教學，要先告知家長行使同意權，而且確保不傷害學生，在校內同事面前非必要也不可以隨意批評學生的行爲、特質和學習表現，對學生及家庭個人隱私的資料要保密，在未經家長同意以前，不可口頭公開，或將學生的個別化教育計畫給任何人閱讀，平時妥善保存學生的個別化教育計畫，每學期至少開兩次個別化教育計畫的會議，期末的會議要針對期初會議的決議做確實的檢討和回應；面對全班的學生，要公平正義，不刻意忽略某位學生，特教教師不隨便向學生承諾，做過的承諾應該守信，對自己的教學與輔導會自己不斷反思對每位學生的效益爲何，也願意不斷精進，因爲特殊需求學生的教學和輔導成效不容易達到，更不容易維持，特教教師要從教學或輔導獲得成就感比較不容易滿足，期待特教教師有願意付出的精神。

因爲特殊需求學生及其家庭背景生態的多樣性，特教教師在職場上經常碰到的衝突有：學生個別化的差異大且多元造成教育原則不能普遍適用，在大班的教學，教學環境、教材與教法、教育原則等如何適合特例；如何設計多層次教學，以滿足每位學生的教育需求；教育成果的不穩定性，在不斷重複練習的過程，如何保持個體的自主性等理想與現實的差距，不低估學生的能力，保持對學生學習成就的高期待。

學校配合資源班學生抽離到資源班上課排課需要全校願意配合讓資源班優先排課，若有普通教育教師不同意這個做法，資源班排課要達到全抽的概念是非常困難。資源班教師有授課鐘點的上限規定，但是通常抽離的學生人數和適合分組授課的學生排出來的課堂數往往超出資源班教師的授課節數，許多資源班教師必須在沒有授課鐘點費超鐘點授課，否則資源班教師會違反零拒絕的規定。不願意接受資源班服務但是符合特教身分的學生，依法令裁定是普通班接受諮詢服務，此時資源班教師的積極主動，以及他和學生、家長和普通班教師溝通合作能力和技巧就關鍵到融合到普通班的特殊需求學生是否能適性發展。

專業與特殊需求家庭溝通合作時的專業倫理，誰該主動？由誰主導？怎樣做才能眞正做到增能賦權（empowerment）？而不會造成特殊需求家庭的無助。教育特殊孩童到底是誰的責任？如何做才是對的？好的？臺灣的特殊教育侷限在學校的教育，在學期間的社會適應及學校教育與特殊需求學生與社會生活接軌需要更多被重視；成人及老年身心障礙者的療育特殊教育著力少，養護多於教育，教養模式少有創意，面臨高齡社會老人的照顧問題，特殊教育如何與機構的教養接軌，也是未來可以思考的特教專業倫理議題。

陳秀敏（2014）陳述特教教師違反專業倫理的現象有：不能提供有效的專業服務、體罰或變相體罰特殊兒童、侵犯隱私權、漠視對特殊兒童群體的支援服務等。

林火旺（2009）認爲各種專業最基本應該恪遵以下幾項道德原則：「不傷害原則、互惠原則、自主、正義、效益、守信、誠實、尊重隱私」等。特殊教育專業倫理是一個永遠無解的難題，每一個情境都是要求特教工作從業人員重新做回應，解答來自每位特教教師在實務工作現場是否具備敏感度、是否具備特殊教育的教育熱忱，每時每刻面對的專業倫理道德的抉擇和挑戰時，是否能做出符合特教專業倫理的行動。特殊教育實務的需求永遠比專業訓練來得大，特教教師的職前訓練永遠不夠應付特教教師在職場所需要使用到的專業知能，特教教師的職前訓練可以理解爲只是引起動機，需要每位特教教師在職場上敬業樂業、戰戰兢兢選擇使用，不論反思自省修正，也隨時能自主學習主動研究，追求專業成長。

四、特教教師在對特殊需求學生實施鑑定與評量時的專業倫理議題

目前臺灣的特殊需求學生的鑑定由心評老師執行，各縣市都在推動特教教師人人皆心評人員的政策，以利學校做校內的鑑定工作，也爲了增加特殊生的鑑出率，有利他們及早接受特教的服務。特殊教育服務對象的特徵是個別化差異大，包括個體本身內在差異大和個體間的差異也大，教學

要調整，評量也要調整。評量調整原則上在內容、方式、難度份量等各層面都可以做考量，以適合學生的學習現況和能力，但是如何在執行上不會讓學生在其他同學面前覺得羞愧？要配合特殊需求學生的心理建設及自我認同，也需要在一般同學的特教宣導及正向接納支持的班級氣氛的經營上下功夫。特殊需求學生的鑑定與評量都牽涉到測驗的設計、選用、執行與解釋，對測驗內容和結果要保密，選擇適合的工具，遵守施測程序的規定，施測過程與結果分析態度中立，不加入個人的成見，做最後判斷和決定前，要收集多方的資料並使用多元的評量工具和結果，如果這些過程沒有符合評量施測的專業倫理，都可能造成學生的傷害和權益的損失。

五、特教教師在面對啓智類及極重度學生的專業倫理議題

教育的關係是教育者努力引導啓發受教者潛藏的能力和預備受教者認識和使用他的權力。啓智類的學生及極重度多重障礙的學生很少用一般人正常的方式與周圍環境互動，他們甚至不知道他們的權力何時如何使用，特教教師身爲他們的教育者經常需要提醒和維護他們的權利。但是職場上的特教教師是否了解每位學生的權利，或知道如何預備各類型的特殊生認識和行使他們的權利，這是屬於這類型學生特殊教育專業倫理議題，而且這些學生除了生理及身體的孱弱外，通常都有多元且嚴重的行爲情緒、學習、行動、溝通、互動、健康等問題，可能讓照顧者處在身心靈長期超負荷的狀態，主要照顧者的喘息、支持和援助就顯得重要。重度多重障礙者的照護應該在家教育或學校教育？照顧責任應該由誰承擔？也是經常是在服務這些個案時，必須面對解決的難題。

六、特教教師在處理情緒行為障礙學生的專業倫理議題

情緒行爲障礙或稱爲嚴重情緒行爲問題，許多特殊需求學生都有，近年校園裡學生的情緒行爲問題有更加普遍的趨勢，學生的情緒行爲問題也

困擾許多普教教師（趙麗華，2011），情緒行爲障礙學生主要的障礙影響他們的不當的行爲舉止、學業學習和人際互動關係，這些問題互相影響不斷累積，導致情障學生的學校適應普遍不良，學業沒興趣和學業低成就、曠課、退學或中輟的機率高、離校後犯罪率高及就業率不佳（Landrum, Tankersley & Kauffman, 2003）。學校教師處理他們的問題需要特別的空間、特別的教材教法，特別是情障學生的教師需要掌握行爲介入的方法，準確的預備設計與執行，才會有效，Kauffman（2002）也因此而認定這是特殊教育爲什麼特別的原因。

學生的情緒行爲障礙與教師的教學與輔導行爲互相影響，情障學生的情緒行爲問題的頻率和強度經常誘發教師使用負向或處罰的方式壓抑他的情緒行爲，當教師不認識學生的能力與特質，教師不知道許多情障的學生語言的理解和表達也有困難，教師不清楚什麼條件會激怒學生的情緒，教師沒有規劃結構性的環境，減少不必要的刺激，教師選擇的教材和教法不適合學生的能力和興趣，教師沒有好的班級經營的技巧，不會制定和執行有結構且清楚的班規，不知道對情障的學生不應該一味地處罰，而是應該多用正向支持的方式，讓學生成功適應學校的生活與學習（Kauffman & Landrum, 2018），這些細節都牽涉到特教教師與教育情障學生相關的專業倫理。目前特殊教育法規定特殊需求學生有問題行爲，特教教師必須要做問題行爲功能分析，並以正向行爲處理策略的方式，處理學生的問題行爲，處理的過程和結果應記錄在個別化教育計畫裡面，功能性評量和正向行爲支持已超越行爲改變技術將特殊需求學生視爲單一需要被改變和處理的對象，取而代之，處理的策略應包含前事環境事件及要求的改變、行爲的建立和後果的處理。但是依然有特教教師不知道這些都是法令規定必須執行的，也有部分的特教教師不知道如何執行。

七、特教教師在融合教育會遇到的專業倫理的議題

融合教育最終的意義是不管特殊需求學生到哪裡就讀，學校及教師都

可以成功地提供學生符合個別化需求的適性教育。融合教育需要優質的師資、彈性的教育政策及強有力的行政領導。臺灣在融合教育一直存在如下所列一些迷思（鈕文英，2008；鄭津妃，2012）：融合就不再需要特殊教育服務、融合教育是特教界的事、融合教育是普通班教師的職責、融合的環境是最好的環境、融合教育是低於成本的教育投資。融合教育在臺灣執行上遭遇到的困難有以下幾點：理念上我們國人對人的基本認識和尊重還未確立；從基礎的教育，我們就沒有付予學生機會充權、賦能、發揮個人獨立思辨、解決問題及創造的能力；政策規畫上仍有「隔離」和「特殊」的作法與想法；融合教育由特殊教育領域來推動未受到普通教育的支持認同，特殊教育沒有眞正帶進普通班；普教系統的模式刻板化不容易改變以符合融合教育所需要的彈性；普通與特教政策壁壘分明，特教政策未具體說明如何配合普教改革，行政體系各自爲政不能統籌運作；經費及政策人事更換就中斷；特教普教師資雙軌制各持自主性；九年一貫的努力是讓普通教育與特殊教育融合，但是實務推動因爲缺乏完善預備，推動也未能給實務界適切的引導，碰到極大的阻力或落實上的困難，研究未能呈現臺灣融合教育現況全貌。張蓓莉（2009）總結臺灣融合教育不如期待中進行順利，呼籲普教教師在融合教育的趨勢下的困境和壓力，需要特別被正視和支持。

雖然融合教育已成爲身心障礙學生主要的安置型態（郭又方、林坤燦和曾米嵐，2016），但是融合教育牽動的是教育系統結構和作法上的改變，從中央到地方，從法令到執行，都必須改變並找到新的做法和模式。從新課綱到108課程綱要修正的歷程，我們都經歷到系統調適是一件非常困難的工程；但是到目前爲止，不管在普通教師或特教教師的職前教育都缺乏融合教育的相關課程的訓練（施安琪&鈕文英2015）；學校現場從行政端及教師端，由於知能的欠缺、人力的欠缺、業務量負擔過重等種種因素，讓許多特殊需求學生在融合教育的趨勢下安置普通班，許多學校仍然不能確實執行融合教育應有的服務。施安琪&鈕文英（2015）建議應儘早爲融合教育教師訂定專業倫理的內容，以明確規範融合教育教師工作的內涵應包括專業職責、師生互動、親師互動、同事互動和社區互動等面向。融合教育使特教工作更加複雜，在師資培育階段給予情意課程的訓練有其必要性，但是在實際執行上一直被忽略（張美華&簡瑞良，2013）。

鄭佩玲（2003）整理文獻提出成功達成融合教育的指標（附件四），可以提供我們努力的方向。

八、特殊教師在執行研究時的專業倫理議題

在講求專業績效及專業成長的呼聲下，特教教師也被期待要在實務工作之餘要做研究，除了要禁止造假和抄襲等不當的研究行爲以外，研究之前要對特殊需求學生及其家長行使告知同意，並簽署研究同意書，學生任何時機都可以終止參與研究；在研究過程保護受試者不受身心靈的傷害或任何虧損；在研究發表時要保密不讓學生的隱私被揭露。這些在一般受試者理所當然容易做到，在身心障礙的學生就容易被侵權和濫用。

問題討論

1. 除了上述所提到的特殊教育專業倫理議題以外，請您補充您認為沒有提到但是重要的特殊教育專業倫理議題。
2. 您認為最重要且最關注的特殊教育專業倫理議題為何？請根據您的觀點論述您的看法。

參考資料

中華民國幼兒教育改革研究會（2001）。中華民國幼兒教育專業倫理守則。https://webcache.googleusercontent.com/search?q=cache:UyyW5ymNf3YJ:https://www.cyut.edu.tw/~yklin/class/97-1/professional/7/TAIWAN.doc+&cd=2&hl=zh-TW&ct=clnk&gl=tw。

朱建民（1996）。專業倫理教育的理論與實踐。通識教育季刊，3(2)，33-56頁。

沈清松（1996）。倫理學理論與專業倫理教育。通識教育季刊，3(2)，1-17。

林火旺（2009）。基本倫理學。臺北：三民。

吳武典（2006）。師資培育的正思與迷思。臺灣教育，638，2-6頁。

施安琪、鈕文英（2015）。融合教育教師宜具備的專業倫理析論。南屏特殊教育，6期，39-54頁。

洪莉竹（2008）。中學輔導人員專業倫理困境與因應策略研究。教育心理學報，39卷，3期，451-472頁。

郭又方、林坤燦和曾米嵐（2016）。臺灣融合教育的實施與展望。東華特教，56期，1-9頁。

鈕文英（2002）。國小階段融合教育實施模式與策略初探。特教園丁，18卷，2期，21-35頁。

鈕文英（2008）。擁抱個別差異的新典範——融合教育。臺北：心理。

陳秀敏（2014年9月12日）。特殊教育從業人員專業倫理建設。溝通障礙教育期刊，2016年11月19日，取自：http://www.tcda.org.tw/3096。

教育部（2014）。幼兒園教保服務人員工作倫理守則。https://www.ece.moe.edu.tw/wp-content/uploads/2014/06/幼兒園教保服務人員工作倫理守則參考資料.pdf。

黃政傑（2006）。迅速改善師資培育公費及助學金制度。師友，466，27-31。

陳偉仁、陳明聰和胡心慈（2014）。特殊教育教師專業標準建構之研究。中華民國特殊教育學會年刊，75-94頁。

趙麗華（2011）。從教師教學行為與教學策略談情緒及行為障礙學生的教育。特殊教育季刊，12期，38-45頁。

鄭津妃（2012）。臺灣普教與特教的現況與未來——繼續統合或行動融合？。特殊教育季刊，124期，21-28頁。

楊智穎（2012）。多元師資培育制度下品格教育課程改革之研究。課程與教學季刊，15(2)，71-86。

張美華&簡瑞良（2013）。情意課程在師資培育過程的實施困境。雲嘉特教，17期，14-21頁。

張德銳&丁一顧（2005）。我國師資培育制度的回顧與前瞻。研習資訊，22(6)，30-36。

張蓓莉（2009）。臺灣的融合教育。中等教育，60卷，4期，8-18頁。

蘇孟君（2009）。國民小學特教教師專業倫理準則建構之研究。臺北市立教育大學身心障礙教育教學碩士論文。

Akcamete, G., Kayhan, N., Yildirim, A. E.S. (2017). Scale of Professional Ethics for Individuals Working in the Field of Special Education: Validity and Reliability Study. *Journal of Educational Sciences, Vol.12*,No.4, p202-217.

Kauffman, J. M. (2002). *Education deform: Bright people sometimes say stupid things about education*. Lanham, MD: Scarecrow Education.

Kauffman, J. M. & Landrum , T. J.(2018). *Characteristics of emotional and behavioral disorders of children and youth* (11th.ed.) Upper Saddle River, N.J.: Pearson.

Landrum, T. J.,Tankersley, M.,& Kauffman, J. M. (2003). What is special about special education for students with emotional or behavioral disorders ? *The Journal of Special Education*, 37(3), 130-140.

附件一　國民小學特教教師專業倫理準則

（蘇孟君（2009）。國民小學特教教師專業倫理準則建構之研究。臺北市立教育大學身心障礙教育教學碩士論文。）

一、特教專業知能與態度

1. 透過正式與非正式的進修與研究機會，不斷充實自己特殊教育專業知能或發展其他專長，運用於教學上。
2. 對自己的教學工作需經常自我省思和檢討改進。
3. 從事特殊教育專業人員應經常與其他專業領域人員共同溝通研討，以取得合作共識。
4. 從事專業工作時應以身作則，恪遵法令、學校章則及專業規範。
5. 確認特殊教育須具備特殊教育工作與特殊教育專業能力，並重視良好的人格特質。
6. 奉獻於特殊教育工作需具有高度熱忱，學不厭、教不倦的精神。
7. 善盡保護學生隱私權的責任，包括妥善保管與運用各項個人資料，不可加以洩漏。
8. 實施測驗或評量前，須慎重告知當事人或監護人測驗與評量之目的，並適切地向相關人士解釋評量的結果。
9. 解釋測驗資料及撰寫報告時，需配合其它測驗結果及測驗以外的資料做解釋，力求客觀、正確及完整。
10. 慎用學生個人及家庭相關資料，嚴守保密原則，尊重個人隱私，不得任意洩漏。
11. 對於非相關專業人員，若會接觸學生相關資料時，應告知嚴守保密的重要性。
12. 與相關專業人員溝通合作時，能秉持相互尊重的原則。

二、師生關係

1. 公平對待每位學生，不因有族群、宗教、地域、政黨、社經地位、性別等歧視。

2. 重視每位學生的獨特性及個別差異，了解每位學生身心發展、能力現況及學習潛能，並就學生特性施予適性的教育。
3. 秉持愛心、耐心與專業對待每一位學生。
4. 與學生互動時，應反思自己的行為，以作為學生的表率。
5. 透過合法專業的程序，主動維護學生應有的權益與相關福利。
6. 對於授課的內容及教材，應充分準備並彈性調整學生學習內容與方式。
7. 教導學生時，不得傳授與教學無關之訊息，而影響學生身心發展。
8. 輔導學生時，使用適當的語言及適性的策略，不得對學生進行惡意性、情緒性或脅迫性之言語傷害及暴力行為。
9. 教導並協助學生建立良好的社會適應能力和人際關係。

三、同事關係

1. 主動與同事合作以增進服務品質和專業形象。
2. 對待同事以誠懇的態度，尊重每人的專長和價值。

四、親師關係

1. 主動與學生家長經常聯繫，並協助處理有關學生之各項問題。
2. 鼓勵家長參與親師活動，協助家長了解教導子女之適當方法。
3. 避免與家長有不合理的金錢往來或捐贈要求。
4. 尊重每個家庭的文化、習俗、語言、信念等特色。
5. 秉持互信、互尊、互諒的態度，努力發展與學生家庭的正向關係。
6. 本於教育專業判斷，對家長不符合教育專業和理念的要求進行溝通。

五、社會關係

1. 善用社會資源，增進學生學習效果，提供適合學生需要的社區課程。
2. 熟悉並遵守與特殊教育工作相關之法令與基本政策。
3. 與相關(機構)人員協調合作，提供相關的服務為學生發展而努力。
4. 了解學校及社區的優弱勢，因地制宜，努力營造教學環境。
5. 營造符合學生學習需求，支持的校園及社區環境。

附件二　中華民國幼兒教育專業倫理守則

（中華民國幼兒教育改革研究會（2001）https://webcache.googleusercontent.com/search?q=cache:UyyW5ymNf3YJ:https://www.cyut.edu.tw/~yklin/class/97-1/professional/7/TAIWAN.doc+&cd=2&hl=zh-TW&ct=clnk&gl=tw）

守則的基本原則

1. 幼兒期是人類生命週期中獨特且重要的階段。
2. 幼兒教育工作乃是以幼兒發展知識為基礎。
3. 尊重及支持幼兒與家庭之間的親密關係。
4. 了解幼兒的最佳方法是由其家庭、文化和社會脈絡著手。
5. 尊重每個個體的尊嚴、價值和獨特性。
6. 在信任、尊重和關心的關係中，最能幫助幼兒和成人發揮其最大的潛能。

實務工作的理念和原則

一、對幼兒的倫理

㈠理念

尊重幼兒的權利與獨特性，保障教育權，提供適性發展的教保方案。

㈡原則

1. 在任何情況下，我們絕不能傷害幼兒，不應有不尊重、脅迫利誘或其他對幼兒身心造成傷害的行為。
2. 應公平對待幼兒，不因其性別、外表、宗教、族群、家庭社經地位等的不同，而有差別待遇。
3. 我們應了解幼兒的需要與能力，創造並維持安全、健康的環境，提供適性發展的方案。
4. 我們應熟悉幼兒被虐待和被忽略的徵兆，採取合宜的行動保護幼兒，掌握有確切的證據時，應向主管機構通報。
5. 我們應知道早期療育系統的運作過程，能及早發現、通報、轉介及給予相關的協助。

二、對家庭的倫理

㈠理念

尊重及信任所服務的家庭，了解家長的需求，協助或增長家長的幼教理念及為人父母的技巧。

㈡原則

1. 應尊重每個家庭之習俗、宗教及其文化，並尊重其教養的價值觀和幼兒做決定的權利。
2. 我們應該讓家庭知道我們的辦學理念、政策和運作方式。
3. 如涉及影響幼兒權益的重要決定，我們要讓家長參與。
4. 如有意外或特殊狀況發生時，我們應即時讓家長知道。
5. 如涉及與幼兒有關的研究計畫、拍照、攝影、作品，我們事前應該讓家長知道，並尊重其同意與否的決定。
6. 我們應尊重幼兒與家庭的隱私權，謹慎使用與幼兒家庭相關的紀錄與資料。
7. 當家庭成員對幼兒教養有衝突時，我們應坦誠地提出我們對幼兒的觀察，幫助所有關係人做成適當的決定。

三、對同事的倫理

㈠理念

基於專業知識，與工作夥伴、雇主或部屬建立及維持信任與合作的關係，共同營造有益於專業成長的工作環境。

㈡原則

1. 對工作夥伴的倫理
   ⑴我們應與工作夥伴共享資源和訊息，並支持工作夥伴，滿足專業的需求與發展。
   ⑵當我們對工作夥伴的行為或觀點覺得擔心時，應讓對方知道我們的擔憂，並和他一起以專業的知識與判斷來解決問題。
   ⑶我們應與工作夥伴共同討論、分工並接納工作夥伴給予的建議，並

適當地調整自己。

2. 對雇主的倫理

(1)當我們不贊同任職機構的政策時，應先在組織內透過建設性的管道或行動表達意見。

(2)當我們代表組織發言時，應以維護組織權益的角度來發言與行動。

(3)我們應積極參與機構舉辦之活動，並給予適當的建議。

3. 對部屬的倫理

(1)我們應創造一個良好的工作環境，使工作人員得以維持其生計與自尊。

(2)我們應配合法令制定合宜的人事政策，並以書面明示所有工作人員。

(3)對於無法達到任職機構標準的部屬，應先給予關切，並盡可能協助他們改善，如必須解僱時，一定要讓部屬知道被解僱的原因。

(4)應發展合理明確的考核制度，對部屬的考核與升遷，應根據部屬的成就紀錄以及他在工作上的能力來考量。

四、對社會的倫理

(一)理念

讓社會了解幼兒的權利與幼教的事業，提供高品質的教育方案與服務，重視與社區的互動，並關懷幼兒與家庭福祉的政策與法令。

(二)原則

1. 我們應為社區提供高品質、符合社區需求和特色的教保方案與服務。

2. 我們有義務讓社區了解幼兒及其權益，提升社區家長的親職知能。

3. 當我們有證據顯示機構或同事違反保護幼兒的法令規定時，應先循內部管道解決；若在合理的時間內沒有改善，應向有關當局舉報。

附件三　幼兒園教保服務人員工作倫理守則

（摘自教育部，2014 https://www.ece.moe.edu.tw/wp-content/uploads/2014/06/幼兒園教保服務人員工作倫理守則參考資料.pdf）

層面與對象 核心價值	服務倫理 （對幼兒及其家庭）	組織倫理 （對同事、機構及部屬）	社會倫理 （對專業及社會）
尊重接納	1.尊重並接納每位幼兒及其家庭的獨特性，並依其背景、經驗及特質，調整與其互動的方式及內容，以符合每一位幼兒的最佳利益。 2.尊重幼兒及其家庭的隱私，除法令另有規定外，未經同意，不得以任何方式(如口頭、書面、談話、圖片或照片、電子資料)，對外發表或提供有關幼兒或其家庭的任何資訊，也不得傳播任何不實的資訊。 註：幼照法第三十一條第三項規定：「幼兒園、教保服務人員及其他人員對前項幼兒資料應於保密，但經家長同意或依其他法律規定應予提供者不在此限。」	1.理解與尊重機構主管的個人觀點、專業經驗、做事方法及風格。 2.肯定每位同事的能力及貢獻。 3.尊重機構及同事的隱私，對機構的業務資料及工作人員的個人資料應予以保密，除法令另有規定外，未經同意不得任意蒐集、處理或利用。 4.對機構及其工作人員有任何建議或疑慮時，應該先了解狀況並掌握事實資料，並可循行政管道依實陳報或反應意見。	1.了解幼兒園所在地區的情境，尊重當地的文化及特色，並積極納入教保活動課程，培養幼兒對在地文化的理解及關懷。 2.理解並尊重所屬專業組織成員的專業經驗及意見，共同攜手為專業及社會發展而努力。 3.尊重其他教保專業組織的立場並肯定其努力。

層面與對象 核心價值	服務倫理 （對幼兒及其家庭）	組織倫理 （對同事、機構及部屬）	社會倫理 （對專業及社會）
	3. 做任何與幼兒或其家庭有關的重要決定前，除法令另有規定外，必須徵得其同意。		
公平正義	1. 公平公正的對待幼兒及其家庭，不因其族群、性別、個性、文化、語言、宗教、經濟或社會背景等因素而有歧視。 2. 以幼兒的最佳利益為考量，視幼兒的個別需求，提供公平而適足的教保機會及教保資源。 3. 摒除個人成見或偏好，公平公正的對待幼兒的家庭視，幼兒的需要，調整與其家庭的互動機會及互動品質。	1. 身為機構主管應提出完善的人事政策，秉持公平且無成見的態度，在人事處置上應依據具體的事實，不受工作人員的性別、種族、國籍宗教信仰、年齡、婚姻狀況、家庭的社經背景、身心障礙與性傾向等因素的影響。 2. 秉持公正的態度與工作人員溝通，不因個人情誼或成見而態度偏頗，並避免在幼兒或公眾面前批評或譴責工作人員。 3. 當工作人員遇到不公平的對待時，應該主動關切、協助解決問題。	1. 主動關心及參與社區、社會及國家資源的分配或相關政策，必要時，積極爭取，以確保幼兒、幼兒家庭及教保專業能獲得公平、足夠且符合需求的資源。 2. 在建立及執行所屬專業組織的政策時，注意幼兒教保的整體利益。

層面與對象 核心價值	服務倫理 （對幼兒及其家庭）	組織倫理 （對同事、機構及部屬）	社會倫理 （對專業及社會）
負責誠信	1. 建立並維持安全及建康的環境，提供幼兒優質的教保活動課程及照顧服務，以確保幼兒在身體動作、語文、認知、美感、情緒發展及人際互動等方面的發展。 2. 以誠實的態度面對幼兒及其家庭，不強迫、不欺瞞、不敷衍；也不可因方便、壓力或誘惑，做出危害幼兒或其家庭的決定或行為。 3. 主動向家長說明教保服務方式及內容，並提供家庭有關幼兒接受教保服務成效的資料。	1. 熟悉並遵守有關幼兒園運作的相關法規。當機構的政策或同事的行為有傷害幼兒、家庭或違反法令時，應該根據事實進行意見的溝通，經反應無效時，可依據具體事實向機構主管或主管機關反應。 2. 身為機構主管，當工作人員未達到合理的專業期許，應積極給予輔導及協助，倘仍無法改善而需依法進行人員異動處理時，應具體告知原因以保障其應有之權益。 3. 誠實提供有關個人工作資格、經驗及能力的資訊，並以誠信的態度管理運用機構的各項財物資源。 4. 積極參與追求專業精進的培訓方案，持續吸收新知，支持、參與或進行有關幼兒的研究，並主動分享專業經驗訊息及資源，追求專業上的持續成長。	1. 積極維護教保服務人員的專業形象，當有任何扭曲或汙衊教保專業或教保服務人員的形象時，主動表達關切並督促改善。 2. 平時應該態度言行謹慎，以身作則，並誠實面對自己；當發現自己違背專業原則或違反專業組織規定時，及時修正。 3. 致力於提高教保服務人員在社會中的職業聲望；主動鄉社區及社會說明教保理念、目標及成果，增進社會對幼兒教保專業的了解。

層面與對象 / 核心價值	服務倫理（對幼兒及其家庭）	組織倫理（對同事、機構及部屬）	社會倫理（對專業及社會）
關懷合作	1.與家庭建立合作夥伴關係，透過各種方式與家長溝通，提供相關的教保及親職資訊支持父母或監護人的成長，以扮演合宜的父母或監護人的角色。 2.關懷幼兒家庭在教保方面的特殊需求，必要時協助或代為尋求專業服務。 3.主動關懷及察覺幼兒受虐或被忽略的情形，依法通報；並主動關懷及察覺弱勢或高風險家庭的需求，適時連繫社工單位，尋求協助或建立支持網絡。	1.身為機構主管者應建立一個安全且互信及合的工作環境，並提供工作人員專業成長的機會。 2.營造互相支援及和諧的組織氣氛，維護彼此的權益。 3.主動關心新進及資遣工作人員的需求，提供學習機會及資源，協助其具備專業知能及態度。 4.與同事共同建立對於工作分配權利及義務的共識，並據以執行；為求幼兒的最佳利益應改與幼兒需求相關領域的工作人員協調合作。	1.主動參與或支持所屬專業組織之活動，與所屬專業組織、專業社群或關心幼兒福祉的專業團體相互觀摩、對話及交流，積極建立支援網絡，以提升教保服務品質，並維護相關人員的權益。 2.主動與社區交流，互通資源，建立與社區的互惠網絡。 3.當有關單位的政策或作為傷害幼兒的最佳利益，或有違幼兒家庭、教保服務人員及教保的專業權益時，應該協助所屬專業組織或其他相關組織協調合作，以求改善。

附件四　成功達成融合教育的指標（整理自鄭佩玲，2003，16-17頁）

一、態度與信念

1. 在普通班就學是所有人類的基本權利。
2. 身心障礙學生在特教班就讀，會減少與一般人社會化的機會，並會被標籤化，所以需要融合在普通班內，學習社會適應。
3. 教師對融合教育要有正面積極的態度與意願。
4. 目標要確立，融合教育的最終目標是要利用各種社會支援，協助身心障礙學生在社會中發揮自己的功能，成爲社會中的一員。
5. 普通教師相信身心障礙學生在融合教育中學業及社會適應能進步。
6. 學校教職員應負責所有學生的學習成果。
7. 學校教職員及學生應做好接受身心障礙學生的準備。

二、相關服務與環境設備

1. 提供身心照愛學生所需要的服務（例如，健康、生理、職業及語言的治療）。
2. 提供適合的環境及設備以因應身心障礙學生的需求（例如玩具、建築物及運動場的設備、學習用具、輔助設計等）。
3. 充分的資源：無障礙空間、充足的設備及人力。

三、學校的支援

1. 校長了解身心障礙學生的需求。
2. 擁有足夠的學校教職員包括助理及資源人員。
3. 根據學校教職員的需求，提供充分的資訊及技術輔助（例如有關身心障礙學生的資訊、教學方法、接納身心障礙學生團體輔導活動）。

四、教師方面

1. 特教人員是教學或計畫小組的一份子。
2. 實施小組合作以解決問題及實行計畫。
3. 普通教師、特殊教育教師及其他專家應協同合作（例如，合作教學、協同教學、組成教師支援小組）。

4. 教師要有足夠的能力、經驗以及特教訓練。
5. 教師需要獲得專業協助和支持性服務。

五、課程與教學

1. 每個學生屬於班上的一份子。
2. 教師要具備相關知識及技術，根據個別身心障礙學生的需要，選擇及改編課程和教學方法，編寫個別化教育計畫。
3. 尊重每位學生並讓身心障礙學生部分的參與。
4. 提供多樣化的教學安排（例如，合作教學、混齡教學、同儕教學、教師支援小組）。
5. 採用適當的評量策略及程序，觀察個別身心障礙學生的進步情形，包括適當的評分及測驗。
6. 由教師塑造一個合作學習的環境，並促進社會化。

六、身心障礙學生的特質

包括障礙類別、人格變項、自理能力、社會行爲、適應程度及生理健康等。

第八章

特殊教育職場倫理兩難處境之判斷與抉擇

潘惠銘

專業人員在職場面對的道德兩難情境通常是複雜的：牽涉到此情境是多元角色立場的人，不同人帶著不同的背景、在不同的時間、地點、經歷過許多大大小小不同的事件、不同的感受、下各種不同的結論和決定、也帶著不同的動機面對和處理解決此道德難題，整個歷程中各個元素還可能改變，如果專業人員是局外人，在某個時間點開始接觸、嘗試了解和解決衝突，專業人員可以得知的資訊，充其量只是不同人的感受和不同的當事人對情境的觀點，不是事情的「眞相」，而是片面的資訊或個人主觀的看法。專業倫理要求專業人員作的判斷，要符合專業標準，而且是對的，也要對所有的當事者是最好或損害最少的判斷和選擇，總之，專業人員遇到的道德兩難情境經常是困難解決的。因此越來有越多的專業人員在做專業倫理判斷歷程會尋求支援、接受專業倫理的加強訓練或專業機構的諮詢（Reamer & Conrad, 1995）。

有許多專業在訓練專業人員時，或爲已在職場工作的專業人員提出倫理判斷和道德難題抉擇的步驟建議。以下舉兩個與特殊教育實務工作比較相近的，與一個從商業倫理決策値得參考的道德難題抉擇步驟的建議，提供在特殊教育實務工作的專業人員做參考。

Reamer & Conrad （1995）爲社會工作者提出解決倫理問題最主要六個步驟：

1. 分辨問題的性質

   是否是倫理的議題或符合道德兩難的條件，例如是否有價値衝突、權利糾紛或專業應該負責而沒有負責的情形出現。

2. 找到關鍵的價值或原則

從互相衝突的價值或原則，找出最主要關鍵的價值或原則，判斷對立兩方各自的看重的點和各自看法的漏洞。

3. 根據您的專業判斷，排出與此道德兩難議題最相關的道德價值和原則的優先順序，並能說明您這樣安排的理由。

4. 發展一個行動計畫

根據前面的步驟分析結果發展一個行動計畫，是經過受服務的個案及同事討論，檢驗可能的危機和是否有其他的方案後，認爲可行的，且方案計畫的內容與自己的價值和做事原則是相吻合的。

5. 運用專業最恰當的能力和技術執行計畫。

6. 反思此倫理判斷決策的後果，對當事者、其他專業人員及相關機構產生什麼影響？

Corey等人（Corey, Corey & Hynes, 1998）在諮商心理學界，用8個步驟訓練學生做專業倫理的判斷，且建議在這個過程，專業人員應隨時讓主管上司及相關的當事者參與意見：

1. 確認問題
2. 確認牽涉的議題
3. 查詢相關的倫理準則
4. 了解相關法令辦法
5. 尋找諮詢建議
6. 考量可能且可行的行動策略流程
7. 寫下每個行動策略流程的後果
8. 選擇最佳的行動策略

安德森（1990）以七個步驟分析商場上的倫理情境，進行職場倫理兩難情境之判斷和抉擇：

一、事實如何？

1. 分辨有關或無關的事實
2. 分辨假設與事實

3. 分辨詮釋與事實

二、倫理道德問題何在？

1. 在個人？在組織？在社會？

2. 分辨手上的問題是屬於哪種層次：是主要問題還是次要問題？是單純容易解決還是複雜不易解決？是倫理問題或個人喜好選擇或技術性問題？

三、有哪些主要關係人或哪些人會受到影響？

四、有哪些解決方案？

五、有哪些倫理道德上的限制？

六、有哪些實際執行時的限制？以執行時牽涉到的人事時地物來考量。

七、如何做最後的取捨？

1. 依據具體可行性

2. 選一個較為有利的方案

請根據上述三種倫理抉擇步驟分析下述特殊教育職場的案例，附件一為特殊教育從業人員相關的法令辦法可以參考：

案例

您是國中資源班特教教師，也是現任的特教組長，任教的學校設有資源班2班及特教班1班，校內行政非常支持特教組的工作，特教教師團隊關係也非常融洽，不論特教班或資源班的業務都是全體特教教師一起討論、規劃和執行。原則上特教班和資源班的教學是由全體特教教師分工合作完成，沒有固定的分工，每一年新生入學，學生就會接受國文、英、數學的能力檢核，然後按照學生的數量、障礙類別、障礙程度和個性特質，新舊生一起分組教學，特教教師互相協調誰教哪一科哪一組別，資源班和特教班帶班教師有許多協同教學或合作教學。特殊需求學生家長關心支持校內特教教學活動和內容，特教團隊與學生家長及社區建立維持良好的合作關係，學生有許多社區適應及校外教學的機會，因為社區及家長有許多人願意在人力和資源上協助支持，甚至主動透過關係，媒合特教學生校外參訪的機會。整體來說，特殊教育在您的學校是辦得有聲有色，且績效良好。

但是特教組在推動融合教育時，卻不是那麼順利。

雖然融合教育已經是國內外公認現代特殊教育的主流趨勢，但是校內普通班學生的家長大部分都擁有高教育水準及高社經地位，在校內也發揮極大的影響力，積極參與學校家長會，關心並努力影響校方的辦學理念、方針及實際做法，他們對孩子在學校受的教育非常重視，更期待孩子在校成績有良好的表現，未來升學有好的結果，這帶給普通班科任教師及導師許多壓力。升學競爭下，家長不希望學習低成就的學生，或是持有鑑定證明的特殊生留在普通班上課，因為擔心他們會拖累上課進度，影響普通班學生學習成效，因此每班只要有嚴重落後的學生，家長都期待普通班教師能提報鑑定安置，期待鑑定安置能通過，這些學生就可以被抽離到資源班上課，不會留在班上影響他們孩子的學習。

一位書寫和閱讀學習障礙合併注意力缺陷過動症國一的學生，從國小一年級就擁有鑑定證明並接受資源班服務，但是在國小五年級開始，經常被校內學生嘲笑為「資源回收班的學生」，升國中他堅持不願意再踏進資源班，家長只好讓孩子放棄特殊教育學生的身分，要求校方讓孩子完全融合在普通班就讀。孩子升國中身體開始明顯發育，家長為了怕注意力缺陷過動症的藥的副作用會影響孩子的睡眠和食慾，進而影響孩子的發育，讓孩子停止用藥。而且孩子一直抱怨藥物常常讓他反應遲鈍，很早就開始抗拒用藥，家長每次要求孩子吃藥，親子關係就處在衝突緊張的狀態，現在停藥，家長反而也省掉吃藥的親子衝突。

開學一個月後，這位學生出現明顯的學習和社會適應的問題。他的注意力很短，上課很容易分心，再加上學習障礙，影響他上課的學習吸收，回家作業許多也不知道怎麼寫，常常做到半夜還做不完，作業沒有完成，老師罰他寫更多，或是送他到學務處罰站或做勞動服務，次數多了他不耐煩，對老師和身教組長的口氣態度不好，導師和生教組長、學務主任輔導，他屢勸不聽，因此決定要加重處罰，視情節的輕重，開始記他警告或記過。除了學業問題，他的健忘與衝動造成教師和同學許多的困擾，他在班上人緣很不好，同學因此更喜歡衝著他的健忘和容易生氣來捉弄激怒他，漸漸他也開始用罵人或動手來反擊，同學就向導師告狀，回家也向家長報告，這位學生的不是，普通生家長覺得自己的孩子的安全受威脅，希望導師處理，導師因為經常有學生向他反應這位學生的問題行為，導師也經常在聯絡簿或用電話請家長加強管教自己的孩子，這位學生的家長從學校接到抱怨的次數一多起來，也開始不耐煩，漸漸質疑導師帶班的能力和公平性，都偏袒其他同學，甚至直接懷疑班上的老師們和同學們對孩子有成見，有一天這位學習障礙合併有注意力缺陷過動症學生的家長打電話到校長室，希望校長給他及孩子一個公道，校長讓這位家長暢所欲言抒發他的不滿和抱怨，承諾會了解狀況，再給家長一個回覆。

校長找了導師、生教組長、幾位科任教師和幾位同學了解事情的真相，最後校長也請教您的看法，您身為特教組長，您會給校長什麼意見？校長應該如何處理這件事情？

以下利用Corey等人（Corey, Corey & Hynes, 1998）建議的8個步驟來思考判斷專業倫理問題：1.確認問題、2.確認牽涉的議題、3.查詢相關的倫理準則、4.了解相關法令辦法、5.尋找諮詢建議、6.考量可能且可行的行動策略流程、7.寫下每個行動策略流程的後果、8.選擇最佳的行動策略。

1.確認問題

從上面個案的描述這個學習障礙合併有注意力缺陷過動症學生相關的問題可以從家庭、普通班及學校輔導系統這幾個場域和相關的人員來敘述。在家庭方面，家長和個案因爲個案國小到資源班上課被取笑的經驗，升國中放棄接受特教服務，選擇完全融合；而且因爲家長擔心個案用藥副作用的影響，支持個案停藥等，這些決定都顯示家長和個案對障礙的接納度不足及面對環境針對個案障礙的各種反應的應對能力的問題。從普通班方面來分析，個案進入國中普通班，個案在完全沒有用藥及沒有特教服務的狀態下，障礙造成個案學校生活及學習適應的問題就明顯地呈現出來，從個案在普通班遇到的種種問題確實讓人有足夠的理由懷疑個案的普通班的安置是否適切；個案在普通班的社會適應及學習適應問題與導師的班級經營、各科任課教師的教學及評量調整能力及同學對個案障礙的了解接納都有關，表示以個案的障礙程度，安置的融合環境如果沒有提供符合個案的需求，個案的不適應行爲自然會呈現出來。從學校整體輔導系統來看，當個案的問題不斷擴大，學校似乎沒有及時發揮校內學生輔導的功能，班級導師的輔導、學務處的輔導以及輔導室包括特教組在內，沒有充分溝通、分工合作，而讓個案的問題越來越多，牽涉影響的範圍越來越大；每次個案在學校遇到問題，導師都只是通知家長，最後造成家長的困擾，而讓家長向校長陳情反應。

2. **確認牽涉的議題**

從以上的描述，這個案例牽涉到的議題有特殊需求學生及其家庭對障礙的自我接納和自我認同、特殊需求學生的鑑定安置、特殊需求學生的教學與輔導、融合情境的課程、教學與評量的調整、普通班教師和一般學生對特殊需求學生的接納、親師合作、特殊需求學生問題行爲處理等。

3. **查詢相關的倫理準則**

以第七章的附件四鄭佩玲（2003）成功達成融合教育的指標來衡量上述的倫理議題，學校教師、行政人員不能滿足在第一向度態度與信念，第6點「學校教職員應負責所有學生的學習成果」的要求，和第7點「學校教職員及學生應做好接受身心障礙學生的準備和學生」，這個學校似乎沒有預備好教職員及學生。在第三、學校的支援的第1點「校長了解身心障礙學生的需求」，校長似乎不太了解身心障礙學生的需求，一直等到家長的抗議陳情，他才開始了解事情的眞相。在第四向度教師方面：1.特教人員是教學或計畫小組的一份子。2.實施小組合作以解決問題及實行計畫。3.普通教師、特殊教育教師及其他專家應協同合作（例如，合作教學、協同教學、組成教師支援小組）。4.教師要有足夠的能力、經驗以及特教訓練。5.教師需要獲得專業協助和支持性服務。

和第五向度課程與教學：1.每個學生屬於班上的一份子；2.教師要具備相關知識及技術，根據個別身心障礙學生的需要，選擇及改編課程和教學方法，編寫個別化教育計畫；3.尊重每位學生並讓身心障礙學生部分的參與；4.提供多樣化的教學安排（例如，合作教學、混齡教學、同儕教學、教師支援小組）；5.採用適當的評量策略及程序，觀察個別身心障礙學生的進步情形，包括適當的評分及測驗；6.由教師塑造一個合作學習的環境，並促進社會化。

學校完全沒有達到融合教育在教師和課程與教學這兩個向度應有表現，且校內雖有很好的特教組，成員間互助合作，把特教工作做得很好，特教組在這個案例完全沒有適時被告知和充分被引入解決個案的適應問題，而這些最終也和家庭和學生沒有接納自己的特殊需求，在個案入學以前，沒有把眞實的身分和需求透露給學校，以致學校無法提前作應有的準備，也就無法提供學生適性的課程、教學與輔導。

如果從中華民國教師專業標準（教育部，2015）來看，學校及教師違反以下幾項標準：

標準1：具備教育專業知識並掌握重要教育議題中，「教師應了解各階段學生身心發展與學習特質的基礎知識，以掌握每位學生學習發展與學習特質的差異，據以彈性規劃班級各種學習活動。」

標準2：具備課程與教學設計能力中，「教師依據學生學習特性之差異，彈性調整教學設計、教材內容、教學進度與教學活動，以達成教學目標。針對特殊教育學生之需求，教師／特教教師、輔導人員、家長、學校行政人員或相關專業團隊能合作擬定個別化教育計畫／個別輔導計畫，並納入課程與教學設計。」

標準3：善用教學策略進行有效教學中，「教師能依據學生的學習表現，分析學生的個別差異，反思教學結果，採取補救措施或提供加深加廣之學習內容，並適時調整課程內容與使用適當的教學策略，滿足個別學習者的需求。」

標準4：運用適切方法進行學習評量中的三個內涵，「教師應了解各種評量方法之特性與限制，依據教學目標，善用各種評量活動，評估學生學習狀況，並將評量結果回饋至教學活動，以改進教學設計。」「教師應運用分析評量結果資料，了解學生優劣勢，以提供學生具體的學習回饋及指導，引導學生評估自己的學習成果，調整適合自己的學習策略與學習計畫。」「教師應覺察學生身心特質與個別學習需求之差異，並了解相關的評量方式，以發現學生之學習困難，進而設計個別化的教學與評量。此外，教師應具備轉介與鑑定流程的概念，視學生個別需求尋求學校行政、社區網絡及社會支持系統的協助。」

標準5：發揮班級經營效能營造支持性學習環境中，「教師應能營造一個支持學生有效學習的物理及心理環境，建立適當的班級規範，營造關懷友善的班級氣氛。」

標準6：掌握學生差異進行相關輔導中，「教師應了解不同類型學生的特殊需求，並能符應不同學習特質需要，並善用學校輔導室、社區輔導網絡及社會支持系統等相關資源，給予適切的生活教育與輔導。」

標準7：善盡教育專業責任中，「教師應展現教育熱忱與使命感，維護學生的學習權益，關懷學生需求，開展學生潛能。」

標準8：展現協作與領導能力中，「教師應與同事保持良好關係，共同合作解決問題，並能協助或引領同儕教師專業成長，共同致力於發展課程與教學方案，展現協作與領導能力。」

4. 了解相關法令辦法

教師法第32條教師除應遵守法令履行聘約外，應盡到的義務二到四項似乎沒有滿足：

二、積極維護學生受教之權益。

三、依有關法令及學校安排之課程，實施適性教學活動。

四、輔導或管教學生，導引其適性發展，並培養其健全人格。

5. 尋找諮詢建議

特教組長在回應校長的詢問之前，可以在特教組團隊內討論，也可以向外尋求諮詢協助，如特殊教育輔導團，各縣市鑑輔會、各縣市政府特教科、各縣市所屬特殊教育資源中心及各大學特教系下設的特教中心。

6. **考量可能且可行的行動策略流程**

針對各倫理議題可以執行的行動策略有以下幾項：

(1)詢問家長與個案的親子關係的狀況、在家個案的情緒行為的表現情形已及家長管教個案的效果。

(2)透過觀察評量訪談等多種方法收集個案在校的學習及適應困難。

(3)與個案和家長共同討論用藥及重新鑑定安置的必要性。

(4)了解導師輔導個案及全班的策略、成果和困難。

(5)開全班家長的家長座談，請全部家長、學校行政、班級導師及任課教師和特教組長出席，特別讓個案家長充分發表想法意見，協助雙方家長更清楚各方的處境和困難，校內同仁引導協助大家形成共識，共同找到解決策略。

(6)了解各科任課教師上課的經驗及配合個案的能力及特殊需求課程教學評量調整的可能。

(7)加強全校學生的特教宣導，提升一般學生對特殊需求學生的接納度。

(8)確實落實校內行政及教師的特教知能的研習。

7. **寫下每個行動策略流程的後果**

就(1)，如果家長坦承親子關係及管教個案有困難，透過親職教育或諮詢提升家長的親子關係和教養的能力，讓家長在家裡處理孩子學習及學校人際互動等各類問題可以更有效。如果家長有困難但還不願意承認，則以學校個案的表現及學校處理的策略和成效與家長分享。

就(2)，如果個案願意，學校輔導室提供認輔或個別諮商或心理治療，適時帶入個案在班級和校內碰到的困難。如果個案不願意到輔導室，則以認輔或約到校內其他空間的形式進行輔導。支持個案的適應也可以間接透過支持導師及各科任教師，以自然情境隨機教學的形式，給於他協助。導師可以安排接納個案的同學成為同伴隨時提醒及協助個案解決面對的問題。

就(3)，輔導主任可偕同特教組長和班導師約家長和個案，在家長和個案可以的時間和可接受的地點和他們談，過去的資源班的經驗和現在個案的適應的困難的範圍和嚴重程度，協助家長和個案解除心中對用藥及資源班服務的不好經驗，引導個案及家長意識到，適度用藥及接受資源班服務對個案本身、同學、教師、學校和家長可能有正面效果。例如讓個案獲得適性安置和適性的教育，在資源班個案可以獲得障礙相對應的有效教材和教法，特殊需求課程如社交技巧訓練、溝通訓練、學習策略、衝動控制、問題解決能力、注意力訓練等，適應能力也可能提升。如果個案和家長仍然不願意接受特教服務，則在場人員必須共同商討出可能狀況及各種必須要做的調整及因應措施。

就(4)，有需要時，請特教組給予支援和協助，特別協助導師處理個案的問題行爲及其和班上同學的衝突。

就(5)，如果家長最後能傾聽、互相接納，就能建立家長間的共識及親師的合作，並重新建立家長對學校的信任。如果部分沒有共識，也必須討論到家長在家庭及學校和教師們在校內如何輔導個別學生的行爲。

就(6)，如果任課教師在課程教學和評量調整有問題，可透過校內外特教知能研習，或特教組特別針對個案的能力、障礙需求，特教教師可以安排到各科課堂觀課，與科任教師討論，以研擬各科可行的做法和建議給科任教師。

就(7)，全校的和班級的特教宣導都要做，針對比較會捉弄個案的學生，導師和家長要加強輔導，不可做出這樣的行爲。

就(8)，特教組可不斷利用全校性的會議時間，利用簡短生動的演講配合文宣，讓全校的同仁認識校內特殊生的特質、困難、教學和輔導的策略，當發現可能是身心障礙學生時，後續可以做的篩檢、轉介前介入、提報鑑定的流程等。學校也可以訂定辦法及舉辦活動讓特殊生可以在全校性的活動展露頭角的機會，讓全校師生可經驗特殊需求學生的優勢強項，校長的領導效能讓全體教師同仁共同營造友善校園，接納每一位校內學生，尊重每位學生的受教權協助，協助每位學生能發揮潛能。

8. **選擇最佳的行動策略**

在上述的8項中，有許多項目可以同時進行，在溝通協調解決問題的過程，針對問題討論，不作人身攻擊，改變可以改變的，接納不可改變的；不管是誰有問題，通常是表示需要被關心和被支持，當周邊的人願意多一份關懷和接納，問題就顯得不那麼嚴重且比較不會擴大；如果問題不妥善處理，問題都會影響周邊的人。

最佳的狀況是家長對個案的教養效能能提高，親子關係可以變好，家庭學校可以合作，家長間也可以互賴，校內行政系統及普通班教師和特教教師可以充分發揮效能，經營友善校園，讓每位學生在學校都可以獲得適性教育、發揮潛能。

參考資料

Andersen,Arthur (1990). *The Seven Step Methods for Analyzing Ethical Situation*. SOURCE: From Class Notes by J. Brooke Hamilton III Ph. D., Management Department, University of Louisiana at Lafayette, based on material developed by Patricia Werhane, Norman Bowie, John Boatright, Manuel Velasquez, and others for Arthur Anderson and Company, The Pace Program. St. Charles, Illinois https://studylib.net/doc/18058307/model-g-the-seven-step-method-for-analyzing-ethical-sit...

Andersen,Arthur (1998). *Operational risk and financial institutions*. London: Risk Books.

Corey, G., Corey, M.& Haynes, R. (1998). *Student workbook for Ethics in Action*. Pacific Grove, CA: Brooks/Cole.

Reamer, F. & Conrad , Sr. A. P. (1995) Essential Steps for Ethical Problem-Solving .In, *Professional Choices: Ethics at Work*. Retrieved at 2017, July.26: http://www.socialworkers.org/pubs/code/oepr/steps.asp

附件一　教育從業人員相關法規

教育基本法

修正日期：民國102年12月11日

第1條　為保障人民學習及受教育之權利，確立教育基本方針，健全教育體制，特制定本法。

第2條　人民為教育權之主體。

教育之目的以培養人民健全人格、民主素養、法治觀念、人文涵養、愛國教育、鄉土關懷、資訊知能、強健體魄及思考、判斷與創造能力，並促進其對基本人權之尊重、生態環境之保護及對不同國家、族群、性別、宗教、文化之了解與關懷，使其成為具有國家意識與國際視野之現代化國民。為實現前項教育目的，國家、教育機構、教師、父母應負協助之責任。

第3條　教育之實施，應本有教無類、因材施教之原則，以人文精神及科學方法，尊重人性價值，致力開發個人潛能，培養群性，協助個人追求自我實現。

第4條　人民無分性別、年齡、能力、地域、族群、宗教信仰、政治理念、社經地位及其他條件，接受教育之機會一律平等。對於原住民、身心障礙者及其他弱勢族群之教育，應考慮其自主性及特殊性，依法令予以特別保障，並扶助其發展。

第5條　各級政府應寬列教育經費，保障專款專用，並合理分配及運用教育資源。對偏遠及特殊地區之教育，應優先予以補助。教育經費之編列應予以保障；其編列與保障之方式，另以法律定之。

第6條　教育應本中立原則。

學校不得為特定政治團體從事宣傳或活動。主管教育行政機關及學校亦不得強迫學校行政人員、教師及學生參加任何政治團體或活動。公立學校不得為特定宗教信仰從事宣傳或活動。主管教育行政機關及公立學校亦不得強迫學校行政人員、教師及學生參加任何宗教活動。

私立學校得辦理符合其設立宗旨或辦學屬性之特定宗教活動，並應尊重學校行政人員、教師及學生參加之意願，不得因不參加而為歧視待遇。但宗教研修學院應依私立學校法之規定辦理。

第7條　人民有依教育目的興學之自由；政府對於私人及民間團體興辦教育事業，應依法令提供必要之協助或經費補助，並依法進行財務監督。其著有貢獻者，應予獎勵。

政府為鼓勵私人興學，得將公立學校委託私人辦理；其辦法由該主管教育行政機關定之。

第8條　教育人員之工作、待遇及進修等權利義務，應以法律定之，教師之專業自主應予尊重。學生之學習權、受教育權、身體自主權及人格發展權，國家應予保障，並使學生不受任何體罰及霸凌行為，造成身心之侵害。

國民教育階段內，家長負有輔導子女之責任，並得為其子女之最佳福祉，依法律選擇受教育之方式、內容及參與學校教育事務之權利。

學校應在各級政府依法監督下，配合社區發展需要，提供良好學習環境。第二項霸凌行為防制機制、處理程序及其他應遵行事項之準則，由中央主管教育行政機關定之。

第9條　中央政府之教育權限如下：

一、教育制度之規劃設計。

二、對地方教育事務之適法監督。

三、執行全國性教育事務，並協調或協助各地方教育之發展。

四、中央教育經費之分配與補助。

五、設立並監督國立學校及其他教育機構。

六、教育統計、評鑑與政策研究。

七、促進教育事務之國際交流。

八、依憲法規定對教育事業、教育工作者、少數民族及弱勢群體之教育事項，提供獎勵、扶助或促其發展。

前項列舉以外之教育事項，除法律另有規定外，其權限歸屬地方。

第10條　直轄市及縣（市）政府應設立教育審議委員會，定期召開會議，負責主管教育事務之審議、諮詢、協調及評鑑等事宜。

前項委員會之組成，由直轄市及縣（市）政府首長或教育局局長為召集人，成員應包含教育學者專家、家長會、教師會、教師工會、教師、社區、弱勢族群、教育及學校行政人員等代表；其設置辦法由直轄市、縣（市）政府定之。

第11條　國民基本教育應視社會發展需要延長其年限；其實施另以法律定之。

前項各類學校之編制，應以小班小校為原則，中央主管教育行政機關每年應會同直轄市、縣（市）政府推估未來五年學生及教師人數，以規劃合宜之班級學生人數及教師員額編制，並提供各校必要之協助。

第12條　國家應建立現代化之教育制度，力求學校及各類教育機構之普及，並應注重學校教育、家庭教育及社會教育之結合與平衡發展，推動終身教育，以滿足國民及社會需要。

第13條　政府及民間得視需要進行教育實驗，並應加強教育研究及評鑑工作，以提昇教育品質，促進教育發展。

第14條　人民享有請求學力鑑定之權利。

學力鑑定之實施，由各級主管教育行政機關指定之學校或教育測驗服務機構行之。

第15條　教師專業自主權及學生學習權、受教育權、身體自主權及人格發展權遭受學校或主管教育行政機關不當或違法之侵害時，政府應依法令提供當事人或其法定代理人有效及公平救濟之管道。

第16條　本法施行後，應依本法之規定，修正、廢止或制（訂）定相關教育法令。

第17條　本法除中華民國一百年六月十四日修正之條文，其施行日期由行政院定之外，自公布日施行。

教師法

修正日期：民國108年06月05日

第一章　總則

第1條　為明定教師權利義務，保障教師工作及生活，提升教師專業地位，並維護學生學習權，特制定本法。

第2條　本法所稱主管機關：在中央為教育部；在直轄市為直轄市政府；在縣（市）為縣（市）政府。

軍警校院及矯正學校依本法規定處理專任教師之事項時，除資格檢定及審定外，以其所屬主管機關為本法所稱主管機關。

第3條　本法於公立及已立案之私立學校編制內，按月支給待遇，並依法取得教師資格之專任教師適用之。

軍警校院及矯正學校依本法及教育人員任用條例規定聘任之專任教師，除法律另有規定者外，適用本法之規定。

第4條　教師資格檢定及審定、聘任、解聘、不續聘、停聘及資遣、權利義務、教師組織、申訴及救濟等事項，應依本法之規定。

第二章　資格檢定及審定

第5條　教師資格之取得分檢定及審定二種：高級中等以下學校之教師採檢定

制；專科以上學校之教師採審定制。

第6條　高級中等以下學校教師資格之檢定，另以法律定之；經檢定合格之教師，由中央主管機關發給教師證書。

第7條　專科以上學校教師資格之審定分學校審查及中央主管機關審查二階段；教師經學校審查合格者，由學校報請中央主管機關審查，再審查合格者，由中央主管機關發給教師證書。但經中央主管機關認可之學校審查合格者，得逕由中央主管機關發給教師證書。

第8條　專科以上學校教師資格審定辦法，由中央主管機關定之。

第三章　聘任

第9條　高級中等以下學校教師之聘任，分初聘、續聘及長期聘任，除有下列情形之一者外，應經教師評審委員會審查通過後，由校長聘任之：

一、依師資培育法規定分發之公費生。

二、依國民教育法或高級中等教育法回任教師之校長。

前項教師評審委員會之組成，應包括教師代表、學校行政人員代表及家長會代表一人；其中未兼行政或董事之教師代表，不得少於總額二分之一，但教師之員額少於委員總額二分之一者，不在此限。

高級中等以下學校教師評審委員會於處理第十四條第一項第七款及第十款、第十五條第一項第一款至第四款時，學校應另行增聘校外學者專家擔任委員，至未兼行政或董事之教師代表人數少於委員總額二分之一為止。前三項教師評審委員會之任務、組成方式、任期、議事、迴避及其他相關事項之辦法，由中央主管機關定之。

第10條　高級中等以下學校教師之聘任，以具有教師證書者為限。

高級中等以下學校教師聘任期限，初聘為一年；續聘第一次為一年，以後續聘每次為二年；續聘三次以上服務成績優良者，經教師評審委員會全體委員三分之二以上審查通過後，得以長期聘任，其聘期由各校教師評審委員會訂定之，至多七年。

專科以上學校教師之聘任及期限，分別依大學法及專科學校法之規定辦理。

第11條　高級中等以下學校科、組、課程調整或學校減班、停辦或解散時，學校對仍願繼續任教且在校內有其他適當工作可以調任之合格教師，應優先輔導調整職務；在校內無其他適當工作可以調整職務者，學校或主管機關應優先輔導介聘。

高級中等以下學校或主管機關依前項規定優先輔導介聘之教師，經學校教師評審委員會審查發現有第三十條各款情形之一者，其聘任應不予通過。

第12條　專科以上學校系、所、科、組、課程調整或學校減班、停辦、解散時，學校對仍願繼續任教且有其他適當工作可以調任之合格教師，應優先輔導遷調，各該主管機關應輔導學校執行。

專科以上學校依前項規定優先輔導遷調之教師，經教師評審委員會審查發現有下列各款情形之一者，其聘任得不予通過：

一、第十四條第一項、第十五條第一項或第十六條第一項各款情形之一，尚在解聘或不續聘處理程序中。

二、有第十八條、第二十一條、第二十二條第一項或第二項之情形，尚在停聘處理程序中或停聘期間。

三、第二十七條第一項第二款或第三款情形之一，尚在資遣處理程序中。

第13條　教師除有第十四條至第十六條、第十八條、第十九條、第二十一條及第二十二條情形之一者外，不得解聘、不續聘或停聘。

第四章　解聘、不續聘、停聘及資遣

第14條　教師有下列各款情形之一者，應予解聘，且終身不得聘任為教師：

一、動員戡亂時期終止後，犯內亂、外患罪，經有罪判決確定。

二、服公務，因貪污行為經有罪判決確定。

三、犯性侵害犯罪防治法第二條第一項所定之罪，經有罪判決確定。

四、經學校性別平等教育委員會或依法組成之相關委員會調查確認有性侵害行為屬實。

五、經學校性別平等教育委員會或依法組成之相關委員會調查確認有性騷擾或性霸凌行為，有解聘及終身不得聘任為教師之必要。

六、受兒童及少年性剝削防制條例規定處罰，或受性騷擾防治法第二十條或第二十五條規定處罰，經學校性別平等教育委員會確認，有解聘及終身不得聘任為教師之必要。

七、經各級社政主管機關依兒童及少年福利與權益保障法第九十七條規定處罰，並經學校教師評審委員會確認，有解聘及終身不得聘任為教師之必要。

八、知悉服務學校發生疑似校園性侵害事件，未依性別平等教育法規定通報，致再度發生校園性侵害事件；或偽造、變造、湮滅或隱匿他人所犯校園性侵害事件之證據，經學校或有關機關查證屬實。

九、偽造、變造或湮滅他人所犯校園毒品危害事件之證據，經學校或有關機關查證屬實。

十、體罰或霸凌學生，造成其身心嚴重侵害。

十一、行為違反相關法規，經學校或有關機關查證屬實，有解聘及終身不得聘任為教師之必要。

教師有前項第一款至第三款規定情形之一者，免經教師評審委員會審議，並免報主管機關核准，予以解聘，不受大學法第二十條第一項及專科學校法第二十七條第一項規定之限制。

教師有第一項第四款至第六款規定情形之一者，免經教師評審委員會審議，由學校逕報主管機關核准後，予以解聘，不受大學法第二十條第一項及專科學校法第二十七條第一項規定之限制。

教師有第一項第七款或第十款規定情形之一者，應經教師評審委員會委員三分之二以上出席及出席委員二分之一以上之審議通過，並報主管機關核准後，予以解聘；有第八款、第九款或第十一款規定情形之一者，應經教師評審委員會委員三分之二以上出席及出席委員三分之二以上之審議通過，並報主管機關核准後，予以解聘。

第15條　教師有下列各款情形之一者，應予解聘，且應議決一年至四年不得聘任為教師：

一、經學校性別平等教育委員會或依法組成之相關委員會調查確認有性騷擾或性霸凌行為，有解聘之必要。

二、受兒童及少年性剝削防制條例規定處罰，或受性騷擾防治法第二十條或第二十五條規定處罰，經學校性別平等教育委員會確認，有解聘之必要。

三、體罰或霸凌學生，造成其身心侵害，有解聘之必要。

四、經各級社政主管機關依兒童及少年福利與權益保障法第九十七條規定處罰，並經學校教師評審委員會確認，有解聘之必要。

五、行為違反相關法規，經學校或有關機關查證屬實，有解聘之必要。

教師有前項第一款或第二款規定情形之一者，應經教師評審委員會委員二分之一以上出席及出席委員二分之一以上之審議通過，並報主管機關核准後，予以解聘。

教師有第一項第三款或第四款規定情形之一者，應經教師評審委員會委員三分之二以上出席及出席委員二分之一以上之審議通過，並報主管機關核准後，予以解聘；有第五款規定情形者，應經教師評審委員會委員三分之二以上出席及出席委員三分之二以上之審議通過，並報主管機關核准後，予以解聘。

第16條　教師聘任後，有下列各款情形之一者，應經教師評審委員會審議通過，並報主管機關核准後，予以解聘或不續聘；其情節以資遣為宜者，應依第二十七條規定辦理：

一、教學不力或不能勝任工作有具體事實。

二、違反聘約情節重大。

教師有前項各款規定情形之一者，應經教師評審委員會委員三分之二以上出席及出席委員三分之二以上之審議通過。但高級中等以下學校教師有前項第一款情形，學校向主管機關申請教師專業審查會調查屬實，應經教師評審委員會委員二分之一以上出席及出席委員二分之一以上之審議通過。

第17條　主管機關為協助高級中等以下學校處理前條第一項第一款及第二十六條第二項情形之案件，應成立教師專業審查會，受理學校申請案件或依第二十六條第二項提交教師專業審查會審議之案件。

教師專業審查會置委員十一人至十九人，任期二年，由主管機關首長就行政機關代表、教育學者、法律專家、兒童及少年福利學者專家、全國或地方校長團體代表、全國或地方家長團體代表及全國或地方教師組織推派之代表遴聘（派）兼之；任一性別委員人數不得少於委員總數三分之一。

第一項教師專業審查會之組成及運作辦法，由中央主管機關定之。教師專業審查會之結案報告摘要，應供公眾查閱。

第18條　教師行為違反相關法規，經學校或有關機關查證屬實，未達解聘之程度，而有停聘之必要者，得審酌案件情節，經教師評審委員會委員三分之二以上出席及出席委員三分之二以上之審議通過，議決停聘六個月至三年，並報主管機關核准後，予以終局停聘。前項停聘期間，不得申請退休、資遣或在學校任教。

第19條　有下列各款情形之一者，不得聘任為教師；已聘任者，應予以解聘：

一、有第十四條第一項各款情形之一。

二、有第十五條第一項各款情形之一，於該議決一年至四年期間。

有前條第一項情形者，於該停聘六個月至三年期間，其他學校不得聘任其為教師；已聘任者，應予以解聘。

前二項已聘任之教師屬依第二十條第一項規定通報有案者，免經教師評審委員會審議，並免報主管機關核准，予以解聘，不受大學法第二十條第一項及專科學校法第二十七條第一項規定之限制；非屬依第二十條第一項規定通報有案者，應依第十四條或第十五條規定予以解聘。

本法中華民國一百零二年六月二十七日修正之條文施行前，因行為不檢有損師道，經有關機關查證屬實而解聘或不續聘之教師，除屬性侵害行為；性騷擾、性霸凌行為、行為違反相關法令且情節重大；體罰或霸凌學生造成其身心嚴重侵害者外，於解聘或不續聘生效日起算逾四年者，得聘任為教師。

第20條　教師有第十四條第一項、第十五條第一項、第十八條第一項及前條第一項、第二項規定之情形者，各級主管機關及各級學校應依規定辦理通報、資訊之蒐集及查詢。

學校聘任教師前，應查詢其有無前條第一項及第二項規定之情形；已聘任者，應定期查詢。

各級主管機關協助學校辦理前項查詢，得使用中央社政主管機關建立之依兒童及少年性剝削防制條例、性騷擾防治法第二十條或兒童及少年福利與權益保障法第九十七條規定受行政處罰者之資料庫。

前三項之通報、資訊之蒐集、查詢、處理、利用及其他相關事項之辦法，由中央主管機關定之。

第21條　教師有下列各款情形之一者，當然暫時予以停聘：

一、依刑事訴訟程序被通緝或羈押。

二、依刑事確定判決，受褫奪公權之宣告。

三、依刑事確定判決，受徒刑之宣告，在監所執行中。

第22條　教師涉有下列各款情形之一者，服務學校應於知悉之日起一個月內經教師評審委員會審議通過後，免報主管機關核准，暫時予以停聘六個月以下，並靜候調查；必要時，得經教師評審委員會審議通過後，延長停聘期間二次，每次不得逾三個月。經調查屬實者，於報主管機關後，至主管機關核准及學校解聘前，應予停聘，免經教師評審委員會審議：

一、第十四條第一項第四款至第六款情形。

二、第十五條第一項第一款或第二款情形。

教師涉有下列各款情形之一，服務學校認為有先行停聘進行調查之必要者，應經教師評審委員會審議通過，免報主管機關核准，暫時予以停聘三個月以下；必要時得經教師評審委員會審議通過後，延長停聘期間一次，且不得逾三個月。經調查屬實者，於報主管機關後，至主管機關核准及學校

解聘前，得經教師評審委員會審議通過後，予以停聘：

一、第十四條第一項第七款至第十一款情形。

二、第十五條第一項第三款至第五款情形。

前二項情形應經教師評審委員會委員二分之一以上出席及出席委員二分之一以上之審議通過。

第23條　教師停聘期間，服務學校應予保留底缺；終局停聘期間遇有聘約期限屆滿情形者，學校應予續聘。

依第十八條、前條第一項或第二項規定停聘之教師，於停聘期間屆滿後，學校應予復聘，教師應於停聘期間屆滿次日向學校報到復聘。

依前條第一項或第二項規定停聘之教師，於停聘期間屆滿前，停聘事由已消滅者，得申請復聘。

依前項規定申請復聘之教師，應經教師評審委員會委員二分之一以上出席及出席委員二分之一以上之審議通過後復聘。

依第二十一條規定停聘之教師，於停聘事由消滅後，除經學校依前條第二項規定予以停聘外，學校應予復聘，教師應於事由消滅後次日向學校報到復聘。

經依法停聘之教師，未依第二項規定於停聘期間屆滿次日或未依前項規定於事由消滅後次日向學校報到復聘，或未依第三項規定於停聘事由消滅後三個月內申請復聘者，服務學校應負責查催，教師於回復聘任報到前，仍視為停聘；如仍未於接到查催通知之日起三十日內報到復聘者，除有不可歸責於該教師之事由外，視為辭職。

第24條　受解聘、不續聘或停聘之教師，依法提起救濟後，原解聘、不續聘或停聘決定經撤銷或因其他事由失去效力，除得依法另為處理者外，其服務學校應通知其復聘，免經教師評審委員會審議。

依前項規定復聘之教師，於接獲復聘通知後，應於三十日內報到，其未於期限內報到者，除經核准延長或有不可歸責於該教師之事由外，

視為辭職。

依第一項或前條第二項、第三項或第五項規定復聘之教師，服務學校應回復其教師職務。

第25條　依第十八條第一項或第二十一條第二款、第三款停聘之教師，停聘期間不發給待遇。

依第二十一條第一款、第二十二條第一項、第二十三條第六項停聘之教師，於停聘期間不發給待遇；停聘事由消滅後，未受解聘或終局停聘處分，並回復聘任者，補發其停聘期間全數本薪（年功薪）。

依第二十二條第二項停聘之教師，於停聘期間發給半數本薪（年功薪）；調查後未受解聘或終局停聘處分，並回復聘任者，補發其停聘期間另半數本薪（年功薪）。

第26條　學校教師評審委員會、性別平等教育委員會或依法組成之相關委員會依第十四條至第十六條規定作成教師解聘或不續聘之決議，或依第十八條規定作成教師終局停聘之決議後，除本法另有規定外，學校應自決議作成之日起十日內報主管機關核准，並同時以書面附理由通知當事人。

高級中等以下學校教師涉有第十四條至第十六條或第十八條規定之情形，學校教師評審委員會未依規定召開、審議或決議，主管機關認有違法之虞時，應敘明理由交回學校審議或復議；屆期未依法審議或復議者，主管機關得敘明理由逕行提交教師專業審查會審議，並得追究學校相關人員責任。

前項教師專業審查會之決議，應依該案件性質，以學校教師評審委員會原應經之委員出席比率及表決比率審議通過；其決議視同學校教師評審委員會之決議。

專科以上學校教師涉有第十四條至第十六條或第十八條規定之情形，學校教師評審委員會未依規定召開、審議或決議，主管機關認有違法之虞時，應敘明理由交回學校審議或復議；屆期未依法審議或復議者，主管機關得追究學校相關人員責任。

教師解聘、不續聘或終局停聘案尚在處理程序中，其聘約期限屆滿者，學校應予暫時繼續聘任。

第27條　教師有下列各款情事之一者，應經教師評審委員會審議通過，並報主管機關核准後，得予以資遣：

一、因系、所、科、組、課程調整或學校減班、停辦、解散時，現職已無工作又無其他適當工作可以調任。

二、現職工作不適任且無其他工作可調任；或經中央衛生主管機關評鑑合格之醫院證明身體衰弱不能勝任工作。

三、受監護宣告或輔助宣告，尚未撤銷。

符合退休資格之教師有前項各款情形之一，經核准資遣者，得於資遣確定之日起一個月內依規定申請辦理退休，並以原核准資遣生效日為退休生效日。

第28條　學校於知悉教師涉有第十四條第一項或第十五條第一項所定情形之日起，不得同意其退休或資遣。

教師離職後，學校始知悉該教師於聘任期間涉有第十四條第一項或第十五條第一項所定之情形者，學校仍應予以解聘，並依第二十條規定辦理通報。

第29條　高級中等以下學校依本法所為教師之解聘、不續聘、停聘或資遣程序及相關事項之辦法，由中央主管機關定之。

第30條　高級中等以下學校現職教師，有下列各款情形之一者，不得申請介聘：

一、有第十四條第一項、第十五條第一項或第十六條第一項各款情形之一，尚在調查、解聘或不續聘處理程序中。

二、有第十八條第一項、第二十一條、第二十二條第一項或第二項情形，尚在調查、停聘處理程序中或停聘期間。

三、有第二十七條第一項第二款或第三款情形，尚在調查、資遣處理程序中。

第五章　權利義務

第31條　教師接受聘任後，依有關法令及學校章則之規定，享有下列權利：

一、對學校教學及行政事項提供興革意見。

二、享有待遇、福利、退休、撫卹、資遣、保險等權益及保障。

三、參加在職進修、研究及學術交流活動。

四、參加教師組織，並參與其他依法令規定所舉辦之活動。

五、對主管機關或學校有關其個人之措施，認為違法或不當致損害其權益者，得依法提出申訴。

六、教師之教學及對學生之輔導依法令及學校章則享有專業自主。

七、除法令另有規定者外，教師得拒絕參與主管機關或學校所指派與教學無關之工作或活動。

八、教師依法執行職務涉訟時，其服務學校應輔助其延聘律師為其辯護及提供法律上之協助。

九、其他依本法或其他法律應享有之權利。

前項第八款情形，教師因公涉訟輔助辦法，由中央主管機關定之；另其涉訟係因教師之故意或重大過失所致者，應不予輔助；如服務學校已支付涉訟輔助費用者，應以書面限期命其繳還。

第32條　教師除應遵守法令履行聘約外，並負有下列義務：

一、遵守聘約規定，維護校譽。

二、積極維護學生受教之權益。

三、依有關法令及學校安排之課程，實施適性教學活動。

四、輔導或管教學生，導引其適性發展，並培養其健全人格。

五、從事與教學有關之研究、進修。

六、嚴守職分，本於良知，發揚師道及專業精神。

七、依有關法令參與學校學術、行政工作及社會教育活動。

八、非依法律規定不得洩漏學生個人或其家庭資料。

九、擔任導師。

十、其他依本法或其他法律規定應盡之義務。

前項第四款及第九款之辦法，由各校校務會議定之。

第33條　各級學校教師在職期間應主動積極進修、研究與其教學有關之知能。

教師在職進修得享有帶職帶薪或留職停薪之保障；其進修、研究之經費得由學校或所屬主管機關編列預算支應。

為提升教育品質，鼓勵各級學校教師進修、研究，中央主管機關應規劃多元之教師進修、研究等專業發展制度，其方式、獎勵相關事項之辦法，由中央主管機關定之。

高級中等以下學校各主管機關應建立教師諮商輔導支持體系，協助教師諮商輔導；其辦法由各該主管機關定之。

第34條　教師違反第三十二條第一項各款之規定者，各聘任學校應交教師評審委員會評議後，由學校依有關法令規定處理。

第35條　教師因婚、喪、疾病、分娩或其他正當事由，得依規定請假；其基於法定義務出席作證性侵害、性騷擾及霸凌事件，應給予公假。

前項教師請假之假別、日數、請假程序、核定權責與違反之處理及其他相關事項之規則，由中央主管機關定之。

第36條　教師之待遇，另以法律定之。

第37條　公私立學校教師互轉時，其未核給退休、撫卹、離職及資遣給與之任職年資應合併計算。

第38條　教師之退休、撫卹、離職、資遣及保險，另以法律定之。

第六章　教師組織

第39條　教師組織分為三級：在學校為學校教師會；在直轄市及縣（市）為地方教師會；在中央為全國教師會。

學校班級數少於二十班時，得跨區（鄉、鎮）合併成立學校教師會。

各級教師組織之設立，應依人民團體法規定向該管主管機關申請辦理。

地方教師會應有行政區內半數以上學校教師會加入，始得設立。全國教師會應有半數以上之地方教師會加入，始得成立。

第40條　各級教師組織之基本任務如下：

一、維護教師專業尊嚴與專業自主權。

二、與各級機關協議教師聘約及聘約準則。

三、研究並協助解決各項教育問題。

四、監督離職給付儲金機構之管理、營運、給付等事宜。

五、派出代表參與教師聘任、申訴及其他與教師有關之法定組織。

六、制定教師自律公約。

第41條　學校不得限制教師參加教師組織或擔任教師組織職務。

學校不得因教師參加教師組織、擔任教師組織職務或參與活動，拒絕聘用、解聘或為其他不利之待遇。

第七章　申訴及救濟

第42條　教師對學校或主管機關有關其個人之措施，認為違法或不當，致損害其權益者，得向各級教師申訴評議委員會提起申訴、再申訴。

教師因學校或主管機關對其依法申請之案件，於法定期間內應作為而不作為，認為損害其權益者，亦得提起申訴；法令未規定應作為之期間者，其期間自學校或主管機關受理申請之日起為二個月。

申訴之提起，應於收受或知悉措施之次日起三十日內以書面為之；再申訴應於申訴評議書達到之次日起三十日內以書面為之。

前項期間，以申訴評議委員會收受申訴書或再申訴書之日期為準。

第43條　教師申訴評議委員會委員，由教師、社會公正人士、學者專家、該地區教師組織代表，及組成教師申訴評議委員會之主管機關或學校代表擔任之；其中未兼行政職務之教師人數不得少於委員總數三分之二。

前項教師組織代表在直轄市、縣（市）由直轄市、縣（市）教師會推薦；在專科以上學校由該校教師會推薦，其無教師會者，由該學校教育階段相當或直轄市、縣（市）教師會推薦；在中央教師申訴評議委員會由全國教師會推薦。

教師申訴評議委員會之組織、迴避、評議程序與方式及其他相關事項之準則，由中央主管機關定之；軍警校院及矯正學校適用之規定，得由各該主管機關另定之。

各級教師申訴評議委員會組織與第一項及第二項規定不符者，應於本法中華民國一百零八年五月十日修正之條文施行之日起一年內完成修正。

第44條　教師申訴之程序分為申訴及再申訴二級如下：

一、專科以上學校分學校及中央二級。

二、高級中等以下學校分直轄市、縣（市）及中央二級。但中央主管機關所屬學校為中央一級，其提起之申訴，以再申訴論。教師不服申訴決定者，得提起再申訴；學校及主管機關不服申訴決定者，亦同。

教師依本法提起申訴、再申訴後，不得復依訴願法提起訴願；於申訴、再申訴程序終結前提起訴願者，受理訴願機關應於十日內，將該事件移送應受理之教師申訴評議委員會，並通知教師；同時提起訴願者，亦同。教師依訴願法提起訴願後，復依本法提起申訴者，受理之教師申訴評議委員會應停止評議，並於教師撤回訴願或訴願決定確定後繼續評議；原措施屬行政處分者，應為申訴不受理之決定。

本法中華民國一百零八年五月十日修正之條文施行前，尚未終結之事件，其以後之程序，依修正施行後之本法規定終結之。

原措施性質屬行政處分者，其再申訴決定視同訴願決定；不服再申訴決定者，得依法提起行政訴訟。

第45條　評議決定確定後，就其事件，有拘束各關係機關、學校之效力；原措施之學校或主管機關應依評議決定執行，主管機關並應依法監督其確實執行。學校未依前項規定辦理，主管機關得依相關法規追究責任，並作為扣減或停止部分或全部學校獎勵、補助或其他措施之依據。

第46條　直轄市、縣（市）及中央教師申訴評議委員會之評議書應主動公開。

但其他法律另有規定者，依其規定。

前項公開，應不包括自然人姓名以外之自然人國民身分證統一編號、護照號碼及其他足資識別該個人之資料。

第八章　附則

第47條　各級學校兼任教師之資格檢定與審定，依本法之規定辦理。

兼任、代課及代理教師之權利、義務、資格、聘任、終止聘約、停止聘約之執行與其通報、資訊之蒐集、查詢及其他相關事項之辦法，由中央主管機關定之。

各級學校專業、技術科目教師及擔任健康與護理課程之護理教師，其資格均依教育人員任用條例之規定辦理。

第48條　前條第三項之護理教師，其解職、申訴、進修、待遇、福利、退休、資遣、撫卹事項，準用教師相關法令規定。

經主管機關介派之護理教師具有健康與護理科合格教師資格者，主管機關得辦理介聘為健康與護理科教師；其介聘辦法，由中央主管機關定之。

第49條　本法各相關條文之規定，於下列幼兒園教師準用之：

一、公立幼兒園教師，其聘任、解聘、不續聘、停聘、資遣、教師組織、申訴、救濟及其他管理相關事項。

二、中華民國一百年十二月三十一日以前已準用本法之私立幼兒園教師，其聘任、進修、研究、離職、資遣、教師組織及申訴相關事項。

第50條　各級學校校長，得準用教師申訴之規定提起申訴。

第51條　本法授權中央主管機關訂定之各項法規命令，中央主管機關應邀請全國教師組織代表參與訂定。

第52條　本法施行細則，由中央主管機關定之。

第53條　本法施行日期，由行政院定之。

國民教育法

修正日期：民國105年06月01日

第1條　國民教育依中華民國憲法第一百五十八條之規定，以養成德、智、體、群、美五育均衡發展之健全國民為宗旨。

第2條　凡六歲至十五歲之國民，應受國民教育；已逾齡未受國民教育之國民，應受國民補習教育。

六歲至十五歲國民之強迫入學，另以法律定之。

第3條　國民教育分為二階段：前六年為國民小學教育；後三年為國民中學教育。對於資賦優異之國民小學學生，得縮短其修業年限。但以一年為限。國民補習教育，由國民小學及國民中學附設國民補習學校實施；其辦法另定之。

第4條　國民教育，以由政府辦理為原則，並鼓勵私人興辦。公立國民小學及國民中學，由直轄市或縣（市）政府依據人口、交通、社區、文化環境、行政區域及學校分布情形，劃分學區，分區設置；其學區劃分原則及分發入學規定，由直轄市、縣（市）政府定之。

前項國民小學及國民中學，得委由私人辦理，其辦法，由直轄市或縣（市）政府定之。為保障學生學習權及家長教育選擇權，國民教育階段得辦理非學校型態實驗教育，其實驗內容、期程、範圍、申請條件與程序及其他相關事項之準則，由教育部會商直轄市、縣（市）政府後定之。補習及進修教育法所定之短期補習教育，不得視為前項非學校型態之實驗教育。

第4-1條　為促進學生同儕互動，培養群體多元學習，有效整合教育資源，建構優質學習環境，均衡城鄉教育功能，確保學生就學權益，直轄市、縣（市）政府得辦理公立國民小學及國民中學之合併或停辦；其合併、停辦之條件、程序、審查、學校學生與教職員工之安置及其他相關事項之準則，由中央主管機關定之；直轄市、縣（市）政府應依準則之規定訂定有關合併或停辦之自治法規。

前項公立國民小學及國民中學之合併或停辦，直轄市、縣（市）政府應擬具校園空間利用與財務支援計畫，邀請學者專家、家長代表、學校教職員代表、地方社區人士及相關人員進行專案評估及辦理公聽會，並經各直轄市、縣（市）政府教育審議委員會審議通過後，送中央主管機關備查。原住民重點學校之合併或停辦，另依原住民族教育法規定辦理。

第5條　國民小學及國民中學學生免納學費；貧苦者，由政府供給書籍，並免繳其他法令規定之費用。

國民中學另設獎、助學金，獎助優秀、清寒學生。

國民小學及國民中學雜費及各項代收代辦費之收支辦法，由直轄市、縣（市）政府定之。

第5-1條　國民小學及國民中學應辦理學生團體保險；其範圍、金額、繳費方式、期程、給付標準、權利與義務、辦理方式及其他相關事項之辦法，由各該主管教育行政機關定之。

學生申請理賠時，學校應主動協助辦理。各級主管教育行政機關應為所轄之公私立國民中小學場所投保公共意外責任保險。

前項之經費，由教育部按年度編列預算支應之。

第6條　六歲之學齡兒童，由戶政機關調查造冊，送經直轄市、縣（市）政府按學區分發，並由鄉、鎮（市）、區公所通知其入國民小學。國民小學當年度畢業生，由直轄市、縣（市）政府按學區分發入國民中學。

政府派赴國外工作人員子女、僑生及外國學生進入國民小學、國民中學就學，其資格、方式及其他相關事項之辦法，由教育部定之。

國民小學及國民中學學生學籍資料，應以書面或電子方式切實記錄，永久保存並依法使用；其學籍管理辦法，由直轄市、縣（市）政府定之。

第7條　國民小學及國民中學之課程，應以民族精神教育及國民生活教育為中心，學生身心健全發展為目標，並注重其連貫性。

第7-1條　為適應學生個別差異、學習興趣與需要，國民中學三年級學生，應在自由參加之原則下，由學校提供技藝課程選習，加強技藝教育，並得採專案編班方式辦理；其實施辦法，由教育部定之。

第8條　中央主管機關應訂定國民中小學課程綱要及其實施之有關規定，作為學校規劃及實施課程之依據；學校規劃課程並得結合社會資源充實教學活動。國民中小學課程綱要之研究發展及審議，準用高級中等教育法之相關規定。

第8-1條　國民小學及國民中學設備基準，由中央主管機關定之。直轄市或縣（市）主管機關亦得視實際需要，另定適用於該地方之基準，報中央主管機關備查。國民小學及國民中學應設置圖書館（室）並訂定閱讀課程，獎勵學生閱讀課外書籍。

第8-2條　國民小學及國民中學之教科圖書，由教育部審定，必要時得編定之。教科圖書審定委員會由學科及課程專家、教師及教育行政機關代表等組成。教師代表不得少於三分之一；其組織由教育部定之。國民小學及國民中學之教科圖書，由學校校務會議訂定辦法公開選用之。

第8-3條　國民小學及國民中學選用之教科圖書，得由教育部或教育部指定之直轄市、縣（市）政府辦理採購；其相關採購方式，由教育部定之。

前項國民小學及國民中學藝能及活動科目之教科圖書，應免費借用予需要之學生；其相關借用辦法，由直轄市、縣（市）政府定之。

第9條　國民小學及國民中學各置校長一人，綜理校務，應為專任，並採任期制，任期一任為四年。但原住民、山地、偏遠、離島等地區之學校校長任期，由直轄市、縣（市）政府定之。

國民小學及國民中學校長在同一學校得連任一次。任期屆滿得回任教職。但任期屆滿後一年內屆齡退休者，得提出未來校務發展計畫，經原學校校務會議通過，報經主管教育行政機關同意，續任原學校校長職務至退休之日；其相關規定由直轄市、縣（市）政府定之。

縣（市）立國民中、小學校長，由縣（市）政府組織遴選委員會就公開甄選、儲訓之合格人員、任期屆滿或連任任期已達二分之一以上之現職校長或曾任校長人員中遴選後聘任之。但縣（市）學校數量國中未達十五校或國小未達四十校者，得遴選連任中之現職校長，不受連任任期已達二分之一以上之限制；其相關規定由縣（市）政府定之。

直轄市立國民中、小學校長，由直轄市政府教育局組織遴選委員會就公開甄選、儲訓之合格人員、任期屆滿或連任任期已達二分之一以上之現職校長或曾任校長人員中遴選後，報請直轄市政府聘任之。師資培育之大學附設實驗國民中、小學校長，由各該校組織遴選委員會就各該校或其附設實驗學校或其他學校校長或教師中遴選合格人員，送請校長聘兼（任）之，並報請主管教育行政機關備查。

前三項遴選委員會應有家長會代表參與，其比例不得少於五分之一。遴選委員會之組織及運作方式，分別由組織遴選委員會之機關、學校定之。

第9-1條　本法八十八年二月五日修正生效前，現職國民小學及國民中學校長得在原校繼續任職至該一任期屆滿為止，或依前條第三項、第四項或第五項規定參加遴選。國民小學及國民中學校長有不適任之事實，經該管教育行政機關查明確實者，應予改任其他職務或為其他適當之處理。

第9-2條　第九條第三項、第四項所稱公開甄選且儲訓之合格人員，指符合下列各款情形之一者：

一、本法八十八年二月五日修正生效前，由臺灣省政府或直轄市政府公開甄選且儲訓合格之校長候用人員。

二、本法八十八年二月五日修正生效後，由直轄市政府或縣（市）政府公開甄選且儲訓合格之校長候用人員。

三、本法八十八年二月五日修正生效前，經政府公開辦理之督學、課長甄選儲訓合格，並具有國中、國小校長任用資格之人員。

第9-3條　依第九條第三項至第五項組織遴選委員會之機關、師範校院及設有教育院（系）之大學，應就所屬國民小學、國民中學校長辦學績效予以評鑑，以為應否繼續遴聘之依據。

第9-4條　現職校長具有教師資格願意回任教師者，由主管教育行政機關分發學校任教，不受教師法、教育人員任用條例應經學校教師評審委員會審議相關規定之限制。

現職校長未獲遴聘，未具教師資格無法回任或具有教師資格不願回任教師者，直轄市、縣（市）政府得依下列方式辦理：

一、符合退休條件自願退休者，准其退休。

二、不符合退休條件或不自願退休者，視其意願及資格條件，優先輔導轉任他職。

第10條　國民小學與國民中學設校務會議，議決校務重大事項，由校長召集主持。校務會議以校長、全體專任教師或教師代表、家長會代表、職工代表組成之。其成員比例由設立學校之各級主管教育行政機關定之。

國民小學及國民中學，視規模大小，酌設教務處、學生事務處、總務處或教導處、總務處，各置主任一人及職員若干人。主任由校長就專任教師中聘兼之，職員由校長遴用，均應報直轄市或縣（市）主管教育行政機關核備。

國民小學及國民中學應設輔導室或輔導教師。輔導室置主任一人及輔導教師若干人，由校長遴選具有教育熱忱與專業知能教師任之。輔導主任及輔導教師以專任為原則。前項專任輔導教師員額編制如下：

一、國民小學二十四班以上者，置一人。

二、國民中學每校置一人，二十一班以上者，增置一人。

前項規定自中華民國一百零一年八月一日施行，於五年內逐年完成設置。國民小學及國民中學得視實際需要另置專任專業輔導人員及義務輔導人員若干人，其班級數達五十五班以上者，應至少置專任專業輔導人員一人。

直轄市、縣（市）政府應置專任專業輔導人員，視實際需要統籌調派之；其所屬國民小學及國民中學校數合計二十校以下者，置一人，二十一校至四十校者，置二人，四十一校以上者以此類推。

前二項專任專業輔導人員設置所需經費，由教育部視實際需要補助之；其人員之資格、設置、實施方式、期程及其他相關事項之辦法，由教育部會商直轄市、縣（市）政府後定之。國民小學及國民中學應設人事及主計單位。規模較小未設專責單位之公立學校，得由直轄市、縣（市）人事及主計主管機關（構）指派所屬機關（構）、學校之專任人事、主計人員或經有關機關辦理相關訓練合格之職員兼任之；其員額編制標準，依有關法令之規定。前項職員不包括護理人員。

第11條　國民小學及國民中學教師應為專任。但必要時，得依法聘請兼任教師，或聘請具有特定科目、領域專長人員，以部分時間擔任教學支援工作。

前項教學支援工作人員擔任教學支援工作之範圍、資格審查標準、認證作業程序、聘任程序、教學時間、待遇、權利及義務等事項，除法律另有規定外，其辦法由教育部定之。

前項認證作業，由直轄市或縣（市）主管教育行政機關辦理，必要時，得委託教育部辦理。

擔任教學支援工作人員經各該主管教育行政機關協議，得互相承認已認證之資格。

中華民國九十一年六月三十日前，依教育部規定辦理之檢核及培訓成績及格者，具有第一項擔任教學支援工作之資格。

第12條　國民小學及國民中學，以採小班制為原則，每班置導師一人，學校規模較小者，得酌予增加教師員額；其班級編制及教職員員額編制準則，由教育部定之。國民小學及國民中學各年級應實施常態編班；為兼顧學生適性發展之需要，得實施分組學習；其編班及分組學習準則，由教育部定之。

第13條　學生之成績應予評量，其評量內容、方式、原則、處理及其他相關事項之準則，由教育部定之；直轄市、縣（市）政府應依準則，訂定學生成績評量相關補充規定。國民小學及國民中學學生修業期滿，成績及格，由學校發給畢業證書。

第14條　（刪除）

第15條　國民小學及國民中學應配合地方需要，協助辦理社會教育，促進社區發展。

第16條　政府辦理國民教育所需經費，由直轄市或縣（市）政府編列預算支應，財源如左：

一、直轄市或縣（市）政府一般歲入。

二、直轄市或縣（市）政府依平均地權條例規定分配款。

三、為保障國民教育之健全發展，直轄市或縣（市）政府，得依財政收支劃分法第十八條第一項但書之規定，優先籌措辦理國民教育所需經費。

中央政府應視國民教育經費之實際需要補助之。

第17條　辦理國民教育所需建校土地，由直轄市或縣（市）政府視都市計畫及社區發展需要，優先規劃，並得依法撥用或徵收。

第18條　國民小學及國民中學校長、主任、教師之任用，另以法律定之；其甄選、儲訓、登記、檢定、遷調、進修及獎懲等辦法，由教育部定之。

公立國民小學及國民中學校長、主任、教師應辦理成績考核；其考核等級或結果、考核委員會之組職與任務、考核程序及其他相關事項之辦法，由教育部定之。

第19條　師範院校及設有教育學院（系）之大學，為辦理國民教育各項實驗、研究，並供教學實習，得設實驗國民中學、國民小學或幼稚園。實驗國民中學、國民小學或幼稚園校（園）長，由主管學校校（院）長，就本校教師中遴選合格人員充任，採任期制，並報請主管教育行政機關核

備。實驗國民中學、國民小學或幼稚園教師，由校（園）長遴聘；各處、室主任及職員，由校（園）長遴用，報請主管校、院核轉主管教育行政機關備查。

第20條　私立國民小學及私立國民中學之學區劃分，由直轄市、縣（市）政府參照地方特性定之。

私立國民小學及私立國民中學之學生入學，由學校本教育機會均等及國民教育健全發展之精神，訂定招生辦法，報經直轄市、縣（市）政府核定。私立國民小學及私立國民中學，除依私立學校法及本法有關規定辦理外，各處、室主任、教師及職員，由校長遴聘，送直轄市或縣（市）政府備查。

第20-1條　直轄市、縣（市）主管機關應訂定學生獎懲規定。學生對學校有關其個人之管教措施，認為違法或不當致損害其權益者，由其法定代理人以書面代為向學校提出申訴，不服學校申訴決定，得向學校所在地之直轄市、縣（市）主管機關提出再申訴。

學校及直轄市、縣（市）主管機關應建立學生申訴制度。學校班級數

在十二班以上者，應成立學生申訴評議委員會，其中家長代表不得少於五分之一；其相關規定，由學校所在地之直轄市、縣（市）主管機關定之。

第20-2條　國民教育階段內，家長為維護其子女之權益，應相對承擔輔導子女及參與家長會之責任，並為保障學生學習權及人格權，有參與教育事務之權利；其參與方式、內容、程序及其他相關事項之辦法由中央主管機關定之。

國民小學及國民中學學生家長應組成家長會；其組織、任務、委員產生方式、任期、經費來源、財務管理、運作及其他相關事項之自治法規，由學校所在地之直轄市、縣（市）主管機關會商家長團體後定之。

第21條　本法施行細則，由教育部定之。

第22條　本法自公布日施行。

特殊教育法

修正日期：民國108年04月24日

第一章　總則

第1條　為使身心障礙及資賦優異之國民，均有接受適性教育之權利，充分發展身心潛能，培養健全人格，增進服務社會能力，特制定本法。

第2條　本法所稱主管機關：在中央為教育部；在直轄市為直轄市政府；在縣（市）為縣（市）政府。

本法所定事項涉及各目的事業主管機關業務時，各該機關應配合辦理。

第3條　本法所稱身心障礙，指因生理或心理之障礙，經專業評估及鑑定具學習特殊需求，須特殊教育及相關服務措施之協助者；其分類如下：

一、智能障礙。

二、視覺障礙。

三、聽覺障礙。

四、語言障礙。

五、肢體障礙。

六、腦性麻痺。

七、身體病弱。

八、情緒行為障礙。

九、學習障礙。
十、多重障礙。
十一、自閉症。
十二、發展遲緩。
十三、其他障礙。

第4條　本法所稱資賦優異，指有卓越潛能或傑出表現，經專業評估及鑑定具學習特殊需求，須特殊教育及相關服務措施之協助者；其分類如下：
一、一般智能資賦優異。
二、學術性向資賦優異。
三、藝術才能資賦優異。
四、創造能力資賦優異。
五、領導能力資賦優異。
六、其他特殊才能資賦優異。

第5條　各級主管機關為促進特殊教育發展，應設立特殊教育諮詢會。遴聘學者專家、教育行政人員、學校行政人員、同級教師組織代表、家長代表、特殊教育相關專業人員（以下簡稱專業人員）、相關機關（構）及團體代表，參與諮詢、規劃及推動特殊教育相關事宜。
前項諮詢會成員中，教育行政人員及學校行政人員代表人數合計不得超過半數，單一性別人數不得少於三分之一。
第一項參與諮詢、規劃、推動特殊教育與其他相關事項之辦法及自治法規，由各主管機關定之。

第6條　各級主管機關應設特殊教育學生鑑定及就學輔導會（以下簡稱鑑輔會），遴聘學者專家、教育行政人員、學校行政人員、同級教師組織代表、家長代表、專業人員、相關機關（構）及團體代表，辦理特殊教育學生鑑定、安置、重新安置、輔導等事宜；其實施方法、程序、期程、相關資源配置，與運作方式之辦法及自治法規，由各級主管機關定之。
前項鑑輔會成員中，教育行政人員及學校行政人員代表人數合計不得超過半數，單一性別人數不得少於三分之一。
各該主管機關辦理身心障礙學生鑑定及安置工作召開會議時，應通知有關之學生家長列席，該家長並得邀請相關專業人員列席。

第7條　各級主管機關為執行特殊教育工作，應設專責單位。特殊教育學校及設有特殊教育班之各級學校，其承辦特殊教育業務人員及特殊教育學校之主管人員，應進用具特殊教育相關專業者。

前項具特殊教育相關專業，指修習特殊教育學分三學分以上者。

第8條　各級主管機關應每年定期舉辦特殊教育學生狀況調查及教育安置需求人口通報，出版統計年報，依據實際現況及需求，妥善分配相關資源，並規劃各項特殊教育措施。

第9條　各級政府應從寬編列特殊教育預算，在中央政府不得低於當年度教育主管預算百分之四．五；在地方政府不得低於當年度教育主管預算百分之五。地方政府編列預算時，應優先辦理身心障礙教育。中央政府為均衡地方身心障礙教育之發展，應補助地方辦理身心障礙教育之人事及業務經費；其補助辦法，由中央主管機關會商直轄市、縣（市）主管機關後定之。

第二章　特殊教育之實施

第一節　通則

第10條　特殊教育之實施，分下列四階段：

一、學前教育階段：在醫院、家庭、幼兒園、社會福利機構、特殊教育學校幼兒部或其他適當場所辦理。

二、國民教育階段：在國民小學、國民中學、特殊教育學校或其他適當場所辦理。

三、高級中等教育階段：在高級中等學校、特殊教育學校或其他適當場所辦理。

四、高等教育及成人教育階段：在專科以上學校或其他成人教育機構辦理。

前項第一款學前教育階段及第二款國民教育階段，特殊教育學生以就近入學為原則。但國民教育階段學區學校無適當場所提供特殊教育者，得經主管機關安置於其他適當特殊教育場所。

第11條　高級中等以下各教育階段學校得設特殊教育班，其辦理方式如下：

一、集中式特殊教育班。

二、分散式資源班。

三、巡迴輔導班。

前項特殊教育班之設置，應由各級主管機關核定；其班級之設施及人員設置標準，由中央主管機關定之。

高級中等以下各教育階段學生，未依第一項規定安置於特殊教育班者，其所屬學校得擬具特殊教育方案向各主管機關申請；其申請內容與程序之辦法及自治法規，由各主管機關定之。

第12條　為因應特殊教育學生之教育需求，其教育階段、年級安排、教育場所及實施方式，應保持彈性。

特殊教育學生得視實際狀況，調整其入學年齡及修業年限；其降低或提高入學年齡、縮短或延長修業年限及其他相關事項之辦法，由中央主管機關定之。但法律另有規定者，從其規定。

第13條　各教育階段之特殊教育，由各主管機關辦理為原則，並得獎助民間辦理，對民間辦理身心障礙教育者，應優先獎助。

前項獎助對象、條件、方式、違反規定時之處理與其他應遵行事項之辦法及自治法規，由各級主管機關定之。

第14條　高級中等以下各教育階段學校為辦理特殊教育，應設專責單位，依實際需要遴聘及進用特殊教育教師、特殊教育相關專業人員、教師助理員及特教學生助理人員。

前項專責單位之設置與人員之遴聘、進用及其他相關事項之辦法，由中央主管機關定之。

特殊教育專任教師、兼任導師、行政或其他職務者，其每週教學節數之標準，由各主管機關定之。

第15條　為提升特殊教育及相關服務措施之服務品質，各級主管機關應加強辦理特殊教育教師及相關人員之培訓及在職進修。

第16條　各級主管機關為實施特殊教育，應依鑑定基準辦理身心障礙學生及資賦優異學生之鑑定。前項學生之鑑定基準、程序、期程、教育需求評估、重新評估程序及其他應遵行事項之辦法，由中央主管機關定之。

第17條　幼兒園及各級學校應主動或依申請發掘具特殊教育需求之學生，經監護人或法定代理人同意者，依前條規定鑑定後予以安置，並提供特殊教育及相關服務措施。

各主管機關應每年重新評估前項安置之適當性。監護人或法定代理人不同意進行鑑定安置程序時，幼兒園及高級中等以下學校應通報主管機關。

主管機關為保障身心障礙學生權益，必要時得要求監護人或法定代理人配合鑑定後安置及特殊教育相關服務。

第18條　特殊教育與相關服務措施之提供及設施之設置，應符合適性化、個別化、社區化、無障礙及融合之精神。

第19條　特殊教育之課程、教材、教法及評量方式，應保持彈性，適合特殊教育學生身心特性及需求；其辦法，由中央主管機關定之。

第20條　為充分發揮特殊教育學生潛能，各級學校對於特殊教育之教學應結合相關資源，並得聘任具特殊專才者協助教學。

前項特殊專才者聘任辦法，由中央主管機關定之。

第21條　對學生鑑定、安置及輔導如有爭議，學生或其監護人、法定代理人，得向主管機關提起申訴，主管機關應提供申訴服務。

學生學習、輔導、支持服務及其他學習權益事項受損時，學生或其監護人、法定代理人，得向學校提出申訴，學校應提供申訴服務。

前二項申訴服務事項之辦法，由中央主管機關定之。

第二節　身心障礙教育

第22條　各級學校及試務單位不得以身心障礙為由，拒絕學生入學或應試。各級學校及試務單位應提供考試適當服務措施，並由各試務單位公告之；其身心障礙學生考試服務辦法，由中央主管機關定之。

第23條　身心障礙教育之實施，各級主管機關應依專業評估之結果，結合醫療相關資源，對身心障礙學生進行有關復健、訓練治療。為推展身心障礙兒童之早期療育，其特殊教育之實施，應自二歲開始。

第24條　各級主管機關應提供學校輔導身心障礙學生有關評量、教學及行政等支援服務，並適用於經主管機關許可在家及機構實施非學校型態實驗教育之身心障礙學生。

各級學校對於身心障礙學生之評量、教學及輔導工作，應以專業團隊合作進行為原則，並得視需要結合衛生醫療、教育、社會工作、獨立生活、職業重建相關等專業人員，共同提供學習、生活、心理、復健訓練、職業輔導評量及轉銜輔導與服務等協助。

前二項之支援服務與專業團隊設置及實施辦法，由中央主管機關定之。

第25條　各級主管機關或私人為辦理高級中等以下各教育階段之身心障礙學生教育，得設立特殊教育學校；特殊教育學校之設立，應以小班、小校為原則，並以招收重度及多重障礙學生為優先，各直轄市、縣（市）應至少設有一所特殊教育學校（分校或班），每校並得設置多個校區；特殊教育班之設立，應力求普及，符合社區化之精神。

啟聰學校以招收聽覺障礙學生為主；啟明學校以招收視覺障礙學生為主。特殊教育學校依其設立之主體為中央政府、直轄市政府、縣

（市）政府或私人，分為國立、直轄市立、縣（市）立或私立；其設立、變更及停辦，依下列規定辦理：

一、國立：由中央主管機關核定。

二、直轄市立：由直轄市主管機關核定後，報請中央主管機關備查。

三、縣（市）立：由縣（市）主管機關核定後，報請中央主管機關備查。

四、私立：依私立學校法相關規定辦理。

特殊教育學校設立所需之校地、校舍、設備、師資、變更、停辦或合併之要件、核准程序、組織之設置及人員編制標準，由中央主管機關定之。

第26條　特殊教育學校置校長一人；其聘任資格，依教育人員任用條例之規定，並應具備特殊教育之專業知能；遴選、聘任程序及其他相關事項，比照其所設最高教育階段之學校法規之規定。

特殊教育學校為辦理教務、學生事務、總務、實習、研究發展、輔導等事務，得視學校規模及業務需要，設處（室）一級單位，並得分組為二級單位辦事。

前項一級單位置主任一人，二級單位置組長一人。一級單位主任由校長就專任教師聘兼之；二級單位組長，除總務單位之組長由職員專任、輔導單位負責復健業務之組長得由專任之特殊教育相關專業人員兼任外，其餘由校長就專任教師聘兼之。特殊教育學校達中央主管機關所定一定規模者，置秘書一人，襄助校長處理校務，由校長就專任教師聘兼之。

第27條　高級中等以下各教育階段學校，對於就讀普通班之身心障礙學生，應予適當教學及輔導；其教學原則及輔導方式之辦法，由各級主管機關定之。為使普通班教師得以兼顧身心障礙學生及其他學生之需要，前項學校應減少身心障礙學生就讀之普通班學生人數，或提供所需人力資源及協助；其減少班級學生人數之條件、核算方式、提供所需人力資源與協助之辦法，由中央主管機關定之。

第28條　高級中等以下各教育階段學校，應以團隊合作方式對身心障礙學生訂定個別化教育計畫，訂定時應邀請身心障礙學生家長參與，必要時家長得邀請相關人員陪同參與。

第28-1條　為增進前條團隊之特殊教育知能，以利訂定個別化教育計畫，各主管機關應視所屬高級中等以下各教育階段學校身心障礙學生之障礙類別，加強辦理普通班教師、特殊教育教師及相關人員之培訓及在職進修，並提供相關支持服務之協助。

第29條　高級中等以下各教育階段學校，應考量身心障礙學生之優勢能力、性向及特殊教育需求及生涯規劃，提供適當之升學輔導。身心障礙學生完成國民義務教育後之升學輔導辦法，由中央主管機關定之。

第30條　政府應實施身心障礙成人教育，並鼓勵身心障礙者參與終身學習活動；其辦理機關、方式、內容及其他相關事項之辦法，由中央主管機關定之。

第30-1條　高等教育階段學校為協助身心障礙學生學習及發展，應訂定特殊教育方案實施，並得設置專責單位及專責人員，依實際需要遴聘及進用相關專責人員；其專責單位之職責、設置與人員編制、進用及其他相關事項之辦法，由中央主管機關定之。高等教育階段之身心障礙教育，應符合學生需求，訂定個別化支持計畫，協助學生學習及發展；訂定時應邀請相關教學人員、身心障礙學生或家長參與。

第31條　為使各教育階段身心障礙學生服務需求得以銜接，各級學校應提供整體性與持續性轉銜輔導及服務；其轉銜輔導及服務之辦法，由中央主管機關定之。

第32條　各級主管機關應依身心障礙學生之家庭經濟條件，減免其就學費用；對於就讀學前私立幼兒園或社會福利機構之身心障礙幼兒，得發給教育補助費，並獎助其招收單位。

前項減免、獎補助之對象、條件、金額、名額、次數及其他應遵行事項之辦法，由中央主管機關定之。

身心障礙學生品學兼優或有特殊表現者，各級主管機關應給予獎補助；其辦法及自治法規，由各級主管機關定之。

第33條　學校、幼兒園及社會福利機構應依身心障礙學生在校（園）學習及生活需求，提供下列支持服務：

一、教育輔助器材。

二、適性教材。

三、學習及生活人力協助。

四、復健服務。

五、家庭支持服務。

六、校園無障礙環境。

七、其他支持服務。

經主管機關許可在家實施非學校型態實驗教育之身心障礙學生，適用前項第一款至第五款服務。

前二項辦法由中央主管機關定之。

身心障礙學生無法自行上下學者，由各主管機關免費提供交通工具；確有困難提供者，補助其交通費；其實施辦法及自治法規，由各主管機關定之。

各主管機關應優先編列預算，推動第一項、第四項之服務。

第34條　各主管機關得依申請核准或委託社會福利機構、醫療機構及少年矯正學校，辦理身心障礙教育。

第三節　資賦優異教育

第35條　學前教育階段及高級中等以下各教育階段學校資賦優異教育之實施，依下列方式辦理：

一、學前教育階段：採特殊教育方案辦理。

二、國民教育階段：採分散式資源班、巡迴輔導班、特殊教育方案辦理。

三、高級中等教育階段：依第十一條第一項及第三項規定方式辦理。

第36條　高級中等以下各教育階段學校應以協同教學方式，考量資賦優異學生性向、優勢能力、學習特質及特殊教育需求，訂定資賦優異學生個別輔導計畫，必要時得邀請資賦優異學生家長參與。

第37條　高等教育階段資賦優異教育之實施，應考量資賦優異學生之性向及優勢能力，得以特殊教育方案辦理。

第38條　資賦優異學生之入學、升學，應依各該教育階段法規所定入學、升學方式辦理；高級中等以上教育階段學校，並得參採資賦優異學生在學表現及潛在優勢能力，以多元入學方式辦理。

第39條　資賦優異學生得提早選修較高一級以上教育階段課程，其選修之課程及格者，得於入學後抵免。

第40條　高級中等以下各教育階段主管機關，應補助學校辦理多元資優教育方案，並對辦理成效優良者予以獎勵。資賦優異學生具特殊表現者，各級主管機關應給予獎助。前二項之獎補助辦法及自治法規，由各主管機關定之。

第41條　各級主管機關及學校對於身心障礙及社經文化地位不利之資賦優異學生，應加強鑑定與輔導，並視需要調整評量工具及程序。

第三章　特殊教育支持系統

第42條　各級主管機關為改進特殊教育課程、教材教法及評量方式，應進行相關研究，並將研究成果公開及推廣使用。

第43條　為鼓勵大學校院設有特殊教育系、所者設置特殊教育中心，協助特殊教育學生之鑑定、教學及輔導工作，中央主管機關應編列經費補助之。為辦理特殊教育各項實驗研究並提供教學實習，設有特殊教育系之大學校院，得附設特殊教育學校（班）。

第44條　各級主管機關為有效推動特殊教育、整合相關資源、協助各級學校特殊教育之執行及提供諮詢、輔導與服務，應建立特殊教育行政支持網絡；其支持網絡之聯繫與運作方式之辦法及自治法規，由各級主管機關定之。

第45條　高級中等以下各教育階段學校，為處理校內特殊教育學生之學習輔導等事宜，應成立特殊教育推行委員會，並應有身心障礙學生家長代表；其組成與運作方式之辦法及自治法規，由各級主管機關定之。高等教育階段學校，為處理校內特殊教育學生之學習輔導等事宜，得成立特殊教育推行委員會，並應有身心障礙學生或家長代表參與。

第46條　各級學校應提供特殊教育學生家庭諮詢、輔導、親職教育及轉介等支持服務。

前項所定支持服務，其經費及資源由各級主管機關編列預算辦理。身心障礙學生家長至少應有一人為該校家長會常務委員或委員，參與學校特殊教育相關事務之推動。

第47條　高級中等以下各教育階段學校辦理特殊教育之成效，主管機關應至少每四年辦理一次評鑑，或依學校評鑑週期併同辦理。直轄市及縣（市）主管機關辦理特殊教育之績效，中央主管機關應至少每四年辦理一次評鑑。

前二項之評鑑項目及結果應予公布，並對評鑑成績優良者予以獎勵，未達標準者應予追蹤輔導；其相關評鑑辦法及自治法規，由各主管機關定之。

第四章　附則

第48條　公立特殊教育學校之場地、設施與設備提供他人使用、委託經營、獎勵民間參與，與學生重補修、辦理招生、甄選、實習、實施推廣教育等所獲之收入及其相關支出，應設置專帳以代收代付方式執行，其賸餘款並得滾存作為改善學校基本設施或充實教學設備之用，不受預算法第十三條、國有財產法第七條及地方公有財產管理相關規定之限制。

前項收支管理作業規定，由中央主管機關定之。

第49條　本法授權各級主管機關訂定之法規，應邀請同級教師組織及家長團體參與訂定之。

第50條　本法施行細則，由中央主管機關定之。

第51條　本法自公布日施行。

特殊教育法施行細則

修正日期：民國102年07月12日

第1條　本細則依特殊教育法（以下簡稱本法）第五十條規定訂定之。

第2條　本法第七條第一項所稱專責單位，指各級主管機關所設具有專責人員及預算，負責辦理特殊教育業務之單位。

本法第七條第三項所稱修習特殊教育學分三學分以上，指修畢由大學開設之特殊教育學分三學分以上，或參加由各級主管機關辦理之特殊教育專業研習五十四小時以上。

第3條　各級主管機關依本法第八條每年定期辦理特殊教育學生狀況調查及教育安置需求人口通報後，應建立及運用各階段特殊教育通報系統，並與衛生、社政主管機關所建立之通報系統互相協調妥善結合。

各級主管機關依本法第八條規定出版之統計年報，應包括特殊教育學生與師資人數及比率、安置與經費狀況及其他特殊教育通報之項目。

第一項特殊教育通報系統之建置及運用，得委託或委辦學校或機關（構）辦理。

第4條　依本法第十一條第一項規定，於高級中等以下各教育階段學校設立之特殊教育班，包括在幼兒（稚）園、國民小學、國民中學及高級中等學校專為身心障礙或資賦優異學生設置之特殊教育班。

依本法第二十五條第一項規定，於高級中等以下各教育階段設立之特殊教育學校，包括幼兒部、國民小學部、國民中學部、高級中學部及高級職業學校部專為身心障礙學生設置之學校。

第5條　本法第十一條第一項第一款所定集中式特殊教育班，指學生全部時間於特殊教育班接受特殊教育及相關服務；其經課程設計，部分學科（領域）得實施跨班教學。

本法第十一條第一項第二款所定分散式資源班，指學生在普通班就讀，部分時間接受特殊教育及相關服務。

本法第十一條第一項第三款所定巡迴輔導班，指學生在家庭、機構或學校，由巡迴輔導教師提供部分時間之特殊教育及相關服務。

本法第十一條第三項所定特殊教育方案，必要時，得採跨校方式辦理。

第6條　本法第十五條所定特殊教育相關人員，包括各教育階段學校普通班教師、

行政人員、特殊教育相關專業人員、教師助理員及特教學生助理人員。

第7條　本法第二十三條第一項所稱結合醫療相關資源，指各級主管機關應主動協調醫療機構，針對身心障礙學生提供有關復健、訓練治療、評量及教學輔導諮詢。

為推展本法第二十三條第二項身心障礙兒童早期療育，直轄市、縣（市）政府應普設學前特殊教育設施，提供適當之相關服務。

第8條　本法第二十六條所定特殊教育學校校長應具備特殊教育之專業知能，指應修習第二條第二項所定特殊教育學分三學分以上。

第9條　本法第二十八條所稱個別化教育計畫，指運用團隊合作方式，針對身心障礙學生個別特性所訂定之特殊教育及相關服務計畫；其內容包括下列事項：

一、學生能力現況、家庭狀況及需求評估。

二、學生所需特殊教育、相關服務及支持策略。

三、學年與學期教育目標、達成學期教育目標之評量方式、日期及標準。

四、具情緒與行為問題學生所需之行為功能介入方案及行政支援。

五、學生之轉銜輔導及服務內容。

前項第五款所定轉銜輔導及服務，包括升學輔導、生活、就業、心理輔導、福利服務及其他相關專業服務等項目。

參與訂定個別化教育計畫之人員，應包括學校行政人員、特殊教育及相關教師、學生家長；必要時，得邀請相關專業人員及學生本人參與，學生家長亦得邀請相關人員陪同。

第10條　前條身心障礙學生個別化教育計畫，學校應於新生及轉學生入學後一個月內訂定；其餘在學學生之個別化教育計畫，應於開學前訂定。

前項計畫，每學期應至少檢討一次。

第11條　本法第三十條之一所稱高等教育階段特殊教育方案，指學校應依特殊教育學生特性及學習需求，規劃辦理在校學習、生活輔導及支持服務等；其內容應載明下列事項：

一、依據。

二、目的。

三、實施對象及其特殊教育與支持服務。

四、人力支援及行政支持。

五、空間及環境規劃。

六、辦理期程。

七、經費概算及來源。

八、預期成效。

前項第三款特殊教育與支持服務，包括學習輔導、生活輔導、支持協助及諮詢服務等。

第12條　前條特殊教育方案，學校應運用團隊合作方式，整合相關資源，針對身心障礙學生個別特性及需求，訂定個別化支持計畫；其內容包括下列事項：

一、學生能力現況、家庭狀況及需求評估。

二、學生所需特殊教育、支持服務及策略。

三、學生之轉銜輔導及服務內容。

第13條　依本法第四十一條對於身心障礙之資賦優異學生或社經文化地位不利之資賦優異學生加強輔導，應依其身心狀況，保持最大彈性，予以特殊設計及支援，並得跨校實施。

第14條　特殊教育學生已重新安置於其他學校，原就讀學校應將個案資料隨同移轉，以利持續輔導。

第15條　本法第四十三條第二項所定設有特殊教育學系之大學校院得附設特殊教育學校（班），包括附設或附屬二種情形，其設立應經專案評估後，報主管機關核定。

前項附設或附屬特殊教育學校（班），其設立規模及人員編制，準用特殊教育學校設立變更停辦合併及人員編制標準之規定。

第16條　各級主管機關依本法第四十四條規定所建立之特殊教育行政支持網絡，包括為協助辦理特殊教育相關事項所設特殊教育資源中心；其成員由主管機關就學校教師、學者專家或相關專業人員聘任（兼）之。

第17條　本細則自發布日施行。

身心障礙及資賦優異學生鑑定辦法

修正日期：民國102年09月02日

第1條　本辦法依特殊教育法（以下簡稱本法）第十六條第二項規定訂定之。

第2條　身心障礙學生之鑑定，應採多元評量，依學生個別狀況採取標準化評量、直接觀察、晤談、醫學檢查等方式，或參考身心障礙手冊（證明）記載蒐集個案資料，綜合研判之。

資賦優異學生之鑑定，應以標準化評量工具，採多元及多階段評量，除一般智能及學術性向資賦優異學生之鑑定外，其他各類資賦優異學生之鑑定，均不得施以學科（領域）成就測驗。

第3條　本法第三條第一款所稱智能障礙，指個人之智能發展較同年齡者明顯遲緩，且在學習及生活適應能力表現上有顯著困難者。

前項所定智能障礙，其鑑定基準依下列各款規定：

一、心智功能明顯低下或個別智力測驗結果未達平均數負二個標準差。

二、學生在生活自理、動作與行動能力、語言與溝通、社會人際與情緒行為等任一向度及學科（領域）學習之表現較同年齡者有顯著困難情形。

第4條　本法第三條第二款所稱視覺障礙，指由於先天或後天原因，導致視覺器官之構造缺損，或機能發生部分或全部之障礙，經矯正後其視覺辨認仍有困難者。

前項所定視覺障礙，其鑑定基準依下列各款規定之一：

一、視力經最佳矯正後，依萬國式視力表所測定優眼視力未達○．三或視野在二十度以內。

二、視力無法以前款視力表測定時，以其他經醫學專業採認之檢查方式測定後認定。

第5條　本法第三條第三款所稱聽覺障礙，指由於聽覺器官之構造缺損或功能異常，致以聽覺參與活動之能力受到限制者。

前項所定聽覺障礙，其鑑定基準依下列各款規定之一：

一、接受行為式純音聽力檢查後，其優耳之五百赫、一千赫、二千赫聽閾平均值，六歲以下達二十一分貝以上者；七歲以上達二十五分貝以上。

二、聽力無法以前款行為式純音聽力測定時，以聽覺電生理檢查方式測定後認定。

第6條　本法第三條第四款所稱語言障礙，指語言理解或語言表達能力與同年齡者相較，有顯著偏差或低落現象，造成溝通困難者。

前項所定語言障礙，其鑑定基準依下列各款規定之一：

一、構音異常：語音有省略、替代、添加、歪曲、聲調錯誤或含糊不清等現象。

二、嗓音異常：說話之音質、音調、音量或共鳴與個人之性別或年齡不相稱等現象。

三、語暢異常：說話節律有明顯且不自主之重複、延長、中斷、首語難發或急促不清等現象。

四、語言發展異常：語言之語形、語法、語意或語用異常，致語言理解或語言表達較同年齡者有顯著偏差或低落。

第7條　本法第三條第五款所稱肢體障礙，指上肢、下肢或軀幹之機能有部分或全部障礙，致影響參與學習活動者。

前項所定肢體障礙，應由專科醫師診斷；其鑑定基準依下列各款規定之一：

一、先天性肢體功能障礙。

二、疾病或意外導致永久性肢體功能障礙。

第7-1條　本法第三條第六款所稱腦性麻痺，指腦部發育中受到非進行性、非暫時性之腦部損傷而顯現出動作及姿勢發展有問題，或伴隨感覺、知覺、認知、溝通、學習、記憶及注意力等神經心理障礙，致在活動及生活上有顯著困難者。

前項所定腦性麻痺，其鑑定由醫師診斷後認定。

第8條　本法第三條第七款所稱身體病弱，指罹患疾病，體能衰弱，需要長期療養，且影響學習活動者。

前項所定身體病弱，其鑑定由醫師診斷後認定。

第9條　本法第三條第八款所稱情緒行為障礙，指長期情緒或行為表現顯著異常，嚴重影響學校適應者；其障礙非因智能、感官或健康等因素直接造成之結果。

前項情緒行為障礙之症狀，包括精神性疾患、情感性疾患、畏懼性疾患、焦慮性疾患、注意力缺陷過動症、或有其他持續性之情緒或行為問題者。

第一項所定情緒行為障礙，其鑑定基準依下列各款規定：

一、情緒或行為表現顯著異於其同年齡或社會文化之常態者，得參考精神科醫師之診斷認定之。

二、除學校外，在家庭、社區、社會或任一情境中顯現適應困難。

三、在學業、社會、人際、生活等適應有顯著困難，且經評估後確定一般教育所提供之介入，仍難獲得有效改善。

第10條　本法第三條第九款所稱學習障礙，統稱神經心理功能異常而顯現出注意、記憶、理解、知覺、知覺動作、推理等能力有問題，致在聽、說、讀、寫或算等學習上有顯著困難者；其障礙並非因感官、智能、情緒等障礙因素或文化刺激不足、教學不當等環境因素所直接造成之結果。

前項所定學習障礙，其鑑定基準依下列各款規定：

一、智力正常或在正常程度以上。

二、個人內在能力有顯著差異。

三、聽覺理解、口語表達、識字、閱讀理解、書寫、數學運算等學習表現有顯著困難，且經確定一般教育所提供之介入，仍難有效改善。

第11條　本法第三條第十款所稱多重障礙，指包括二種以上不具連帶關係且非源於同一原因造成之障礙而影響學習者。

前項所定多重障礙，其鑑定應參照本辦法其他各類障礙之鑑定基準。

第12條　本法第三條第十一款所稱自閉症，指因神經心理功能異常而顯現出溝通、社會互動、行為及興趣表現上有嚴重問題，致在學習及生活適應上有顯著困難者。

前項所定自閉症，其鑑定基準依下列各款規定：

一、顯著社會互動及溝通困難。

二、表現出固定而有限之行為模式及興趣。

第13條　本法第三條第十二款所稱發展遲緩，指未滿六歲之兒童，因生理、心理或社會環境因素，在知覺、認知、動作、溝通、社會情緒或自理能力等方面之發展較同年齡者顯著遲緩，且其障礙類別無法確定者。

前項所定發展遲緩，其鑑定依兒童發展及養育環境評估等資料，綜合研判之。

第14條　本法第三條第十三款所稱其他障礙，指在學習與生活有顯著困難，且其障礙類別無法歸類於第三條至第十三條類別者。

前項所定其他障礙，其鑑定應由醫師診斷並開具證明。

第15條　本法第四條第一款所稱一般智能資賦優異，指在記憶、理解、分析、綜合、推理及評鑑等方面，較同年齡者具有卓越潛能或傑出表現者。

前項所定一般智能資賦優異，其鑑定基準依下列各款規定：

一、個別智力測驗評量結果在平均數正二個標準差或百分等級九十七以上。

二、經專家學者、指導教師或家長觀察推薦，並檢附學習特質與表現卓越或傑出等之具體資料。

第16條　本法第四條第二款所稱學術性向資賦優異，指在語文、數學、社會科學或自然科學等學術領域，較同年齡者具有卓越潛能或傑出表現者。

前項所定學術性向資賦優異，其鑑定基準依下列各款規定之一：

一、前項任一領域學術性向或成就測驗得分在平均數正二個標準差或百分等級九十七以上，並經專家學者、指導教師或家長觀察推薦，及檢附專長學科學習特質與表現卓越或傑出等之具體資料。

二、參加政府機關或學術研究機構舉辦之國際性或全國性有關學科競賽或展覽活動表現特別優異，獲前三等獎項。

三、參加學術研究單位長期輔導之有關學科研習活動，成就特別優異，經主辦單位推薦。

四、獨立研究成果優異並刊載於學術性刊物，經專家學者或指導教師推薦，並檢附具體資料。

第17條　本法第四條第三款所稱藝術才能資賦優異，指在視覺或表演藝術方面具有卓越潛能或傑出表現者。

前項所定藝術才能資賦優異，其鑑定基準依下列各款規定之一：

一、任一領域藝術性向測驗得分在平均數正二個標準差或百分等級九十七以上，或術科測驗表現優異，並經專家學者、指導教師或家長觀察推薦，及檢附藝術才能特質與表現卓越或傑出等之具體資料。

二、參加政府機關或學術研究機構舉辦之國際性或全國性各該類科競賽表現特別優異，獲前三等獎項。

第18條　本法第四條第四款所稱創造能力資賦優異，指運用心智能力產生創新及建設性之作品、發明或解決問題，具有卓越潛能或傑出表現者。

前項所定創造能力資賦優異，其鑑定基準依下列各款規定之一：

一、創造能力測驗或創造性特質量表得分在平均數正二個標準差或百分等級九十七以上，並經專家學者、指導教師或家長觀察推薦，及檢附創造才能特質與表現卓越或傑出等之具體資料。

二、參加政府機關或學術研究機構舉辦之國際性或全國性創造發明競賽表現特別優異，獲前三等獎項。

第19條　本法第四條第五款所稱領導能力資賦優異，指具有優異之計畫、組織、溝通、協調、決策、評鑑等能力，而在處理團體事務上有傑出表現者。

前項所定領導能力資賦優異，其鑑定基準依下列各款規定：

一、領導才能測驗或領導特質量表得分在平均數正二個標準差或百分等級九十七以上。

二、經專家學者、指導教師、家長或同儕觀察推薦，並檢附領導才能特質與表現傑出等之具體資料。

第20條　本法第四條第六款所稱其他特殊才能資賦優異，指在肢體動作、工具運用、資訊、棋藝、牌藝等能力具有卓越潛能或傑出表現者。

前項所定其他特殊才能資賦優異，其鑑定基準依下列各款規定：

一、參加政府機關或學術研究機構舉辦之國際性或全國性技藝競賽表現特別優異，獲前三等獎項。

二、經專家學者、指導教師或家長觀察推薦，並檢附專長才能特質與表現卓越或傑出等之具體資料。

第21條　身心障礙學生及資賦優異學生之鑑定，應依轉介、申請或推薦，蒐集相關資料，實施初步類別研判、教育需求評估及綜合研判後，完成包括教育安置建議及所需相關服務之評估報告。

前項鑑定，各級主管機關特殊教育學生鑑定及就學輔導會（以下簡稱鑑輔會）應於每學年度上、下學期至少召開一次會議辦理，必要時得召開臨時會議。

國民教育階段資賦優異學生之鑑定時程，應採入學後鑑定。但直轄市、縣（市）主管機關因專業考量、資源分配或其他特殊需求而有入學前鑑定之必要者，應經鑑輔會審議通過後，由主管機關核定實施，並報教育部備查。

第22條　各類身心障礙學生之教育需求評估，應包括健康狀況、感官功能、知覺動作、生活自理、認知、溝通、情緒、社會行為、學科（領域）學習等。

各類資賦優異學生之教育需求評估，應包括健康狀況、認知、溝通、情緒、社會行為、學科（領域）學習、特殊才能、創造力等。

前二項教育需求評估，應依學生之需求選擇必要之評估項目，並於評估報告中註明優弱勢能力，所需之教育安置、評量、環境調整及轉銜輔導等建議。

第23條　經鑑輔會鑑定安置之身心障礙學生或資賦優異學生，遇障礙情形改變、優弱勢能力改變、適應不良或其他特殊需求時，得由教師、家長或學生本人向學校或主管機關提出重新評估之申請；其鑑定程序，依第二十一條第一項規定辦理。主管機關並得視需要主動辦理重新評估。

前項重新評估，應註明重新評估之原因；身心障礙學生應檢附個別化教育（支持）計畫，資賦優異學生應檢附個別輔導計畫。

第24條　本辦法自發布日施行。

身心障礙者權益保障法

修正日期：民國104年12月16日

第一章　總則

第1條　為維護身心障礙者之權益，保障其平等參與社會、政治、經濟、文化等之機會，促進其自立及發展，特制定本法。

第2條　本法所稱主管機關：在中央為衛生福利部；在直轄市為直轄市政府；在縣（市）為縣（市）政府。

本法所定事項，涉及各目的事業主管機關職掌者，由各目的事業主管機關辦理。

前二項主管機關及各目的事業主管機關權責劃分如下：

一、主管機關：身心障礙者人格維護、經濟安全、照顧支持與獨立生活機會等相關權益之規劃、推動及監督等事項。

二、衛生主管機關：身心障礙者之鑑定、保健醫療、醫療復健與輔具研發等相關權益之規劃、推動及監督等事項。

三、教育主管機關：身心障礙者教育權益維護、教育資源與設施均衡配置、專業服務人才之培育等相關權益之規劃、推動及監督等事項。

四、勞工主管機關：身心障礙者之職業重建、就業促進與保障、勞動權益與職場安全衛生等相關權益之規劃、推動及監督等事項。

五、建設、工務、住宅主管機關：身心障礙者住宅、公共建築物、公共設施之總體規劃與無障礙生活環境等相關權益之規劃、推動及監督等事項。

六、交通主管機關：身心障礙者生活通信、大眾運輸工具、交通設施與公共停車場等相關權益之規劃、推動及監督等事項。

七、財政主管機關：身心障礙者、身心障礙福利機構及庇護工場稅捐之減免等相關權益之規劃、推動及監督等事項。

八、金融主管機關：金融機構對身心障礙者提供金融、商業保險、財產信託等服務之規劃、推動及監督等事項。

九、法務主管機關：身心障礙者犯罪被害人保護、受刑人更生保護與收容環境改善等相關權益之規劃、推動及監督等事項。

十、警政主管機關：身心障礙者人身安全保護與失蹤身心障礙者協尋之規劃、推動及監督等事項。

十一、體育主管機關：身心障礙者體育活動、運動場地及設施設備與運動專用輔具之規劃、推動及監督等事項。

十二、文化主管機關：身心障礙者精神生活之充實與藝文活動參與之規劃、推動及監督等事項。

十三、採購法規主管機關：政府採購法有關採購身心障礙者之非營利產品與勞務之規劃、推動及監督等事項。

十四、通訊傳播主管機關：主管身心障礙者無障礙資訊和通訊技術及系統、網路平臺、通訊傳播傳輸內容無歧視等相關事宜之規劃、推動及監督等事項。

十五、科技研究事務主管機關：主管身心障礙者輔助科技研發、技術研究、移轉、應用與推動等事項。

十六、經濟主管機關：主管身心障礙輔具國家標準訂定、產業推動、商品化開發之規劃及推動等事項。

十七、其他身心障礙權益保障措施：由各相關目的事業主管機關依職權規劃辦理。

第3條　中央主管機關掌理下列事項：

一、全國性身心障礙福利服務權益保障政策、法規與方案之規劃、訂定及宣導事項。

二、對直轄市、縣（市）政府執行身心障礙福利服務權益保障之監督及協調事項。

三、中央身心障礙福利經費之分配及補助事項。

四、對直轄市、縣（市）身心障礙福利服務之獎助及評鑑之規劃事項。

五、身心障礙福利服務相關專業人員訓練之規劃事項。

六、國際身心障礙福利服務權益保障業務之聯繫、交流及合作事項。

七、身心障礙者保護業務之規劃事項。

八、全國身心障礙者資料統整及福利服務整合事項。

九、全國性身心障礙福利機構之輔導、監督及全國評鑑事項。

十、輔導及補助民間參與身心障礙福利服務之推動事項。

十一、其他全國性身心障礙福利服務權益保障之策劃及督導事項。

第4條　直轄市、縣（市）主管機關掌理下列事項：

一、中央身心障礙福利服務權益保障政策、法規及方案之執行事項。

二、直轄市、縣（市）身心障礙福利服務權益保障政策、自治法規與方案之規劃、訂定、宣導及執行事項。

三、直轄市、縣（市）身心障礙福利經費之分配及補助事項。

四、直轄市、縣（市）身心障礙福利服務之獎助與評鑑之規劃及執行事項。

五、直轄市、縣（市）身心障礙福利服務相關專業人員訓練之規劃及執行事項。

六、身心障礙者保護業務之執行事項。

七、直轄市、縣（市）轄區身心障礙者資料統整及福利服務整合執行事項。

八、直轄市、縣（市）身心障礙福利機構之輔導設立、監督及評鑑事項。

九、民間參與身心障礙福利服務之推動及協助事項。

十、其他直轄市、縣（市）身心障礙福利服務權益保障之策劃及督導事項。

第5條　本法所稱身心障礙者，指下列各款身體系統構造或功能，有損傷或不全導致顯著偏離或喪失，影響其活動與參與社會生活，經醫事、社會工作、特殊教育與職業輔導評量等相關專業人員組成之專業團隊鑑定及評估，領有身心障礙證明者：

一、神經系統構造及精神、心智功能。

二、眼、耳及相關構造與感官功能及疼痛。

三、涉及聲音與言語構造及其功能。

四、循環、造血、免疫與呼吸系統構造及其功能。
五、消化、新陳代謝與內分泌系統相關構造及其功能。
六、泌尿與生殖系統相關構造及其功能。
七、神經、肌肉、骨骼之移動相關構造及其功能。
八、皮膚與相關構造及其功能。

第6條　直轄市、縣（市）主管機關受理身心障礙者申請鑑定時，應交衛生主管機關指定相關機構或專業人員組成專業團隊，進行鑑定並完成身心障礙鑑定報告。

前項鑑定報告，至遲應於完成後十日內送達申請人戶籍所在地之衛生主管機關。衛生主管機關除核發鑑定費用外，至遲應將該鑑定報告於十日內核轉直轄市、縣（市）主管機關辦理。

第一項身心障礙鑑定機構或專業人員之指定、鑑定人員之資格條件、身心障礙類別之程度分級、鑑定向度與基準、鑑定方法、工具、作業方式及其他應遵行事項之辦法，由中央衛生主管機關定之。

辦理有關身心障礙鑑定服務必要之診察、診斷或檢查等項目之費用，應由直轄市、縣（市）衛生主管機關編列預算支應，並由中央衛生主管機關協調直轄市、縣（市）衛生主管機關公告規範之。

前項身心障礙鑑定之項目符合全民健康保險法之規定給付者，應以該保險支應，不得重複申領前項費用。

第7條　直轄市、縣（市）主管機關應於取得衛生主管機關所核轉之身心障礙鑑定報告後，籌組專業團隊進行需求評估。

前項需求評估，應依身心障礙者障礙類別、程度、家庭經濟情況、照顧服務需求、家庭生活需求、社會參與需求等因素為之。

直轄市、縣（市）主管機關對於設籍於轄區內依前項評估合於規定者，應核發身心障礙證明，據以提供所需之福利及服務。

第一項評估作業得併同前條鑑定作業辦理，有關評估作業與鑑定作業併同辦理事宜、評估專業團隊人員資格條件、評估工具、作業方式及其他應遵行事項之辦法，由中央主管機關會同中央衛生主管機關定之。

第8條　各級政府相關目的事業主管機關，應本預防原則，針對遺傳、疾病、災害、環境污染及其他導致身心障礙因素，有計畫推動生育保健、衛生教育等工作，並進行相關社會教育及宣導。

第9條　主管機關及各目的事業主管機關應置專責人員辦理本法規定相關事

宜；其人數應依業務增減而調整之。

身心障礙者福利相關業務應遴用專業人員辦理。

第10條　主管機關應遴聘（派）身心障礙者或其監護人代表、身心障礙福利學者或專家、民意代表與民間相關機構、團體代表及各目的事業主管機關代表辦理身心障礙者權益保障事項；其中遴聘身心障礙者或其監護人代表及民間相關機構、團體代表之比例，不得少於三分之一。

前項之代表，單一性別不得少於三分之一。

第一項權益保障事項包括：

一、整合規劃、研究、諮詢、協調推動促進身心障礙者權益保障相關事宜。

二、受理身心障礙者權益受損協調事宜。

三、其他促進身心障礙者權益及福利保障相關事宜。

第一項權益保障事項與運作、前項第二款身心障礙權益受損協調之處理及其他應遵行事項之辦法，由各級主管機關定之。

第11條　各級政府應至少每五年舉辦身心障礙者之生活狀況、保健醫療、特殊教育、就業與訓練、交通及福利等需求評估及服務調查研究，並應出版、公布調查研究結果。

行政院每十年辦理全國人口普查時，應將身心障礙者人口調查納入普查項目。

第12條　身心障礙福利經費來源如下：

一、各級政府按年編列之身心障礙福利預算。

二、社會福利基金。

三、身心障礙者就業基金。

四、私人或團體捐款。

五、其他收入。

前項第一款身心障礙福利預算，應以前條之調查報告為依據，按年從寬編列。

第一項第一款身心障礙福利預算，直轄市、縣（市）主管機關財政確有困難者，應由中央政府補助，並應專款專用。

第13條　身心障礙者對障礙鑑定及需求評估有異議者，應於收到通知書之次日起三十日內，以書面向直轄市、縣（市）主管機關提出申請重新鑑定及需求評估，並以一次為限。

依前項申請重新鑑定及需求評估，應負擔百分之四十之相關作業費用；其異議成立者，應退還之。

逾期申請第一項重新鑑定及需求評估者，其相關作業費用，應自行負擔。

第14條　身心障礙證明有效期限最長為五年，身心障礙者應於效期屆滿前九十日內向戶籍所在地之直轄市、縣（市）主管機關申請辦理重新鑑定及需求評估。

身心障礙者於其證明效期屆滿前六十日尚未申請辦理重新鑑定及需求評估者，直轄市、縣（市）主管機關應以書面通知其辦理。但其障礙類別屬中央衛生主管機關規定無法減輕或恢復，無須重新鑑定者，得免予書面通知，由直轄市、縣（市）主管機關逕予核發身心障礙證明，或視個案狀況進行需求評估後，核發身心障礙證明。

身心障礙者如有正當理由，無法於效期屆滿前申請重新鑑定及需求評估者，應於效期屆滿前附具理由提出申請，經直轄市、縣（市）主管機關認定具有正當理由者，得於效期屆滿後六十日內辦理。

身心障礙者障礙情況改變時，應自行向直轄市、縣（市）主管機關申請重新鑑定及需求評估。

直轄市、縣（市）主管機關發現身心障礙者障礙情況改變時，得以書面通知其於六十日內辦理重新鑑定與需求評估。

第15條　依前條第一項至第三項規定辦理重新鑑定及需求評估者，於原證明效期屆滿至新證明生效期間，得經直轄市、縣（市）主管機關註記後，暫以原證明繼續享有本法所定相關權益。

經重新鑑定結果，其障礙程度有變更者，其已依前項規定以原證明領取之補助，應由直轄市、縣（市）主管機關於新證明生效後，依新證明之補助標準予以追回或補發。

身心障礙者於障礙事實消失或死亡時，其本人、家屬或利害關係人，應將其身心障礙證明繳還直轄市、縣（市）主管機關辦理註銷；未繳還者，由直轄市、縣（市）主管機關逕行註銷，並取消本法所定相關權益或追回所溢領之補助。

第16條　身心障礙者之人格及合法權益，應受尊重及保障，對其接受教育、應考、進用、就業、居住、遷徙、醫療等權益，不得有歧視之對待。

公共設施場所營運者，不得使身心障礙者無法公平使用設施、設備或享有權利。

公、私立機關（構）、團體、學校與企業公開辦理各類考試，應依身心障礙應考人個別障礙需求，在考試公平原則下，提供多元化適性協助，以保障身心障礙者公平應考機會。

第17條　身心障礙者依法請領各項現金給付或補助，得檢具直轄市、縣（市）主管機關出具之證明文件，於金融機構開立專戶，並載明金融機構名稱、地址、帳號及戶名，報直轄市、縣（市）主管機關核可後，專供存入各項現金給付或補助之用。

前項專戶內之存款，不得作為抵銷、扣押、供擔保或強制執行之標的。

第18條　直轄市、縣（市）主管機關應建立通報系統，並由下列各級相關目的事業主管機關負責彙送資訊，以掌握身心障礙者之情況，適時提供服務或轉介：

一、衛生主管機關：疑似身心障礙者、發展遲緩或異常兒童資訊。

二、教育主管機關：疑似身心障礙學生資訊。

三、勞工主管機關：職業傷害資訊。

四、警政主管機關：交通事故資訊。

五、戶政主管機關：身心障礙者人口異動資訊。

直轄市、縣（市）主管機關受理通報後，應即進行初步需求評估，並於三十日內主動提供協助服務或轉介相關目的事業主管機關。

第19條　各級主管機關及目的事業主管機關應依服務需求之評估結果，提供個別化、多元化之服務。

第20條　為促進身心障礙輔具資源整合、研究發展及服務，中央主管機關應整合各目的事業主管機關推動辦理身心障礙輔具資源整合、研究發展及服務等相關事宜。

前項輔具資源整合、研究發展及服務辦法，由中央主管機關會同中央教育、勞工、科技研究事務、經濟主管機關定之。

第二章　保健醫療權益

第21條　中央衛生主管機關應規劃整合醫療資源，提供身心障礙者健康維護及生育保健。

直轄市、縣（市）主管機關應定期舉辦身心障礙者健康檢查及保健服務，並依健康檢查結果及身心障礙者意願，提供追蹤服務。

前項保健服務、追蹤服務、健康檢查項目及方式之準則，由中央衛生主管機關會同中央主管機關定之。

第22條　各級衛生主管機關應整合醫療資源，依身心障礙者個別需求提供保健醫療服務，並協助身心障礙福利機構提供所需之保健醫療服務。

第23條　醫院應為身心障礙者設置服務窗口，提供溝通服務或其他有助於就醫之相關服務。

醫院應為住院之身心障礙者提供出院準備計畫；出院準備計畫應包括下列事項：

一、居家照護建議。

二、復健治療建議。

三、社區醫療資源轉介服務。

四、居家環境改善建議。

五、輔具評估及使用建議。

六、轉銜服務。

七、生活重建服務建議。

八、心理諮商服務建議。

九、其他出院準備相關事宜。

前項出院準備計畫之執行，應由中央衛生主管機關列入醫院評鑑。

第24條　直轄市、縣（市）衛生主管機關應依據身心障礙者人口數及就醫需求，指定醫院設立身心障礙者特別門診。

前項設立身心障礙者特別門診之醫院資格條件、診療科別、人員配置、醫療服務設施與督導考核及獎勵辦法，由中央衛生主管機關定之。

第25條　為加強身心障礙者之保健醫療服務，直轄市、縣（市）衛生主管機關應依據各類身心障礙者之人口數及需要，設立或獎助設立醫療復健機構及護理之家，提供醫療復健、輔具服務、日間照護及居家照護等服務。

前項所定機構及服務之獎助辦法，由中央衛生主管機關定之。

第26條　身心障礙者醫療復健所需之醫療費用及醫療輔具，尚未納入全民健康保險給付範圍者，直轄市、縣（市）主管機關應依需求評估結果補助之。

前項補助辦法，由中央衛生主管機關會同中央主管機關定之。

第三章　教育權益

第27條　各級教育主管機關應根據身心障礙者人口調查之資料，規劃特殊教育學校、特殊教育班或以其他方式教育不能就讀於普通學校或普通班級之身心障礙者，以維護其受教育之權益。

各級學校對於經直轄市、縣（市）政府鑑定安置入學或依各級學校入學方式入學之身心障礙者，不得以身心障礙、尚未設置適當設施或其他理由拒絕其入學。

各級特殊教育學校、特殊教育班之教師，應具特殊教育教師資格。

第一項身心障礙學生無法自行上下學者，應由政府免費提供交通工具；確有困難，無法提供者，應補助其交通費；直轄市、縣（市）教育主管機關經費不足者，由中央教育主管機關補助之。

第28條　各級教育主管機關應主動協助身心障礙者就學；並應主動協助正在接受醫療、社政等相關單位服務之身心障礙學齡者，解決其教育相關問題。

第29條　各級教育主管機關應依身心障礙者之家庭經濟條件，優惠其本人及其子女受教育所需相關經費；其辦法，由中央教育主管機關定之。

第30條　各級教育主管機關辦理身心障礙者教育及入學考試時，應依其障礙類別、程度、學習及生活需要，提供各項必需之專業人員、特殊教材與各種教育輔助器材、無障礙校園環境、點字讀物及相關教育資源，以符公平合理接受教育之機會與應考條件。

第30-1條　中央教育主管機關應依視覺功能障礙者、學習障礙者、聽覺障礙者或其他感知著作有困難之特定身心障礙者之需求，考量資源共享及廣泛利用現代化數位科技，由其指定之圖書館專責規劃、整合及典藏，以可接觸之數位格式提供圖書資源，以利視覺功能障礙者及其他特定身心障礙者之運用。

前項受指定之圖書館，對於視覺功能障礙者及前項其他特定身心障礙者提出需求之圖書資源，應優先提供。

第一項規劃、整合與典藏之內容、利用方式及所需費用補助等辦法，由中央教育主管機關定之。

第30-2條　經中央教育主管機關審定之教科用書，其出版者應於該教科用書出版時，向中央教育主管機關指定之機關（構）或學校提供所出版教科用書之數位格式，以利製作專供視覺功能障礙者及前條第一項其他特定身心障礙者接觸之無障礙格式。各級政府機關（構）出版品亦同。

前項所稱數位格式由中央教育主管機關指定之。

第31條　各級教育主管機關應依身心障礙者教育需求，規劃辦理學前教育，並獎勵民間設立學前機構，提供課後照顧服務，研發教具教材等服務。

公立幼兒園、課後照顧服務，應優先收托身心障礙兒童，辦理身心障礙幼童學前教育、托育服務及相關專業服務；並獎助民間幼兒園、課後照顧服務收托身心障礙兒童。

第32條　身心障礙者繼續接受高級中等以上學校之教育，各級教育主管機關應予獎助；其獎助辦法，由中央教育主管機關定之。

中央教育主管機關應積極鼓勵輔導大專校院開辦按摩、理療按摩或醫療按摩相關科系，並應保障視覺功能障礙者入學及就學機會。

前二項學校提供身心障礙者無障礙設施，得向中央教育主管機關申請補助。

第四章　就業權益

第33條　各級勞工主管機關應參考身心障礙者之就業意願，由職業重建個案管理員評估其能力與需求，訂定適切之個別化職業重建服務計畫，並結合相關資源，提供職業重建服務，必要時得委託民間團體辦理。

前項所定職業重建服務，包括職業重建個案管理服務、職業輔導評量、職業訓練、就業服務、職務再設計、創業輔導及其他職業重建服務。

前項所定各項職業重建服務，得由身心障礙者本人或其監護人向各級勞工主管機關提出申請。

第34條　各級勞工主管機關對於具有就業意願及就業能力，而不足以獨立在競爭性就業市場工作之身心障礙者，應依其工作能力，提供個別化就業安置、訓練及其他工作協助等支持性就業服務。

各級勞工主管機關對於具有就業意願，而就業能力不足，無法進入競爭性就業市場，需長期就業支持之身心障礙者，應依其職業輔導評量結果，提供庇護性就業服務。

第35條　直轄市、縣（市）勞工主管機關為提供第三十三條第二項之職業訓練、就業服務及前條之庇護性就業服務，應推動設立下列機構：

一、職業訓練機構。

二、就業服務機構。

三、庇護工場。

前項各款機構得單獨或綜合設立。機構設立因業務必要使用所需基地為公有，得經該公有基地管理機關同意後，無償使用。

第一項之私立職業訓練機構、就業服務機構、庇護工場，應向當地直轄市、縣（市）勞工主管機關申請設立許可，經發給許可證後，始得提供服務。

未經許可，不得提供第一項之服務。但依法設立之機構、團體或學校接受政府委託辦理者，不在此限。

第一項機構之設立許可、設施與專業人員配置、資格、遴用、培訓及經費補助之相關準則，由中央勞工主管機關定之。

第36條　各級勞工主管機關應協調各目的事業主管機關及結合相關資源，提供庇護工場下列輔導項目：

一、經營及財務管理。

二、市場資訊、產品推廣及生產技術之改善與諮詢。

三、員工在職訓練。

四、其他必要之協助。

第37條　各級勞工主管機關應分別訂定計畫，自行或結合民間資源辦理第三十三條第二項職業輔導評量、職務再設計及創業輔導。

前項服務之實施方式、專業人員資格及經費補助之相關準則，由中央勞工主管機關定之。

第38條　各級政府機關、公立學校及公營事業機構員工總人數在三十四人以上者，進用具有就業能力之身心障礙者人數，不得低於員工總人數百分之三。

私立學校、團體及民營事業機構員工總人數在六十七人以上者，進用具有就業能力之身心障礙者人數，不得低於員工總人數百分之一，且不得少於一人。

前二項各級政府機關、公、私立學校、團體及公、民營事業機構為進用身心障礙者義務機關（構）；其員工總人數及進用身心障礙者人數之計算方式，以各義務機關（構）每月一日參加勞保、公保人數為準；第一項義務機關（構）員工員額經核定為員額凍結或列為出缺不補者，不計入員工總人數。

前項身心障礙員工之月領薪資未達勞動基準法按月計酬之基本工資數額者，不計入進用身心障礙者人數及員工總人數。但從事部分工時工作，其月領薪資達勞動基準法按月計酬之基本工資數額二分之一以上者，進用二人得以一人計入身心障礙者人數及員工總人數。

辦理庇護性就業服務之單位進用庇護性就業之身心障礙者，不計入進用身心障礙者人數及員工總人數。

依第一項、第二項規定進用重度以上身心障礙者，每進用一人以二人核計。

警政、消防、關務、國防、海巡、法務及航空站等單位定額進用總人數之計算範圍，得於本法施行細則另定之。

依前項規定不列入定額進用總人數計算範圍之單位，其職務應經職務分析，並於三年內完成。

前項職務分析之標準及程序，由中央勞工主管機關另定之。

第38-1條 事業機構依公司法成立關係企業之進用身心障礙者人數達員工總人數百分之二十以上者，得與該事業機構合併計算前條之定額進用人數。

事業機構依前項規定投資關係企業達一定金額或僱用一定人數之身心障礙者應予獎勵與輔導。

前項投資額、僱用身心障礙者人數、獎勵與輔導及第一項合併計算適用條件等辦法，由中央各目的事業主管機關會同中央勞工主管機關定之。

第39條 各級政府機關、公立學校及公營事業機構為進用身心障礙者，應洽請考試院依法舉行身心障礙人員特種考試，並取消各項公務人員考試對身心障礙人員體位之不合理限制。

第40條 進用身心障礙者之機關（構），對其所進用之身心障礙者，應本同工同酬之原則，不得為任何歧視待遇，其所核發之正常工作時間薪資，不得低於基本工資。

庇護性就業之身心障礙者，得依其產能核薪；其薪資，由進用單位與庇護性就業者議定，並報直轄市、縣（市）勞工主管機關核備。

第41條 經職業輔導評量符合庇護性就業之身心障礙者，由辦理庇護性就業服務之單位提供工作，並由雙方簽訂書面契約。

接受庇護性就業之身心障礙者，經第三十四條之職業輔導評量單位評量確認不適於庇護性就業時，庇護性就業服務單位應依其實際需求提供轉銜服務，並得不發給資遣費。

第42條 身心障礙者於支持性就業、庇護性就業時，雇主應依法為其辦理參加勞工保險、全民健康保險及其他社會保險，並依相關勞動法規確保其權益。

庇護性就業者之職業災害補償所採薪資計算之標準，不得低於基本工資。

庇護工場給付庇護性就業者之職業災害補償後，得向直轄市、縣（市）勞工主管機關申請補助；其補助之資格條件、期間、金額、比率及方式之辦法，由中央勞工主管機關定之。

第43條　為促進身心障礙者就業，直轄市、縣（市）勞工主管機關應設身心障礙者就業基金；其收支、保管及運用辦法，由直轄市、縣（市）勞工主管機關定之。

進用身心障礙者人數未達第三十八條第一項、第二項標準之機關（構），應定期向所在地直轄市、縣（市）勞工主管機關之身心障礙者就業基金繳納差額補助費；其金額，依差額人數乘以每月基本工資計算。

直轄市、縣（市）勞工主管機關之身心障礙者就業基金，每年應就收取前一年度差額補助費百分之三十撥交中央勞工主管機關之就業安定基金統籌分配；其提撥及分配方式，由中央勞工主管機關定之。

第44條　前條身心障礙者就業基金之用途如下：

一、補助進用身心障礙者達一定標準以上之機關（構），因進用身心障礙者必須購置、改裝、修繕器材、設備及其他為協助進用必要之費用。

二、核發超額進用身心障礙者之私立機構獎勵金。

三、其他為辦理促進身心障礙者就業權益相關事項。

前項第二款核發之獎勵金，其金額最高按超額進用人數乘以每月基本工資二分之一計算。

第45條　各級勞工主管機關對於進用身心障礙者工作績優之機關（構），應予獎勵。

前項獎勵辦法，由中央勞工主管機關定之。

第46條　非視覺功能障礙者，不得從事按摩業。

各級勞工主管機關為協助視覺功能障礙者從事按摩及理療按摩工作，應自行或結合民間資源，輔導提升其專業技能、經營管理能力，並補助其營運所需相關費用。

前項輔導及補助對象、方式及其他應遵行事項之辦法，由中央勞工主管機關定之。

醫療機構得僱用視覺功能障礙者於特定場所從事非醫療按摩工作。

醫療機構、車站、民用航空站、公園營運者及政府機關（構），不得提供場所供非視覺功能障礙者從事按摩或理療按摩工作。其提供場地供視覺功能障礙者從事按摩或理療按摩工作者應予優惠。

第一項規定於中華民國一百年十月三十一日失其效力。

第46-1條 政府機關（構）及公營事業自行或委託辦理諮詢性電話服務工作，電話值機人數在十人以上者，除其他法規另有規定外，應進用視覺功能障礙者達電話值機人數十分之一以上。但因工作性質特殊或進用確有困難，報經電話值機所在地直轄市、縣（市）勞工主管機關同意者，不在此限。

於前項但書所定情形，電話值機所在地直轄市、縣（市）勞工主管機關與自行或委託辦理諮詢性電話服務工作之機關相同者，應報經中央勞工主管機關同意。

第47條 為因應身心障礙者提前老化，中央勞工主管機關應建立身心障礙勞工提早退休之機制，以保障其退出職場後之生活品質。

第五章 支持服務

第48條 為使身心障礙者不同之生涯福利需求得以銜接，直轄市、縣（市）主管機關相關部門，應積極溝通、協調，制定生涯轉銜計畫，以提供身心障礙者整體性及持續性服務。

前項生涯轉銜計畫服務流程、模式、資料格式及其他應遵行事項之辦法，由中央主管機關會同中央目的事業主管機關定之。

第49條 身心障礙者支持服務，應依多元連續服務原則規劃辦理。

直轄市、縣（市）主管機關應自行或結合民間資源提供支持服務，並不得有設籍時間之限制。

第50條 直轄市、縣（市）主管機關應依需求評估結果辦理下列服務，提供身心障礙者獲得所需之個人支持及照顧，促進其生活品質、社會參與及自立生活：

一、居家照顧。

二、生活重建。

三、心理重建。

四、社區居住。

五、婚姻及生育輔導。

六、日間及住宿式照顧。

七、家庭托顧。

八、課後照顧。

九、自立生活支持服務。
十、其他有關身心障礙者個人照顧之服務。

第51條　直轄市、縣（市）主管機關應依需求評估結果辦理下列服務，以提高身心障礙者家庭生活品質：
一、臨時及短期照顧。
二、照顧者支持。
三、照顧者訓練及研習。
四、家庭關懷訪視及服務。
五、其他有助於提昇家庭照顧者能力及其生活品質之服務。
前條及前項之服務措施，中央主管機關及中央各目的事業主管機關於必要時，應就其內容、實施方式、服務人員之資格、訓練及管理規範等事項，訂定辦法管理之。

第52條　各級及各目的事業主管機關應辦理下列服務，以協助身心障礙者參與社會：
一、休閒及文化活動。
二、體育活動。
三、公共資訊無障礙。
四、公平之政治參與。
五、法律諮詢及協助。
六、無障礙環境。
七、輔助科技設備及服務。
八、社會宣導及社會教育。
九、其他有關身心障礙者社會參與之服務。
前項服務措施屬付費使用者，應予以減免費用。
第一項第三款所稱公共資訊無障礙，係指應對利用網路、電信、廣播、電視等設施者，提供視、聽、語等功能障礙國民無障礙閱讀、觀看、轉接或傳送等輔助、補助措施。
前項輔助及補助措施之內容、實施方式及管理規範等事項，由各中央目的事業主管機關定之。
第一項除第三款之服務措施，中央主管機關及中央各目的事業主管機關，應就其內容及實施方式制定實施計畫。

第52-1條　中央目的事業主管機關，每年應主動蒐集各國軟、硬體產品無障礙設計規範（標準），訂定各類產品設計或服務提供之國家無障礙規範

（標準），並藉由獎勵與認證措施，鼓勵產品製造商或服務提供者於產品開發、生產或服務提供時，符合前項規範（標準）。

中央目的事業主管機關應就前項獎勵內容、資格、對象及產品或服務的認證標準，訂定辦法管理之。

第52-2條　各級政府及其附屬機關（構）、學校所建置之網站，應通過第一優先等級以上之無障礙檢測，並取得認證標章。

前項檢測標準、方式、頻率與認證標章核發辦法，由目的事業主管機關定之。

第53條　運輸營運者應於所服務之路線、航線或區域內，規劃適當路線、航線、班次、客車（機船）廂（艙），提供無障礙運輸服務。

前項路線、航線或區域確實無法提供無障礙運輸服務者，各級交通主管機關應依實際需求，邀集相關身心障礙者團體代表、當地運輸營運者及該管社政主管機關研商同意後，不適用前項規定。

大眾運輸工具應規劃設置便於各類身心障礙者行動與使用之無障礙設施及設備。未提供對號座之大眾運輸工具應設置供身心障礙者及老弱婦孺優先乘坐之博愛座，其比率不低於總座位數百分之十五，座位應設於鄰近車門、艙門或出入口處，至車門、艙門或出入口間之地板應平坦無障礙，並視需要標示或播放提醒禮讓座位之警語。

國內航空運輸業者除民航主管機關所定之安全因素外，不得要求身心障礙者接受特殊限制或拒絕提供運輸服務。

第三項大眾運輸工具無障礙設施項目、設置方式及其他應遵行事項之辦法，應包括鐵路、公路、捷運、空運、水運等，由中央交通主管機關分章節定之。

大眾運輸工具之無障礙設備及設施不符合前項規定者，各級交通主管機關應令運輸營運者於一定期限內提具改善計畫。但因大眾運輸工具構造或設備限制等特殊情形，依當時科技或專業水準設置無障礙設備及設施確有困難者，得由運輸營運者提具替代改善計畫，並訂定改善期限。

前項改善計畫應報請交通主管機關核定；變更時亦同。

第54條　市區道路、人行道及市區道路兩旁建築物之騎樓，應符合中央目的事業主管機關所規定之無障礙相關法規。

第55條　有關道路無障礙之標誌、標線、號誌及識別頻率等，由中央目的事業主管機關定之。

直轄市、縣（市）政府應依前項規定之識別頻率，推動視覺功能障礙語音號誌及語音定位。

第56條 公共停車場應保留百分之二停車位，作為行動不便之身心障礙者專用停車位，車位未滿五十個之公共停車場，至少應保留一個身心障礙者專用停車位。非領有專用停車位識別證明者，不得違規占用。

前項專用停車位識別證明，應依需求評估結果核發。

第一項專用停車位之設置地點、空間規劃、使用方式、識別證明之核發及違規占用之處理，由中央主管機關會同交通、營建等相關單位定之。

提供公眾服務之各級政府機關、公、私立學校、團體及公、民營事業機構設有停車場者，應依前三項辦理。

第57條 新建公共建築物及活動場所，應規劃設置便於各類身心障礙者行動與使用之設施及設備。未符合規定者，不得核發建築執照或對外開放使用。

公共建築物及活動場所應至少於其室外通路、避難層坡道及扶手、避難層出入口、室內出入口、室內通路走廊、樓梯、升降設備、哺（集）乳室、廁所盥洗室（含移動式）、浴室、輪椅觀眾席位周邊、停車場等其他必要處設置無障礙設備及設施。其項目與規格，由中央目的事業主管機關於其相關法令或依本法定之。

公共建築物及活動場所之無障礙設備及設施不符合前項規定者，各級目的事業主管機關應令其所有權人或管理機關負責人改善。但因軍事管制、古蹟維護、自然環境因素、建築物構造或設備限制等特殊情形，設置無障礙設備及設施確有困難者，得由所有權人或管理機關負責人提具替代改善計畫，申報各級目的事業主管機關核定，並核定改善期限。

第58條 身心障礙者搭乘國內大眾運輸工具，憑身心障礙證明，應予半價優待。

身心障礙者經需求評估結果，認需人陪伴者，其必要陪伴者以一人為限，得享有前項之優待措施。

第一項之大眾運輸工具，身心障礙者得優先乘坐，其優待措施並不得有設籍之限制。

國內航空業者除民航主管機關所訂之安全因素外，不認同身心障礙者可單獨旅行，而特別要求應有陪伴人共同飛行者，不得向陪伴人收費。

前四項實施方式及內容之辦法，由中央目的事業主管機關定之。

第58-1條　直轄市、縣（市）主管機關辦理復康巴士服務，自中華民國一百零一年一月一日起不得有設籍之限制。

第59條　身心障礙者進入收費之公營或公設民營風景區、康樂場所或文教設施，憑身心障礙證明應予免費；其為民營者，應予半價優待。

身心障礙者經需求評估結果，認需人陪伴者，其必要陪伴者以一人為限，得享有前項之優待措施。

第60條　視覺、聽覺、肢體功能障礙者由合格導盲犬、導聾犬、肢體輔助犬陪同或導盲犬、導聾犬、肢體輔助犬專業訓練人員於執行訓練時帶同幼犬，得自由出入公共場所、公共建築物、營業場所、大眾運輸工具及其他公共設施。

前項公共場所、公共建築物、營業場所、大眾運輸工具及其他公共設施之所有人、管理人或使用人，不得對導盲幼犬、導聾幼犬、肢體輔助幼犬及合格導盲犬、導聾犬、肢體輔助犬收取額外費用，且不得拒絕其自由出入或附加其他出入條件。

導盲犬、導聾犬、肢體輔助犬引領視覺、聽覺、肢體功能障礙者時，他人不得任意觸摸、餵食或以各種聲響、手勢等方式干擾該導盲犬、導聾犬及肢體輔助犬。

有關合格導盲犬、導聾犬、肢體輔助犬及其幼犬之資格認定、使用管理、訓練單位之認可、認可之撤銷或廢止及其他應遵行事項之辦法，由中央主管機關定之。

第60-1條　中央主管機關應會同中央勞工主管機關協助及輔導直轄市、縣（市）政府辦理視覺功能障礙者生活及職業重建服務。

前項服務應含生活技能及定向行動訓練，其服務內容及專業人員培訓等相關規定，由中央主管機關會同中央勞工主管機關定之。

第二項於本條文修正公布後二年施行。

第61條　直轄市、縣（市）政府應設置申請手語翻譯服務窗口，依聽覺功能或言語功能障礙者實際需求，提供其參與公共事務所需之服務；並得依身心障礙者之實際需求，提供同步聽打服務。

前項受理手語翻譯或同步聽打之服務範圍及作業程序等相關規定，由直轄市、縣（市）主管機關定之。

依第一項規定提供手語翻譯服務，應於本法公布施行滿五年之日起，由手語翻譯技術士技能檢定合格者擔任之。

第62條 直轄市、縣（市）主管機關應按轄區內身心障礙者人口特性及需求，推動或結合民間資源設立身心障礙福利機構，提供生活照顧、生活重建、福利諮詢等服務。

前項機構所提供之服務，應以提高家庭照顧身心障礙者能力及協助身心障礙者參與社會為原則，並得支援第五十條至第五十二條各項服務之提供。

第一項機構類型、規模、業務範圍、設施及人員配置之標準，由中央主管機關定之。

第一項機構得就其所提供之設施或服務，酌收必要費用；其收費規定，應報由直轄市、縣（市）主管機關核定。

第一項機構，其業務跨及其他目的事業者，得綜合設立，並應依各目的事業主管機關相關法規之規定辦理。

第63條 私人或團體設立身心障礙福利機構，應向直轄市、縣（市）主管機關申請設立許可。

依前項規定許可設立者，應自許可設立之日起三個月內，依有關法規辦理財團法人登記，於登記完成後，始得接受補助，或經主管機關核准後對外募捐並專款專用。但有下列情形之一者，得免辦理財團法人登記：

一、依其他法律申請設立之財團法人或公益社團法人申請附設者。

二、小型設立且不對外募捐、不接受補助及不享受租稅減免者。

第一項機構未於前項規定期間辦理財團法人登記，而有正當理由者，得申請直轄市、縣（市）主管機關核准延長一次，期間不得超過三個月；屆期不辦理者，原許可失其效力。

第一項機構申請設立之許可要件、申請程序、審核期限、撤銷與廢止許可、停辦、擴充與遷移、督導管理及其他相關事項之辦法，由中央主管機關定之。

第63-1條 有下列情事之一者，不得擔任身心障礙福利機構之業務負責人：

一、有施打毒品、暴力犯罪、性騷擾、性侵害行為，經有罪判決確定。

二、行為不檢損害身心障礙者權益，其情節重大，經有關機關查證屬實。

主管機關對前項負責人應主動進行查證。

現職工作人員於身心障礙福利機構服務期間有第一項各款情事之一者，身心障礙福利機構應即停止其職務，並依相關規定予以調職、資遣、令其退休或終止勞動契約。

第64條　各級主管機關應定期輔導、查核及評鑑身心障礙福利機構，其輔導、查核及改善情形應納入評鑑指標項目，其評鑑結果應分為以下等第：

一、優等。

二、甲等。

三、乙等。

四、丙等。

五、丁等。

前項機構經評鑑成績優等及甲等者，應予獎勵；經評鑑成績為丙等及丁等者，主管機關應輔導其改善。

第一項機構之定期輔導、查核及評鑑之項目、方式、獎勵及輔導、改善等事項之辦法，由中央主管機關定之。

第65條　身心障礙福利機構應與接受服務者或其家屬訂定書面契約，明定其權利義務關係。

直轄市、縣（市）主管機關應與接受委託安置之身心障礙福利機構訂定轉介安置書面契約，明定其權利義務關係。

前二項書面契約之格式、內容，中央主管機關應訂定定型化契約範本及其應記載及不得記載事項。

身心障礙福利機構應將中央主管機關訂定之定型化契約書範本公開並印製於收據憑證交付立約者，除另有約定外，視為已依第一項規定訂約。

第66條　身心障礙福利機構應投保公共意外責任保險及具有履行營運之擔保能力，以保障身心障礙者權益。

前項應投保之保險範圍及金額，由中央主管機關會商中央目的事業主管機關定之。

第一項履行營運之擔保能力，其認定標準，由所在地直轄市、縣（市）主管機關定之。

第67條　身心障礙者申請在公有公共場所開設零售商店或攤販，申請購買或承租國民住宅、停車位，政府應保留一定比率優先核准；其保留比率，由直轄市、縣（市）政府定之。

前項受核准者之經營條件、出租轉讓限制，依各目的事業主管機關相關規定辦理；其出租、轉讓對象應以其他身心障礙者為優先。

身心障礙者購買或承租第一項之商店或攤販，政府應提供低利貸款或租金補貼；其辦法由中央主管機關定之。

第68條　身心障礙福利機構、團體及符合設立庇護工場資格者，申請在公共場所設立庇護工場，或申請在國民住宅提供居住服務，直轄市、縣（市）政府應保留名額，優先核准。

前項保留名額，直轄市、縣（市）目的事業主管機關於規劃興建時，應洽商直轄市、縣（市）主管機關後納入興建計畫辦理。

第一項受核准者之經營條件、出租轉讓限制，依各目的事業主管機關相關規定辦理；其出租、轉讓對象應以身心障礙福利相關機構或團體為限。

第69條　身心障礙福利機構或團體、庇護工場，所生產之物品及其提供之服務，於合理價格及一定金額以下者，各級政府機關、公立學校、公營事業機構及接受政府補助之機構、團體、私立學校應優先採購。

各級主管機關應定期公告或發函各義務採購單位，告知前項物品及服務，各義務採購單位應依相關法令規定，採購該物品及服務至一定比率。

前二項物品及服務項目、比率、一定金額、合理價格、優先採購之方式及其他應遵行事項之辦法，由中央主管機關定之。

第69-1條　各級主管機關應輔導視覺功能障礙者設立以從事按摩為業務之勞動合作社。

前項勞動合作社之社員全數為視覺功能障礙，並依法經營者，其營業稅稅率應依加值型及非加值型營業稅法第十三條第一項規定課徵。

第六章　經濟安全

第70條　身心障礙者經濟安全保障，採生活補助、日間照顧及住宿式照顧補助、照顧者津貼、年金保險等方式，逐步規劃實施。

前項年金保險之實施，依相關社會保險法律規定辦理。

第71條　直轄市、縣（市）主管機關對轄區內之身心障礙者，應依需求評估結果，提供下列經費補助，並不得有設籍時間之限制：

一、生活補助費。

二、日間照顧及住宿式照顧費用補助。

三、醫療費用補助。

四、居家照顧費用補助。

五、輔具費用補助。

六、房屋租金及購屋貸款利息補貼。

七、購買停車位貸款利息補貼或承租停車位補助。

八、其他必要之費用補助。

前項經費申請資格、條件、程序、補助金額及其他相關事項之辦法，除本法及其他法規另有規定外，由中央主管機關及中央目的事業主管機關分別定之。

直轄市、縣（市）主管機關為辦理第一項第一款、第二款、第六款、第七款業務，應於會計年度終了前，主動將已核定補助案件相關資料，併同有關機關提供之資料重新審核。但直轄市、縣（市）主管機關於申領人申領資格變更或審核認有必要時，得請申領人提供相關證明文件。

不符合請領資格而領取補助者，由直轄市、縣（市）主管機關以書面命本人自事實發生之日起六十日內繳還；屆期未繳還者，依法移送行政執行。

第71-1條　為辦理前條補助業務所需之必要資料，主管機關得洽請相關機關（構）、團體、法人或個人提供之，受請求者有配合提供資訊之義務。

主管機關依前項規定所取得之資料，應盡善良管理人之注意義務，確實辦理資訊安全稽核作業，其保有、處理及利用，並應遵循個人資料保護法之規定。

第72條　對於身心障礙者或其扶養者應繳納之稅捐，依法給予適當之減免。

納稅義務人或與其合併申報納稅之配偶或扶養親屬為身心障礙者，應准予列報身心障礙特別扣除額，其金額於所得稅法定之。

身心障礙者或其扶養者依本法規定所得之各項補助，應免納所得稅。

第73條　身心障礙者加入社會保險，政府機關應依其家庭經濟條件，補助保險費。

前項保險費補助辦法，由中央主管機關定之。

第七章　保護服務

第74條　傳播媒體報導身心障礙者或疑似身心障礙者，不得使用歧視性之稱呼或描述，並不得有與事實不符或誤導閱聽人對身心障礙者產生歧視或偏見之報導。

身心障礙者涉及相關法律事件，未經法院判決確定其發生原因可歸咎於當事人之疾病或其身心障礙狀況，傳播媒體不得將事件發生原因歸咎於當事人之疾病或其身心障礙狀況。

第75條　對身心障礙者不得有下列行為：

一、遺棄。

二、身心虐待。

三、限制其自由。

四、留置無生活自理能力之身心障礙者於易發生危險或傷害之環境。

五、利用身心障礙者行乞或供人參觀。

六、強迫或誘騙身心障礙者結婚。

七、其他對身心障礙者或利用身心障礙者為犯罪或不正當之行為。

第76條　醫事人員、社會工作人員、教育人員、警察人員、村（里）幹事及其他執行身心障礙服務業務人員，知悉身心障礙者有前條各款情形之一者，應立即向直轄市、縣（市）主管機關通報，至遲不得超過二十四小時。

村（里）長及其他任何人知悉身心障礙者有前條情形者，得通報直轄市、縣（市）主管機關。

前二項通報人之身分資料，應予保密。

直轄市、縣（市）主管機關知悉或接獲第一項及第二項通報後，應自行或委託其他機關、團體進行訪視、調查，至遲不得超過二十四小時，並應於受理案件後四日內提出調查報告。調查時得請求警政、醫院及其他相關單位協助。

第一項、第二項及前項通報流程及後續處理辦法，由中央主管機關定之。

第77條　依法令或契約對身心障礙者有扶養義務之人，有喪失扶養能力或有違反第七十五條各款情形之一，致使身心障礙者有生命、身體之危難或生活陷於困境之虞者，直轄市、縣（市）主管機關得依本人、扶養義務人之申請或依職權，經調查評估後，予以適當安置。

前項之必要費用，除直轄市、縣（市）主管機關依第七十一條第一項第二款給予補助者外，由身心障礙者或扶養義務人負擔。

第78條　身心障礙者遭受第七十五條各款情形之一者，情況危急非立即給予保護、安置或其他處置，其生命、身體或自由有立即之危險或有危險之虞者，直轄市、縣（市）主管機關應予緊急保護、安置或為其他必要之處置。

直轄市、縣（市）主管機關為前項緊急保護、安置或為其他必要之處置時，得請求檢察官或當地警察機關協助。

第79條　前條之緊急安置服務，得委託相關身心障礙福利機構辦理。安置期間所必要之費用，由前條第一項之行為人支付。

前項費用，必要時由直轄市、縣（市）主管機關先行支付，並檢具支出憑證影本及計算書，請求前條第一項之行為人償還。

前項費用，經直轄市、縣（市）主管機關以書面定十日以上三十日以下期間催告償還，而屆期未償還者，得移送法院強制執行。

第80條　第七十八條身心障礙者之緊急保護安置，不得超過七十二小時；非七十二小時以上之安置，不足以保護身心障礙者時，得聲請法院裁定繼續保護安置。繼續保護安置以三個月為限；必要時，得聲請法院裁定延長之。

繼續保護安置期間，直轄市、縣（市）主管機關應視需要，協助身心障礙者向法院提出監護或輔助宣告之聲請。

繼續保護安置期滿前，直轄市、縣（市）主管機關應經評估協助轉介適當之服務單位。

第81條　身心障礙者有受監護或輔助宣告之必要時，直轄市、縣（市）主管機關得協助其向法院聲請。受監護或輔助宣告之原因消滅時，直轄市、縣（市）主管機關得協助進行撤銷宣告之聲請。

有改定監護人或輔助人之必要時，直轄市、縣（市）主管機關應協助身心障礙者為相關之聲請。

法院為身心障礙者選定之監護人或輔助人為社會福利機構、法人者，直轄市、縣（市）主管機關應對其執行監護或輔助職務進行監督；相關監督事宜之管理辦法，由中央主管機關定之。

第82條　直轄市、縣（市）主管機關、相關身心障礙福利機構，於社區中提供身心障礙者居住安排服務，遭受居民以任何形式反對者，直轄市、縣（市）政府應協助其排除障礙。

第83條　為使無能力管理財產之身心障礙者財產權受到保障，中央主管機關應會同相關目的事業主管機關，鼓勵信託業者辦理身心障礙者財產信託。

第84條　法院或檢察機關於訴訟程序實施過程，身心障礙者涉訟或須作證時，應就其障礙類別之特別需要，提供必要之協助。

刑事被告或犯罪嫌疑人因精神障礙或其他心智缺陷無法為完全之陳述時，直轄市、縣（市）主管機關得依刑事訴訟法第三十五條規定，聲請法院同意指派社會工作人員擔任輔佐人。

依刑事訴訟法第三十五條第一項規定得為輔佐人之人，未能擔任輔佐人時，社會福利機構、團體得依前項規定向直轄市、縣（市）主管機關提出指派申請。

第85條　身心障礙者依法收容於矯正機關時，法務主管機關應考量矯正機關收容特性、現有設施狀況及身心障礙者特殊需求，作必要之改善。

第八章　罰則

第86條　違反第十六條第一項規定，處新臺幣十萬元以上五十萬元以下罰鍰。

違反第七十四條規定，由目的事業主管機關處新臺幣十萬元以上五十萬元以下罰鍰。

第87條　違反第四十條第一項規定者，由直轄市、縣（市）勞工主管機關處新臺幣十萬元以上五十萬元以下罰鍰。

第88條　違反第五十七條第三項規定未改善或未提具替代改善計畫或未依核定改善計畫之期限改善完成者，各級目的事業主管機關除得勒令停止其使用外，處其所有權人或管理機關負責人新臺幣六萬元以上三十萬元以下罰鍰，並限期改善；屆期未改善者，得按次處罰至其改善完成為止；必要時，得停止供水、供電或封閉、強制拆除。

前項罰鍰收入應成立基金，供作改善及推動無障礙設備與設施經費使用；基金之收支、保管及運用辦法，由中央目的事業主管機關定之。

第89條　設立身心障礙福利機構未依第六十三條第一項規定申請許可設立，或應辦理財團法人登記而未依第六十三條第二項或第三項規定期限辦理者，處其負責人新臺幣六萬元以上三十萬元以下罰鍰及公告其姓名，並令限期改善。

於前項限期改善期間，不得增加收容身心障礙者，違者另處其負責人新臺幣六萬元以上三十萬元以下罰鍰，並得按次處罰。

經依第一項規定限期令其改善，屆期未改善者，再處其負責人新臺幣十萬元以上五十萬元以下罰鍰，得按次處罰，並公告其名稱，且得令其停辦。

經依前項規定令其停辦而拒不遵守者，處新臺幣二十萬元以上一百萬元以下罰鍰，並得按次處罰。

第90條　身心障礙福利機構有下列情形之一，經主管機關查明屬實者，處新臺幣六萬元以上三十萬元以下罰鍰，並令限期改善；屆期未改善者，得按次處罰：

一、有第七十五條各款規定情形之一。

二、提供不安全之設施設備或供給不衛生之餐飲。

三、有其他重大情事，足以影響身心障礙者身心健康。

第91條　身心障礙福利機構停辦或決議解散時，主管機關對於該機構服務之身心障礙者，應即予適當之安置，身心障礙福利機構應予配合。不予配合者，強制實施之，並處新臺幣六萬元以上三十萬元以下罰鍰；必要時，得予接管。

前項接管之實施程序、期限與受接管機構經營權及財產管理權之限制等事項之辦法，由中央主管機關定之。

第一項停辦之機構完成改善時，得檢附相關資料及文件，向主管機關申請復業；經主管機關審核後，應將復業申請計畫書報經中央主管機關備查。

第92條　身心障礙福利機構於主管機關依第九十條、第九十三條、第九十四條規定限期改善期間，不得增加收容身心障礙者，違者另處新臺幣六萬元以上三十萬元以下罰鍰，並得按次處罰。

經主管機關依第九十條、第九十三條第一款至第三款規定令其限期改善；屆期仍未改善者，得令其停辦一個月以上一年以下，並公告其名稱。

經主管機關依第九十三條第四款規定令其限期改善屆期仍未改善者，應令其停辦一個月以上一年以下，並公告其名稱。

停辦期限屆滿仍未改善或違反法令情節重大者，應廢止其許可；其屬法人者，得予解散。

依第二項、第三項規定令其停辦而拒不遵守者，再處新臺幣二十萬元以上一百萬元以下罰鍰，並得按次處罰。

第93條　主管機關依第六十四條第一項規定對身心障礙福利機構輔導或評鑑，發現有下列情形之一者，應令限期改善；屆期未改善者，處新臺幣五萬元以上二十五萬元以下罰鍰，並按次處罰：

一、業務經營方針與設立目的或捐助章程不符。

二、違反原許可設立之標準。

三、財產總額已無法達成目的事業或對於業務財務為不實之陳報。

四、經主管機關評鑑為丙等或丁等。

第94條　身心障礙福利機構有下列情形之一者，應令其一個月內改善；屆期未改善者，處新臺幣三萬元以上十五萬元以下罰鍰，並按次處罰：

一、收費規定未依第六十二條第四項規定報主管機關核定，或違反規定超收費用。

二、停辦、擴充或遷移未依中央主管機關依第六十三條第四項規定所定辦法辦理。

三、違反第六十五條第一項規定，未與接受服務者或其家屬訂定書面契約或將不得記載事項納入契約。

四、違反第六十六條第一項規定，未投保公共意外責任險或未具履行營運擔保能力，而辦理身心障礙福利機構。

第95條　違反第七十五條各款規定情形之一者，處新臺幣三萬元以上十五萬元以下罰鍰，並得公告其姓名。

身心障礙者之家庭照顧者或家庭成員違反第七十五條各款規定情形之一者，直轄市、縣（市）主管機關應令其接受八小時以上五十小時以下之家庭教育及輔導，並收取必要之費用；其收費規定，由直轄市、縣（市）主管機關定之。

拒不接受前項家庭教育及輔導或時數不足者，處新臺幣三千元以上一萬五千元以下罰鍰，經再通知仍不接受者，得按次處罰至其參加為止。

第96條　有下列情形之一者，由直轄市、縣（市）勞工主管機關處新臺幣二萬元以上十萬元以下罰鍰：

一、職業訓練機構、就業服務機構、庇護工場，違反第三十五條第三項規定，經直轄市、縣（市）政府勞工主管機關令其停止提供服務，並限期改善，未停止服務或屆期未改善。

二、私立學校、團體及民營事業機構無正當理由違反第三十八條第二項規定。

第97條　接受政府補助之機構、團體、私立學校無正當理由違反第六十九條第二項規定者，由各目的事業主管機關處新臺幣二萬元以上十萬元以下罰鍰。

第98條　違反第四十六條第一項者，由直轄市、縣（市）勞工主管機關處新臺幣一萬元以上五萬元以下罰鍰；其於營業場所內發生者，另處罰場所之負責人或所有權人新臺幣二萬元以上十萬元以下罰鍰，並令限期改善；屆期未改善者，按次處罰。

違反第四十六條第五項規定，直轄市、縣（市）勞工主管機關得令限期改善；屆期未改善者，處新臺幣一萬元以上五萬元以下罰鍰，並得按次處罰。

前二項罰鍰之收入，應納入直轄市、縣（市）政府身心障礙者就業基金，專供作促進視覺功能障礙者就業之用。

第99條　國內航空運輸業者違反第五十三條第四項規定限制或拒絕提供身心障礙者運輸服務及違反第五十八條第四項規定而向陪伴者收費，或運輸營運者違反第五十三條第六項規定未改善或未提具替代改善計畫或未依核定改善計畫之期限改善完成者，該管交通主管機關得處新臺幣一萬元以上五萬元以下罰鍰，並限期改善；屆期未改善者，得按次處罰至其改善完成為止。

公共停車場未依第五十六條第一項規定保留一定比率停車位者，目的事業主管機關應令限期改善；屆期未改善者，處其所有人或管理人新臺幣一萬元以上五萬元以下罰鍰。

第100條　違反第十六條第二項或第六十條第二項規定者，應令限期改善；屆期未改善者，處新臺幣一萬元以上五萬元以下罰鍰，並命其接受四小時之講習。

第101條　提供庇護性就業服務之單位違反第四十一條第一項規定者，直轄市、縣（市）勞工主管機關應令限期改善；屆期未改善者，處新臺幣六千元以上三萬元以下罰鍰，並得按次處罰。

第102條　公務員執行職務有下列行為之一者，應受懲處：

一、違反第十六條第一項規定。

二、無正當理由違反第三十八條第一項、第六十七條第一項、第六十八條第一項或第六十九條第二項規定。

第103條　各級政府勞工主管機關對於違反第三十八條第一項或第二項之規定者，得公告之。

未依第四十三條第二項規定定期繳納差額補助費者，自期限屆滿之翌日起至完納前一日止，每逾一日加徵其未繳差額補助費百分之零點二滯納金。

但以其未繳納之差額補助費一倍為限。

前項滯納金之收入，應繳入直轄市、縣（市）政府身心障礙者就業基金專款專用。

第104條　本法所定罰則，除另有規定者外，由直轄市、縣（市）主管機關處罰之。

第104-1條違反第五十九條規定者，經主管機關令限期改善，仍不改善者，予以警告；經警告仍不改善者，處新臺幣一萬元以上五萬元以下罰鍰；其情節重大者，並得公告其事業單位及負責人姓名。

第九章　附則

第105條　各級政府每年應向其民意機關報告本法之執行情形。

第106條　中華民國九十六年六月五日修正之條文全面施行前已領有身心障礙手冊者，應依直轄市、縣（市）主管機關指定期日及方式，辦理重新鑑定及需求評估或換發身心障礙證明；屆期未辦理者，直轄市、縣（市）主管機關得逕予註銷身心障礙手冊。

依前項規定辦理重新鑑定及需求評估或換發身心障礙證明之身心障礙者，於直轄市、縣（市）主管機關發給身心障礙證明前，得依中華民國九十六年六月五日修正之條文公布前之規定，繼續享有原有身心障礙福利服務。

無法於直轄市、縣（市）主管機關指定期日辦理重新鑑定及需求評估者，應於指定期日前，附具理由向直轄市、縣（市）主管機關申請展延，經認有正當理由者，得予展延，最長以六十日為限。

中央社政及衛生主管機關應於中華民國九十六年六月五日修正之條文全面施行後三年內，協同直轄市、縣（市）主管機關對申請、申請重新鑑定或原領有手冊註記效期之身心障礙者依本法第六條、第七條規定進行鑑定與評估，同時完成應遵行事項驗證、測量、修正等相關作業。

直轄市、縣（市）主管機關應於前項作業完成後四年內，完成第一項執永久效期手冊者之相關作業。

第107條　中華民國九十六年六月五日修正之第三十八條自公布後二年施行；第五條至第七條、第十三條至第十五條、第十八條、第二十六條、第五十條、第五十一條、第五十六條及第七十一條，自公布後五年施行；九十八年六月十二日修正之條文，自九十八年十一月二十三日施行。

中華民國一百零四年十二月一日修正之條文，除第六十一條自公布後二年施行外，自公布日施行。

第108條　本法施行細則，由中央主管機關定之。

第109條　本法除另定施行日期者外，自公布日施行。

性別平等教育法

修正日期：民國107年12月28日

第一章　總則

第1條　為促進性別地位之實質平等，消除性別歧視，維護人格尊嚴，厚植並建立性別平等之教育資源與環境，特制定本法。

本法未規定者，適用其他法律之規定。

第2條　本法用詞定義如下：

一、性別平等教育：指以教育方式教導尊重多元性別差異，消除性別歧視，促進性別地位之實質平等。

二、學校：指公私立各級學校。

三、性侵害：指性侵害犯罪防治法所稱性侵害犯罪之行為。

四、性騷擾：指符合下列情形之一，且未達性侵害之程度者：

㈠ 以明示或暗示之方式，從事不受歡迎且具有性意味或性別歧視之言詞或行為，致影響他人之人格尊嚴、學習、或工作之機會或表現者。

㈡ 以性或性別有關之行為，作為自己或他人獲得、喪失或減損其學習或工作有關權益之條件者。

五、性霸凌：指透過語言、肢體或其他暴力，對於他人之性別特徵、性別特質、性傾向或性別認同進行貶抑、攻擊或威脅之行為且非屬性騷擾者。

六、性別認同：指個人對自我歸屬性別的自我認知與接受。

七、校園性侵害、性騷擾或性霸凌事件：指性侵害、性騷擾或性霸凌事件之一方為學校校長、教師、職員、工友或學生，他方為學生者。

第3條　本法所稱主管機關：在中央為教育部；在直轄市為直轄市政府；在縣（市）為縣（市）政府。

第4條　中央主管機關應設性別平等教育委員會，其任務如下：

一、研擬全國性之性別平等教育相關法規、政策及年度實施計畫。

二、協調及整合相關資源，協助並補助地方主管機關及所主管學校、社教機構落實性別平等教育之實施與發展。

三、督導考核地方主管機關及所主管學校、社教機構性別平等教育相關工作之實施。

四、推動性別平等教育之課程、教學、評量與相關問題之研究與發展。

五、規劃及辦理性別平等教育人員之培訓。

六、提供性別平等教育相關事項之諮詢服務及調查、處理與本法有關之案件。

七、推動全國性有關性別平等之家庭教育及社會教育。

八、其他關於全國性之性別平等教育事務。

第5條　直轄市、縣（市）主管機關應設性別平等教育委員會，其任務如下：

一、研擬地方之性別平等教育相關法規、政策及年度實施計畫。

二、協調及整合相關資源，並協助所主管學校、社教機構落實性別平等教育之實施與發展。

三、督導考核所主管學校、社教機構性別平等教育相關工作之實施。

四、推動性別平等教育之課程、教學、評量及相關問題之研究發展。

五、提供所主管學校、社教機構性別平等教育相關事項之諮詢服務及調查、處理與本法有關之案件。

六、辦理所主管學校教育人員及相關人員之在職進修。

七、推動地方有關性別平等之家庭教育及社會教育。

八、其他關於地方之性別平等教育事務。

第6條　學校應設性別平等教育委員會，其任務如下：

一、統整學校各單位相關資源，擬訂性別平等教育實施計畫，落實並檢視其實施成果。

二、規劃或辦理學生、教職員工及家長性別平等教育相關活動。

三、研發並推廣性別平等教育之課程、教學及評量。

四、研擬性別平等教育實施與校園性侵害及性騷擾之防治規定，建立機制，並協調及整合相關資源。

五、調查及處理與本法有關之案件。

六、規劃及建立性別平等之安全校園空間。

七、推動社區有關性別平等之家庭教育與社會教育。

八、其他關於學校或社區之性別平等教育事務。

第7條　中央主管機關之性別平等教育委員會，置委員十七人至二十三人，採任期制，以教育部部長為主任委員，其中女性委員應占委員總數二分之一以上；性別平等教育相關領域之專家學者、民間團體代表及實務工作者之委員合計，應占委員總數三分之二以上。

前項性別平等教育委員會每三個月應至少開會一次，並應由專人處理有關業務；其組織、會議及其他相關事項，由中央主管機關定之。

第8條　直轄市、縣（市）主管機關之性別平等教育委員會，置委員九人至二十三人，採任期制，以直轄市、縣（市）首長為主任委員，其中女性委員應占委員總數二分之一以上；性別平等教育相關領域之專家學者、民間團體代表及實務工作者之委員合計，應占委員總數三分之一以上。

前項性別平等教育委員會每三個月應至少開會一次，並應由專人處理有關業務；其組織、會議及其他相關事項，由直轄市、縣（市）主管機關定之。

第9條　學校之性別平等教育委員會，置委員五人至二十一人，採任期制，以校長為主任委員，其中女性委員應占委員總數二分之一以上，並得聘具性別平等意識之教師代表、職工代表、家長代表、學生代表及性別平等教育相關領域之專家學者為委員。

前項性別平等教育委員會每學期應至少開會一次，並應由專人處理有關業務；其組織、會議及其他相關事項，由學校定之。

第10條　中央、直轄市、縣（市）主管機關及學校每年應參考所設之性別平等教育委員會所擬各項實施方案編列經費預算。

第11條　主管機關應督導考核所主管學校、社教機構或下級機關辦理性別平等教育相關工作，並提供必要之協助；其績效優良者，應給予獎勵，績效不良者，應予糾正並輔導改進。

第二章　學習環境與資源

第12條　學校應提供性別平等之學習環境，尊重及考量學生與教職員工之不同性別、性別特質、性別認同或性傾向，並建立安全之校園空間。

學校應訂定性別平等教育實施規定，並公告周知。

第13條　學校之招生及就學許可不得有性別、性別特質、性別認同或性傾向之差別待遇。但基於歷史傳統、特定教育目標或其他非因性別因素之正當理由，經該管主管機關核准而設置之學校、班級、課程者，不在此限。

第14條　學校不得因學生之性別、性別特質、性別認同或性傾向而給予教學、活動、評量、獎懲、福利及服務上之差別待遇。但性質僅適合特定性別、性別特質、性別認同或性傾向者，不在此限。

學校應對因性別、性別特質、性別認同或性傾向而處於不利處境之學生積極提供協助，以改善其處境。

第14-1條　學校應積極維護懷孕學生之受教權，並提供必要之協助。

第15條　教職員工之職前教育、新進人員培訓、在職進修及教育行政主管人員之儲訓課程，應納入性別平等教育之內容；其中師資培育之大學之教育專業課程，應有性別平等教育相關課程。

第16條　學校之考績委員會、申訴評議委員會、教師評審委員會及中央與直轄市、縣（市）主管機關之教師申訴評議委員會之組成，任一性別委員應占委員總數三分之一以上。但學校之考績委員會及教師評審委員會因該校任一性別教師人數少於委員總數三分之一者，不在此限。

學校或主管機關相關組織未符合前項規定者，應自本法施行之日起一年內完成改組。

第三章　課程、教材與教學

第17條　學校之課程設置及活動設計，應鼓勵學生發揮潛能，不得因性別而有差別待遇。

國民中小學除應將性別平等教育融入課程外，每學期應實施性別平等教育相關課程或活動至少四小時。

高級中等學校及專科學校五年制前三年應將性別平等教育融入課程。

大專校院應廣開性別研究相關課程。

學校應發展符合性別平等之課程規劃與評量方式。

第18條　學校教材之編寫、審查及選用，應符合性別平等教育原則；教材內容應平衡反映不同性別之歷史貢獻及生活經驗，並呈現多元之性別觀點。

第19條　教師使用教材及從事教育活動時，應具備性別平等意識，破除性別刻板印象，避免性別偏見及性別歧視。

教師應鼓勵學生修習非傳統性別之學科領域。

第四章　校園性侵害、性騷擾及性霸凌之防治

第20條　為預防與處理校園性侵害、性騷擾或性霸凌事件，中央主管機關應訂定校園性侵害、性騷擾或性霸凌之防治準則；其內容應包括學校安全

規劃、校內外教學與人際互動注意事項、校園性侵害、性騷擾或性霸凌之處理機制、程序及救濟方法。

學校應依前項準則訂定防治規定，並公告周知。

第21條　學校校長、教師、職員或工友知悉服務學校發生疑似校園性侵害、性騷擾或性霸凌事件者，除應立即依學校防治規定所定權責，依性侵害犯罪防治法、兒童及少年福利與權益保障法、身心障礙者權益保障法及其他相關法律規定通報外，並應向學校及當地直轄市、縣（市）主管機關通報，至遲不得超過二十四小時。

學校校長、教師、職員或工友不得偽造、變造、湮滅或隱匿他人所犯校園性侵害、性騷擾或性霸凌事件之證據。

學校或主管機關處理校園性侵害、性騷擾或性霸凌事件，應將該事件交由所設之性別平等教育委員會調查處理，任何人不得另設調查機制，違反者其調查無效。

第22條　學校或主管機關調查處理校園性侵害、性騷擾或性霸凌事件時，應秉持客觀、公正、專業之原則，給予雙方當事人充分陳述意見及答辯之機會。但應避免重複詢問。

當事人及檢舉人之姓名或其他足以辨識身分之資料，除有調查之必要或基於公共安全之考量者外，應予保密。

第23條　學校或主管機關於調查處理校園性侵害、性騷擾或性霸凌事件期間，得採取必要之處置，以保障當事人之受教權或工作權。

第24條　學校或主管機關處理校園性侵害、性騷擾或性霸凌事件，應告知當事人或其法定代理人其得主張之權益及各種救濟途徑，或轉介至相關機構處理，必要時，應提供心理輔導、保護措施或其他協助；對檢舉人有受侵害之虞者，並應提供必要之保護措施或其他協助。

前項心理輔導、保護措施或其他協助，學校或主管機關得委請醫師、臨床心理師、諮商心理師、社會工作師或律師等專業人員為之。

第25條　校園性侵害、性騷擾或性霸凌事件經學校或主管機關調查屬實後，應依相關法律或法規規定自行或將行為人移送其他權責機關，予以申誡、記過、解聘、停聘、不續聘、免職、終止契約關係、終止運用關係或其他適當之懲處。

學校、主管機關或其他權責機關為性騷擾或性霸凌事件之懲處時，應命行為人接受心理輔導之處置，並得命其為下列一款或數款之處置：

一、經被害人或其法定代理人之同意，向被害人道歉。

二、接受八小時之性別平等教育相關課程。
三、其他符合教育目的之措施。
前項心理輔導，學校或主管機關得委請醫師、臨床心理師、諮商心理師、社會工作師或律師等專業人員為之。
校園性騷擾或性霸凌事件情節輕微者，學校、主管機關或其他權責機關得僅依第二項規定為必要之處置。
第一項懲處涉及行為人身分之改變時，應給予其書面陳述意見之機會。
第二項之處置，應由該懲處之學校或主管機關執行，執行時並應採取必要之措施，以確保行為人之配合遵守。

第26條 學校或主管機關調查校園性侵害、性騷擾或性霸凌事件過程中，得視情況就相關事項、處理方式及原則予以說明，並得於事件處理完成後，經被害人或其法定代理人之同意，將事件之有無、樣態及處理方式予以公布。但不得揭露當事人之姓名或其他足以識別其身分之資料。

第27條 學校或主管機關應建立校園性侵害、性騷擾或性霸凌事件之檔案資料。
行為人如為學生者，轉至其他學校就讀時，主管機關及原就讀之學校認為有追蹤輔導之必要者，應於知悉後一個月內，通報行為人次一就讀之學校。
行為人為學生以外者，轉至其他學校服務時，主管機關及原服務之學校應追蹤輔導，並應通報行為人次一服務之學校。
接獲前二項通報之學校，應對行為人實施必要之追蹤輔導，非有正當理由，不得公布行為人之姓名或其他足以識別其身分之資料。
第一項檔案資料之建立、保存方式、保存年限、銷毀、運用與第二項及第三項之通報及其他相關事項，於依第二十條第一項所定防治準則定之。

第27-1條 學校聘任、任用之教育人員或進用、運用之其他人員，經學校性別平等教育委員會或依法組成之相關委員會調查確認有下列各款情形之一者，學校應予解聘、免職、終止契約關係或終止運用關係：
一、有性侵害行為，或有情節重大之性騷擾或性霸凌行為。
二、有性騷擾或性霸凌行為，非屬情節重大，而有必要予以解聘、免職、終止契約關係或終止運用關係，並經審酌案件情節，議決一年至四年不得聘任、任用、進用或運用。

有前項第一款情事者，各級學校均不得聘任、任用、進用或運用，已聘任、任用、進用或運用者，學校應予解聘、免職、終止契約關係或終止運用關係；有前項第二款情事者，於該議決一年至四年不得聘任、任用、進用或運用期間，亦同。

非屬依第一項規定予以解聘、免職、終止契約關係或終止運用關係之人員，有性侵害行為或有情節重大之性騷擾或性霸凌行為，經學校性別平等教育委員會查證屬實者，不得聘任、任用、進用或運用；已聘任、任用、進用或運用者，學校應予解聘、免職、終止契約關係或終止運用關係；非屬情節重大之性騷擾、性霸凌行為，經學校性別平等教育委員會查證屬實並議決一年至四年不得聘任、任用、進用或運用者，於該議決期間，亦同。

有前三項情事者，各級主管機關及各級學校應辦理通報、資訊之蒐集及查詢。

學校聘任、任用教育人員或進用、運用其他人員前，應依性侵害犯罪防治法之規定，查詢其有無性侵害之犯罪紀錄，及依第七項所定辦法查詢是否曾有性侵害、性騷擾或性霸凌行為；已聘任、任用、進用或運用者，應定期查詢。

各級主管機關協助學校辦理前項查詢，得使用中央社政主管機關建立之依性騷擾防治法第二十條規定受處罰者之資料庫。

前三項之通報、資訊之蒐集、查詢、處理、利用及其他相關事項之辦法，由中央主管機關定之。

第一項至第三項之人員適用教師法、教育人員任用條例、公務人員相關法律或陸海空軍相關法律者，其解聘、停聘、免職、撤職、停職或退伍，依各該法律規定辦理，並適用第四項至前項規定；其未解聘、免職、撤職或退伍者，應調離學校現職。

前項以外人員，涉有第一項或第三項情形，於調查期間，學校或主管機關應經性別平等教育委員會決議令其暫時停職；停職原因消滅後復職者，其未發給之薪資應依相關規定予以補發。

第五章　申請調查及救濟

第28條　學校違反本法規定時，被害人或其法定代理人得向學校所屬主管機關申請調查。

校園性侵害、性騷擾或性霸凌事件之被害人或其法定代理人得以書面向行為人所屬學校申請調查。但學校之首長為行為人時，應向學校所屬主管機關申請調查。

任何人知悉前二項之事件時，得依其規定程序向學校或主管機關檢舉之。

第29條　學校或主管機關於接獲調查申請或檢舉時，應於二十日內以書面通知申請人或檢舉人是否受理。

學校或主管機關於接獲調查申請或檢舉時，有下列情形之一者，應不予受理：

一、非屬本法所規定之事項者。

二、申請人或檢舉人未具真實姓名。

三、同一事件已處理完畢者。

前項不受理之書面通知，應敘明理由。

申請人或檢舉人於第一項之期限內未收到通知或接獲不受理通知之次日起二十日內，得以書面具明理由，向學校或主管機關申復。

第30條　學校或主管機關接獲前條第一項之申請或檢舉後，除有前條第二項所定事由外，應於三日內交由所設之性別平等教育委員會調查處理。

學校或主管機關之性別平等教育委員會處理前項事件時，得成立調查小組調查之；必要時，調查小組成員得一部或全部外聘。本法中華民國一百零七年十二月七日修正之條文施行前，亦同。

調查小組成員應具性別平等意識，女性成員不得少於成員總數二分之一，且其成員中具性侵害、性騷擾或性霸凌事件調查專業素養之專家學者人數，於學校應占成員總數三分之一以上，於主管機關應占成員總數二分之一以上；事件當事人分屬不同學校時，並應有被害人現所屬學校之代表。

性別平等教育委員會或調查小組依本法規定進行調查時，行為人、申請人及受邀協助調查之人或單位，應予配合，並提供相關資料。

行政程序法有關管轄、移送、迴避、送達、補正等相關規定，於本法適用或準用之。

性別平等教育委員會之調查處理，不受該事件司法程序進行之影響。

性別平等教育委員會為調查處理時，應衡酌雙方當事人之權力差距。

第31條　學校或主管機關性別平等教育委員會應於受理申請或檢舉後二個月內完成調查。必要時，得延長之，延長以二次為限，每次不得逾一個月，並應通知申請人、檢舉人及行為人。

性別平等教育委員會調查完成後，應將調查報告及處理建議，以書面向其所屬學校或主管機關提出報告。

學校或主管機關應於接獲前項調查報告後二個月內，自行或移送相關權責機關依本法或相關法律或法規規定議處，並將處理之結果，以書面載明事實及理由通知申請人、檢舉人及行為人。

學校或主管機關為前項議處前，得要求性別平等教育委員會之代表列席說明。

第32條　申請人及行為人對於前條第三項處理之結果有不服者，得於收到書面通知次日起二十日內，以書面具明理由向學校或主管機關申復。

前項申復以一次為限。

學校或主管機關發現調查程序有重大瑕疵或有足以影響原調查認定之新事實、新證據時，得要求性別平等教育委員會重新調查。

第33條　性別平等教育委員會於接獲前條學校或主管機關重新調查之要求時，應另組調查小組；其調查處理程序，依本法之相關規定。

第34條　申請人或行為人對學校或主管機關之申復結果不服，得於接獲書面通知書之次日起三十日內，依下列規定提起救濟：

一、公私立學校校長、教師：依教師法之規定。

二、公立學校依公務人員任用法任用之職員及中華民國七十四年五月三日教育人員任用條例施行前未納入銓敘之職員：依公務人員保障法之規定。

三、私立學校職員：依性別工作平等法之規定。

四、公私立學校工友：依性別工作平等法之規定。

五、公私立學校學生：依規定向所屬學校提起申訴。

第35條　學校及主管機關對於與本法事件有關之事實認定，應依據其所設性別平等教育委員會之調查報告。

法院對於前項事實之認定，應審酌各級性別平等教育委員會之調查報告。

第六章　罰則

第36條　學校校長、教師、職員或工友有下列情形之一者，處新臺幣三萬元以上十五萬元以下罰鍰：

一、違反第二十一條第一項規定，未於二十四小時內，向學校及當地直轄市、縣（市）主管機關通報。

二、違反第二十一條第二項規定，偽造、變造、湮滅或隱匿他人所犯校園性騷擾或性霸凌事件之證據。

學校違反第二十一條第三項、第二十二條第二項或第二十七條第四項規定者，處新臺幣一萬元以上十五萬元以下罰鍰；其他人員違反者，亦同。

學校違反第十三條、第十四條、第十四條之一、第十六條或第二十條第二項規定者，處新臺幣一萬元以上十萬元以下罰鍰。

行為人違反第二十五條第六項不配合執行，或第三十條第四項不配合調查，而無正當理由者，由學校報請主管機關處新臺幣一萬元以上五萬元以下罰鍰，並得按次處罰至其配合或提供相關資料為止。但行為人為學校校長時，由主管機關逕予處罰。

學校校長或學校財團法人董事怠於行使職權，致學校未依第二十五條第一項、第二項或第六項規定，執行行為人之懲處或處置，或採取必要之措施確保行為人配合遵守者，處校長或董事新臺幣一萬元以上五萬元以下罰鍰。

第36-1條　學校校長、教師、職員或工友違反第二十一條第一項所定疑似校園性侵害事件之通報規定，致再度發生校園性侵害事件；或偽造、變造、湮滅或隱匿他人所犯校園性侵害事件之證據者，應依法予以解聘或免職。

學校或主管機關對違反前項規定之人員，應依法告發。

第七章　附則

第37條　本法施行細則，由中央主管機關定之。

第38條　本法施行日期，除中華民國一百年六月七日修正之條文，由行政院定之外，自公布日施行。

教育人員任用條例

修正日期：民國103年01月22日

第一章　總則

第1條　教育人員之任用，依本條例行之。本條例未規定者，適用其他有關法律之規定。

第2條　本條例所稱教育人員為各公立各級學校校長、教師、職員、運動教練，社會教育機構專業人員及各級主管教育行政機關所屬學術研究機構（以下簡稱學術研究機構）研究人員。

第二章　任用資格

第3條　教育人員之任用，應注意其品德及對國家之忠誠；其學識、經驗、才能、體能，應與擬任職務之種類、性質相當。各級學校校長及社會教育機構、學術研究機構主管人員之任用，並應注重其領導能力。

第4條　國民小學校長應持有國民小學教師證書，並具下列資格之一：

一、曾任國民小學教師五年以上，及各級學校法規所定一級單位主管之學校行政工作三年以上。

二、曾任國民小學或國民中學教師三年以上或合計四年以上，及薦任第八職等以上或與其相當之教育行政相關工作二年以上。

三、曾任各級學校教師合計七年以上，其中擔任國民小學教師至少三年，及國民小學一級單位主管之學校行政工作二年以上。

前項第三款國民小學一級單位主管之學校行政工作年資，於師資培育之大學所設附屬國民小學校長，得為大學法規所定一級單位主管之學校行政工作年資。

第5條　國民中學校長應持有中等學校教師證書，並具下列資格之一：

一、曾任國民中學教師五年以上，及各級學校法規所定一級單位主管之學校行政工作三年以上。

二、曾任國民小學或中等學校教師三年以上或合計四年以上，及薦任第八職等以上或與其相當之教育行政相關工作二年以上。

三、曾任各級學校教師合計七年以上，其中擔任國民中學教師至少三年，及國民中學一級單位主管之學校行政工作二年以上。

師資培育之大學附設國民中學校長資格，除依前項各款規定辦理外，得曾任教育學院、系專任講師及中等學校教師各三年以上，並應持有中等學校教師證書；前項第三款國民中學一級單位主管之學校行政工作年資，並得為大學法規所定一級單位主管之學校行政工作年資。

持有國民中學主任甄選儲訓合格證書之高級中等學校附設國民中學部教師，其兼任高級中等學校主任者，得以該主任年資，採計為第一項第三款國民中學一級單位主管之學校行政工作年資。

第6條　高級中等學校校長應持有中等學校教師證書，並具下列資格之一：

一、曾任高級中等學校教師五年以上，及各級學校法規所定一級單位主管之學校行政工作三年以上。

二、曾任中等學校教師三年以上，及薦任第九職等以上或與其相當之教育行政相關工作二年以上。

三、曾任各級學校教師合計七年以上，其中擔任高級中等學校教師至少三年，及高級中等學校一級單位主管之學校行政工作二年以上。

師資培育之大學附設高級中等學校校長資格，除依前項各款規定辦理外，得曾任教育學院、系專任副教授或曾任與擬任職業學校性質相關學科專任副教授，及中等學校教師各二年以上，並具各級學校法規所定一級單位主管之學校行政工作一年以上，且應持有中等學校教師證書；前項第三款高級中等學校一級單位主管之學校行政工作年資，並得為大學法規所定一級單位主管之學校行政工作年資。

民族藝術高級中等學校校長資格，除依第一項各款規定辦理外，得曾任高級中等學校或專科以上學校之戲劇、藝術或其相關科、系（所、學程）教師二年以上，及各級學校法規所定主管職務、薦任第九職等以上或與其相當之教育、文化行政工作二年以上。

第6-1條　特殊教育學校校長應持有學校所設最高教育階段教師證書及具備特殊教育之專業知能，並具下列資格之一：

一、曾任特殊教育學校（班）教師五年以上，及各級學校法規所定一級單位主管之學校行政工作三年以上。

二、曾任特殊教育學校（班）教師三年以上，及薦任第九職等以上或與其相當之教育行政相關工作二年以上。

三、曾任各級學校教師合計七年以上，其中擔任特殊教育學校（班）教師至少三年，及高級中等以下學校一級單位主管之學校行政工作二年以上。

第7條　（刪除）

第8條　專科學校校長應具下列第一款各目資格之一及第二款資格：

一、具下列資格之一：

㈠ 中央研究院院士。

㈡ 教授。

㈢ 曾任相當教授之教學、學術研究工作。

㈣ 曾任副教授三年以上。

㈤ 曾任相當副教授三年以上之教學、學術研究工作。

二、曾任學校、政府機關（構）或其他公民營事業機構之主管職務合計三年以上。

第9條　（刪除）

第10條　大學校長應具下列第一款各目資格之一及第二款資格：

一、具下列資格之一：

㈠ 中央研究院院士。

㈡ 教授。

㈢ 曾任相當教授之教學、學術研究工作。

二、曾任學校、政府機關（構）或其他公民營事業機構之主管職務合計三年以上。

獨立學院校長資格，除依前項各款規定辦理外，得以具有博士學位，並曾任與擬任學院性質相關之專門職業，或簡任第十二職等以上或與其相當之教育行政職務合計六年以上者充任之。

大學及獨立學院校長之資格除應符合前二項規定外，各校得因校務發展及特殊專業需求，另定前二項以外之資格條件，並於組織規程中明定。

第10-1條　本條例中華民國一百年十一月十五日修正之條文施行前曾任或現任各級學校校長，或經公開甄選儲訓合格之國民中學、國民小學校長候用人員，或符合修正前高級中等以上學校校長聘任資格者，具有同級學校校長之聘任資格；主管教育行政機關已依修正前第四條、第五條規定資格辦理校長候用人員儲訓作業者，其儲訓合格之人員，亦同。

專科學校改制為技術學院設有專科部者，其校長得由原專科學校校長繼續擔任至任期屆滿為止。

本條例中華民國一百年十一月十五日修正之條文施行前，主管教育行政機關、學校或董事會已依修正前第四條至前條規定資格辦理校長遴選作業中者，其校長聘任資格得依修正前規定辦理。

第11條　師範大學、師範學院、師範專科學校校、院長，除應具備本條例相關各條規定之資格外，並以修習教育者為原則。

第12條　國民小學教師應具有左列資格之一：

一、師範專科學校畢業者。

二、師範大學、師範學院各學系、或教育學院、系畢業者。

三、本條例施行前，依規定取得國民小學教師合格證書尚在有效期間者。

第13條　中等學校教師應具有左列資格之一：

一、師範大學、師範學院各系、所畢業者。

二、教育學院各系、所或大學教育學系、所畢業者。

三、大學或獨立學院各系、所畢業，經修習規定之教育學科及學分者。

四、本條例施行前，依規定取得中等學校教師合格證書尚在有效期間者。

第14條　大學、獨立學院及專科學校教師分為教授、副教授、助理教授、講師。

大學、獨立學院及專科學校教師應具有專門著作在國內外知名學術或專業刊物發表，或已為接受且出具證明將定期發表，或經出版公開發行，並經教育部審查其著作合格者，始得升等；必要時，教育部得授權學校辦理審查。

大學、獨立學院及專科學校體育、藝術、應用科技等以技能為主之教師聘任或升等，得以作品、成就證明或技術報告代替專門著作送審。

大學、獨立學院及專科學校教師之聘任、升等均應辦理資格審查；其審查辦法由教育部定之。

第15條　大學、獨立學院及專科學校得聘任助教協助教學及研究工作。

助教應具有左列資格之一：

一、大學或獨立學院畢業，成績優良者。

二、三年制專科學校畢業，曾從事與所習學科有關之研究工作、專門職業或職務二年以上；或二年制、五年制專科學校畢業，曾從事與所習學科有關之研究工作、專門職業或職務三年以上，成績優良者。

第16條　講師應具有左列資格之一：

一、在研究院、所研究，得有碩士學位或其同等學歷證書，成績優良者。

二、大學或獨立學院畢業，曾任助教擔任協助教學或研究工作四年以上，成績優良，並有專門著作者。

三、大學或獨立學院畢業，曾從事與所習學科有關之研究工作、專門職業或職務六年以上，成績優良，並有專門著作者。

第16-1條　助理教授應具有左列資格之一：

一、具有博士學位或其同等學歷證書，成績優良，並有專門著作者。

二、具有碩士學位或其同等學歷證書，曾從事與所習學科有關之研究工作、專門職業或職務四年以上，成績優良，並有專門著作者。

三、大學或獨立學院醫學系、中醫學系、牙醫學系畢業，擔任臨床工作九年以上，其中至少曾任醫學中心主治醫師四年，成績優良，並有專門著作者。

四、曾任講師三年以上，成績優良，並有專門著作者。

第17條　副教授應具有左列資格之一：

一、具有博士學位或其同等學歷證書，曾從事與所習學科有關之研究工作、專門職業或職務四年以上，並有專門著作者。

二、曾任助理教授三年以上，成績優良，並有專門著作者。

第18條　教授應具有左列資格之一：

一、具有博士學位或其同等學歷證書，曾從事與所習學科有關之研究工作、專門職業或職務八年以上，有創作或發明，在學術上有重要貢獻或重要專門著作者。

二、曾任副教授三年以上，成績優良，並有重要專門著作者。

第19條　在學術上有傑出之貢獻，並經教育部學術審議會委員二分之一以上出席及出席委員四分之三以上之決議通過者，得任大學、獨立學院或專科學校教師，不受前四條規定之限制。

第20條　偏遠或特殊地區之學校校長、教師之資格及專業科目、技術科目、特殊科目教師及稀少性科技人員之資格，由教育部定之。

在民國八十三年二月七日前已考進師範學院幼教系及八十四年十一月十六日前已考進師範學院進修部幼教系肄業之師範生，參加偏遠地區國民小學教師甄試，其教育學科及學分之採計，由原就讀之師資培育機構依實質認定原則處理之。

參加八十九學年度各縣市偏遠地區國小教師甄試錄取未獲介聘，符合前項規定者，應比照辦理。

第21條　學校職員之任用，依其職務類別，分別適用公務人員任用法或技術人員任用條例之規定，並辦理銓敘審查。

本條例施行前已遴用之學校編制內現任職員，其任用資格適用原有關法令規定，並得在各學校間調任。

各學校編制內現任職員，在本條例修正施行前，已具有公務人員或技術人員法定任用資格者，依現職改任換敘；其改任換敘辦法由考試院會同行政院定之。

學校人事人員及主計人員之任用，分別依照各該有關法律規定辦理。

公立學校職員升等考試規則由考試院定之。

第22條　社會教育機構專業人員及學術研究機構研究人員之聘任資格，依其職務等級，準用各級學校教師之規定。

前項機構一般行政人員之任用資格，依公務人員有關法規之規定。

第22-1條　各級學校專任運動教練之資格，由中央體育主管機關定之；聘任程序及聘期，由中央主管機關定之。

第三章　任用程序

第23條　（刪除）

第24條　（刪除）

第25條　（刪除）

第26條　各級學校教師之聘任，應本公平、公正、公開之原則辦理，其程序如左：

一、高級中等以下學校教師除依法令分發者外，由校長就經公開甄選之合格人員中，提請教師評審委員會審查通過後聘任。

二、專科學校教師經科務會議，由科主任提經教師評審委員會評審通過後，報請校長聘任。

三、大學、獨立學院各學系、研究所教師，學校應於傳播媒體或學術刊物刊載徵聘資訊後，由系主任或所長就應徵人員提經系（所）、院、校教師評審委員會評審通過後，報請校長聘任。

前項教師評審委員會之設置辦法，除專科以上學校由學校組織規程規定外，其辦法由教育部定之。

第27條　國民中、小學校長之遴選，除依法兼任者外，應就合格人員以公開方式甄選之。

中等學校教師，除分發者外，亦同。

第28條　學校職員之任用程序，除主計人員、人事人員分別依各該有關法律規定辦理外，由校長就合格人員中任用，並報主管教育行政機關核備。

第29條　社會教育機構專業人員、學術研究機構研究人員，由各該首長遴選合格人員，報請主管教育行政機關核准後聘任。

第30條　學校教師經任用後，應依左列程序，報請審查其資格：

一、國民中、小學教師應送由服務學校報請該管縣（市）政府轉報省教育廳審查。

二、高級中等學校教師應送由服務學校轉報省教育廳審查。

三、直轄市所屬公私立中、小學教師應送由服務學校轉報市教育局審查。

四、師範校院，設有教育院、系之大學附屬中、小學及國立中等學校教師，應送由服務學校層轉所在地區之省（市）教育廳（局）審查。

五、專科以上學校教師應送由服務學校轉報教育部審查。教師資格審查、登記辦法由教育部定之。

第30-1條　本條例修正施行前已取得講師、助教證書之現職人員，如繼續任教而未中斷，得逕依原升等辦法送審，不受大學法第二十九條之限制。社會教育機構專業人員及學術研究機構研究人員原依本條例聘任者，得比照辦理。

第四章　任用限制

第31條　具有下列情事之一者，不得為教育人員；其已任用者，應報請主管教育行

政機關核准後，予以解聘或免職：

一、曾犯內亂、外患罪，經有罪判決確定或通緝有案尚未結案。

二、曾服公務，因貪污瀆職經有罪判決確定或通緝有案尚未結案。

三、曾犯性侵害犯罪防治法第二條第一項所定之罪，經有罪判決確定。

四、依法停止任用，或受休職處分尚未期滿，或因案停止職務，其原因尚未消滅。

五、褫奪公權尚未復權。

六、受監護或輔助宣告尚未撤銷。

七、經合格醫師證明有精神病尚未痊癒。

八、經學校性別平等教育委員會或依法組成之相關委員會調查確認有性侵害行為屬實。

九、經學校性別平等教育委員會或依法組成之相關委員會調查確認有性騷擾或性霸凌行為，且情節重大。

十、知悉服務學校發生疑似校園性侵害事件，未依性別平等教育法規定通報，致再度發生校園性侵害事件；或偽造、變造、湮滅或隱匿他人所犯校園性侵害事件之證據，經有關機關查證屬實。

十一、偽造、變造或湮滅他人所犯校園毒品危害事件之證據，經有關

機關查證屬實。

十二、體罰或霸凌學生，造成其身心嚴重侵害。

十三、行為違反相關法令，經有關機關查證屬實。

教育人員有前項第十三款規定之情事，除情節重大者及教師應依教師法第十四條規定辦理外，其餘經議決解聘或免職者，應併審酌案件情節，議決一年至四年不得聘任為教育人員，並報主管教育行政機關核定。

第一項教育人員為校長時，應由主管教育行政機關予以解聘，其涉及第八款或第九款之行為，應由主管機關之性別平等教育委員會或依法組成之相關委員會調查之。

被告為教育人員之性侵害刑事案件，其主管教育行政機關或所屬學校得於偵查或審判中，聲請司法機關提供案件相關資訊，並通知其偵查、裁判結果。但其妨害偵查不公開、足以妨害另案之偵查、違反法定保密義務，或有害被告訴訟防禦權之行使者，不在此限。

為避免聘任之教育人員有第一項第一款至第十二款及第二項規定之情事，各主管機關及各級學校應依規定辦理通報、資訊之蒐集及查詢；其通報、資訊之蒐集、查詢及其他應遵行事項之辦法，由教育部定之。

本條例中華民國一百零三年一月三日修正之條文施行前，因行為不檢有損師道，經有關機關查證屬實而解聘或免職之教育人員，除屬性侵害行為；性騷擾、性霸凌行為、行為違反相關法令，且情節重大；體罰或霸凌學生造成其身心嚴重侵害者外，於解聘或免職生效日起算逾四年者，得聘任為教育人員。

第32條　各級學校校長不得任用其配偶或三親等以內血親、姻親為本校職員或命與其具有各該親屬關係之教師兼任行政職務。但接任校長前已在職者，屬於經管財務之職務，應調整其職務或工作；屬於有任期之職務，得續任至任期屆滿。

第33條　有痼疾不能任事，或曾服公務交代未清者，不得任用為教育人員。已屆應即退休年齡者，不得任用為專任教育人員。

第34條　專任教育人員，除法令另有規定外，不得在外兼課或兼職。

第34-1條　專任教育人員，除法律另有規定外，因育嬰、侍親、進修、借調或其他情事，經服務之學校、機構或主管教育行政機關核准後，得辦理留職停薪。

前項教育人員留職停薪之事由、核准程序、期限、次數、復職及其他應遵行事項之辦法，由教育部定之。

第35條　第三十二條之規定，於社會教育機構、學術研究機構首長準用之。

第五章　任期

第36條　各級學校校長均採任期制，其任期應依相關法規規定。

前項校長卸任後，持有教師證書者，得免經教師評審委員會審議，依下列規定回任教師：

一、專科以上學校校長：逕行回任原校教師。

二、高級中等以下學校校長：依各級各類學校法律之規定辦理。

第37條　專科以上學校教師之聘期，初聘為一年，續聘第一次為一年，以後續聘，每次均為二年。

中等學校教師之聘期，初聘為一年，以後續聘，每次均為二年。

第38條　學校在聘約有效期間內，除教師違反聘約或因重大事故報經主管教育行政機關核准者外，不得解聘。

教師在聘約有效期間內，非有正當事由，不得辭聘。

第39條　（刪除）

第六章　附則

第40條　學校校長、教師及運動教練之職務等級表，由教育部定之；學校職員之官等、職等及職務列等，適用公務人員任用法之規定。

本條例施行前遴用之職員適用之原有薪級表，得配合相當職務列等予以修正。

第41條　私立學校校長、教師之任用資格及其審查程序，準用本條例之規定。但宗教研修學院校長，得以大學畢業，具有宗教研修教學經驗十年以上及宗教事業機構主管職務經驗六年以上者充任之。

第41-1條　高級中等以上學校擔任軍訓護理課程之護理教師，其資格、遴選、介派（聘）、遷調辦法，由中央主管機關定之。

第42條　本條例施行細則，由教育部定之。

第43條　本條例自公布日施行。

本條例中華民國九十八年十月二十三日修正之條文，自九十八年十一月二十三日施行。

第九章 華語教師實習專業倫理

歐德芬、張玲瑛

中原大學應用華語文學系學生畢業以前，必須完成一定時數的教學實習：大學部學生畢業前須完成36小時的實習時數，研究所學生畢業前須完成72小時實習時數。應華系學生的教學實習場域不限於國內或海外，學生在國內有許多實習機會，例如，各大學華語中心開設的華語課程，寒、暑假的華語營隊活動，或是公私立教育機構的華語課程等，都需要華語教學助理的支援；有些華語教學實習機會則在海外，例如，教育部駐組在世界各地開發很多華語教學助理職缺，中原大學應華系也和美洲、紐澳及亞洲等地的公私立教育機構簽署許多華語教學實習合作協議。由於國內與海外都有許多應華系學生進行教學實習的任務，學生必須具有教學實習專業倫理規範的認知。現在以下列案例說明應華系學生從事教學實習時須注意之相關倫理議題。

一、國內實習之倫理行為

教學實習是中原大學應用華語文學系所有學生必須完成的項目，而且許多應華系學生即在大學附屬的華語中心，或是大學開設的國際華語課程中完成教學實習的任務。雖名爲實習，然而實習教師一站在講臺上即具有準教師的身分，行爲準則也一定要符合教師相關的規範。下列案例即欲提醒學生在教學實習現場上需要恪遵的幾點教育倫理內涵。

案例1

志剛是中原大學應用華語文學系三年級的學生，他向中原大學華語中心報名秋季班華語課程的教學實習甄選，經審核錄取後即向華語中心的專任老師報到，並受指派為宜燕老師華語課堂的一對一授課教學助理。實習前一天，宜燕老師召集所有實習學生進行培訓，提點實習學生們實習對象的學習現況及特性，以及一對一輔導教學的授課重點，此時雖見志剛認真聆聽、頻頻點頭，但未將宜燕老師的叮囑提筆記錄。實習的第一天，志剛的穿著一如往常、趿著拖鞋進入校園即來到華語中心的實習課堂。志剛的教學實習對象是來自日本的外籍學生美智子。美智子長得甜美可愛，雖然年紀和志剛差不多，但是將志剛視為如宜燕老師般的尊敬，並恭謹的向志剛問好。志剛沒想到美智子對待他的態度如此恭敬，因而感覺陶陶然。志剛打開華語教材要輔導美智子時，發現自己昨晚雖然依照宜燕老師的指示先行備課，然而他僅僅是將教材的內容讀過一遍，並未實際掌握輔導重點，對於美智子的提問雖能憑著母語語感回答，但是無法解釋其中的語法規則，只能要美智子死背句子。志剛心慌之餘，也忘記宜燕老師交代的實習輔導重點及範圍。為了掩飾自己的不足，志剛開始和美智子聊天。美智子雖然回應志剛的攀談，但仍欲請教志剛關於教材上的問題，更請志剛糾正自己的華語語音。對於美智子的這些請求志剛其實不知如何回應，但仍硬著頭皮給予答案。美智子雖然表面點頭稱是，但是心中頗有疑惑。實習結束時，志剛想彌補自己剛剛不專業的表現，也想顯示臺灣人的友善，就提出邀請美智子去看電影的請求，並向美智子要手機號碼。此時美智子婉轉的拒絕志剛，而且逕自走向華語中心，投訴志剛實習課上不適當的行為。

案例1解析

本案例中，志剛雖然只是一位大學三年級的學生，但是他是以實習教師的身分進入華語中心進行教學實習，實應珍惜這個機會努力達成實習任務。但是很可惜志剛並未遵守實習倫理準則，以至於被教學對象投訴。案例中的實習老師出現了什麼不適宜的行為呢？

首先實習前的培訓課程十分重要，這是了解實習對象、準備實習內容的重要時機，若志剛此時能詳細記錄實習督導老師（宜燕老師）的提點，並且回家充分備課，實習過程就會比較順利。其次，實習當天志剛仍像往常一樣穿著拖鞋進入課堂，即是心態尚未調整，仍將自己視為學生而非華語教師，此種行為顯示自己並未尊重此時扮演的角色。最後，志剛實習時因準備不周，無法適切教導學生，因而顧左右而言他的聊天，甚至還想邀約學生出遊，更是逾越了師生之間的分際。由於出現上述不適宜的行為，志剛受到美智子同學的投訴。

案例2

安安是中原大學應用華語文學系四年級的學生，她向中原大學應華系報名學務處境外組的華語輔導實習，應華系指派給安安的輔導學生是來自法國的外籍研究生Andre。Andre是中原大學工學院的碩士生，他在研究所修習的課程都以英文授課，教科書也是英文版本，與系上的老師及同學亦以英語溝通，因此Andre的中文不佳。Andre雖然對中文有興趣，也修習了應華系開設的國際華語課程，但是因為華語課程為零學分，加上研究所的課業忙碌，因此Andre常缺席華語課程。由於中原大學國際研究生畢業前要通過華語檢定考試，所以Andre申請了華語一對一的實習輔導，希望能透過時間較有彈性的課後輔導增進自身的中文能力，以順利通過華語檢定考試。安安進行教學實習時，Andre常英文、法文夾雜地抱怨自身課業繁忙還要撥出時間學習華語，也亟欲安安的華語輔導能快速提升他的華語程度以通過檢定。然而安安是位新手實習生，面對Andre的抱怨與要求，因為華語教學專業及語文程度有限之故，無法詳盡完整地回應Andre，因而出現力不從心之感。此外，Andre因研究所的課業繁忙，也常常臨時更改輔導時間，或是在約定的輔導時間無故不出席，而使得安安心生沮喪而出現逃避的心態，只想完成自己的實習時數了事。因此，安安向Andre提出集中實習時間的要求，密集的在三周完成實習時數。期末時考試將至，Andre異常焦慮不安，他知道自己平常在華語課程上不太努力因而考前非常需要華語輔導，並以line向安安求助，安安則是已讀不回，結果則是Andre華語課程的期末考試不及格。之後Andre向學務處境外組投訴安安未盡華語輔導之責。安安到境外組說明時，反擊說是Andre常在課上諸多抱怨，且擅改實習輔導時間在先、也常常放自己鴿子，因而自己才趁Andre有空時集中完成輔導實習的總時數，以免之後Andre又無故不出席，可能導致自己沒有完成系上的實習時數要求而延誤畢業時程。安安認為自己的做法並沒有不對，但是在學務處卻受到師長的指責，因而委屈的流下了眼淚。

案例2解析

本案例中，安安雖然只是一位大學四年級的學生，但是他是以實習教師的身分接受境外組及應華系安排的教學實習工作，實應珍惜這個機會努力達成實習任務。可惜安安並未遵守實習倫理準則，以至於被教學對象投訴。案例中的實習老師出現了什麼不適宜的行為呢？

首先安安在實習前應和實習對象訂定明確的實習計畫並交至督導單位存查，這是日後進行實習的明確契約，實習老師與實習對象雙方若沒有向實習督導單位報備，是不得任意更改實習時程的。其次，安安若察覺實習對象出現擅自更改輔導時間、無故不出現，或是輔導過程中出現離題的抱怨行為，應該即刻向督導單位報告，讓督導單位知悉並介入處理。最後，安安怕實習對象常常無故缺席，可能導致自己無法準時畢業，因而私自將實習時數密集完成，甚至之後實習對象亟需華語輔導幫助時又不出面說明，因而失去了互相溝通的機會。由於出現上述不適宜的行為，安安受到研究生Andre的投訴。

教學實習現場的教育倫理內涵

教學實習是中原大學應華系所有學生的必修項目，絕大部分應華系學生是於中原大學內完成教學實習的學習。學生於華語中心實習時，華語中心會指派教學督導進行實習規範說明及培訓；學務處境外組的華語輔導實習，境外組及應華系也會於實習前召開實習說明會。相關培訓及說明會應華系學生不但要準時出席，更要詳實記錄會中交代的事項，這是確保實習順利的首要關鍵。此外。實習進行時亦要隨時和督導單位及督導老師保持密切聯繫，若有自己無法解決的問題，也要主動向師長請教，如此才能順利完成教學實習的工作。應華系的學生在國內進行教學實習時，應該要注意下列倫理內涵：

1. 實習教師具有準教師的身分，行爲準則也一定要符合教師相關的規範。切莫認爲自己仍是學生身分，而產生言行不妥之情事。進入課堂，教學對象即把實習教師等同視爲授課老師，因此我們絕對不能仍如往常一般以爲自己只是一個學生而輕忽教師相關規範。
2. 實習教師在服裝儀容上面應力求整齊端莊，不應穿著拖鞋，也不宜奇裝異服或是穿著過於暴露。在教學現場，教師的服裝儀容即是專業的展現。因此，唯有在服裝儀容上端莊整齊，才可以在第一時間贏得教學對象的尊重。
3. 實習教師對於督導老師的交代事項，應切實做好筆記並牢記重點內容。應該在課前充分準備教學內容，以免於教學現場產生左支右絀的狀況。
4. 實習教師和教學對象應互相尊重並保持適當距離，不得有任何的肢體接觸。在對談中也應謹守言語分際，不要講出具有性別歧視甚或性騷擾的言詞，使教學對象產生不愉快或不舒服的感覺。尤其現今是性別平權的時代，同學們應該具有良好的兩性平權觀念，才有利於未來正式職場的各項工作。
5. 實習教師和實習對象在教學實習進行之前，應訂定明確的實習計畫，對於實習時間、實習地點以及完整的實習時程應有明確規劃，這是日後雙方都應遵守的明確契約。雙方若沒有向實習督導單位報備，不得任意更改實習時程，以免日後發生實習老師無法完成實習時數以致延後畢業時程，或是受輔學生亟需輔導卻無法取得幫助等實習糾紛。

6. 人非聖賢、孰能無過，實習教師若有遭受教學對象投訴的情事，應該勇於面對，誠懇解釋，並記取教訓保證今後不再犯同樣的錯誤。即便實習教師自認並無任何不當的言行舉止，但是說者無心、聽者有意，只要教學對象有不舒服的感受，皆要引以爲戒、自我檢討，並尋找適當機會向所屬之教學督導說明當時情境，解釋清楚。
7. 實習教師所應負責的事項各督導單位都會有明確的規範，其雖是準教師的身分，但也只是正在學習以及累積教學經驗的實習身分。如果教學對象出現異常狀況或有逾越之要求，實習教師可於第一時間說明清楚，或者課後聯絡督導人員處理，才能避免不必要的委屈。

二、海外實習之倫理行為

如果實習的地點在海外，學生可能面臨的挑戰不僅有教學專業的問題，還有海外生活等多種生心理方面的適應。因此在學生進行海外實習以前，除了教學專業與當地語言文化的相關培訓，也需要加強實習倫理方面的教育。做好了各種獨立生活的準備，就能勇敢出發，挑戰自我並在實習過程中成長茁壯。

案例3
怡萱個性積極開朗，大三開始就持續注意系上公佈的海外實習機會。她覺得自己已經準備好了，所以在大四上學期申請而且通過了到X國私立寄宿小學擔任一學期華語小老師，協助該校專任老師從事輔導小學生學習華語的工作。

抱著勇於接受新環境與新工作挑戰的心情，怡萱一到實習的寄宿小學就忙著把自己未來任職與居住的環境整理妥當。她的督導王主任是一位來自大陸，移民當地已經20年的女老師。王主任雖然言詞親切，卻是要求嚴格的主管。她告訴怡萱份內的工作包括星期一到五每天上午9到11點，下午1到3點都要在教室內助教工作區待命，隨時協助大老師指導30個10歲學童的功課。晚上9點以前還得上網，完成批改學生作業，然後彙整結果給大老師。

怡萱知道自己的工作內容後並不擔心，因為這跟她大三上學期時，在學校附近美語安親班打工，一週7天、每晚4小時的工作經驗比起來，並不算太繁重。沒想到好不容易調整好時差，怡萱卻突然感染了腸胃炎而上吐下瀉，病了三天，不但全身虛弱，連心情都大受影響。她想到自己孤身在異鄉，舉目無親，不禁情緒低落。王主任知道她生病，雖然也帶她就醫服藥，但並未讓她請假休息，只交代她若真的很不舒服時再說。

一方面因為身體不適，又加上心情鬱悶，怡萱一連幾天白天工作時都有些無精打采。她坐在助教位置上發呆，有好幾次疏忽了大老師的提示而沒能及時協助班上學生。晚飯後，怡萱和臺灣的家人通完電話，忽然情緒又陷入低潮。她獨自哭了一會兒就朦朧睡著，等到半夜裡醒來，才驚覺忘了上網批改作業的事。匆忙中她以電郵去信給大老師，謊稱學生都沒交作業所以沒能彙整結果。不料大老師早已明瞭事實真相，再加上白天對怡萱的不滿，隔天便向王主任投訴。果然王主任很快就約談怡萱以了解原因。怡萱在王主任面前忍不住道歉哭泣，說明自己因為身體與情緒因素造成工作不力，她保證以後會盡快調適並努力達成工作要求。王主任也表示願意再給怡萱機會好好表現。

案例3解析

本案例中，怡萱滿懷信心赴海外實習，不料在異鄉生病，以致心情低落。因為無法克服情緒問題，連帶影響了她的工作表現。雖然境遇令人同情，但人生中難免遭遇困難，如何從短暫情緒低潮中盡快恢復，不致影響工作，確實是個難題。

其實在海外實習除了要具備專業的學識與技能等素養，還要有堅強的意志，才能在異鄉獨處時克服身體、心理等問題，在各種壓力下維持良好的工作表現。海外生活除了教學準備與課堂經營，自我生活管理上也要能獨當一面。如何讓自己在海外能健康平安有序，需要一定的生活能力。例如時間與物品的管理能力、打掃和簡單烹飪的家事能力等。此外心理上能獨立自主，安然自適也很重要。雖然過程中很辛苦，但是如果能從解決問題與克服困難的過程中學習，就能歷練成長。因為流淚耕耘之後，必能歡笑收割。

案例4

當婷婷通過實習甄試，也完成了行前培訓，勇敢迎向她嚮往X國，準備進行為期一年在XX大學的交換與教學實習時，心裡充滿了歡喜興奮之情。因為她從大一就開始學習這個國家的語言，也通過了一定程度的語言能力檢定。對這個國家，婷婷一直有種莫名的好感與好奇，所以這次能去交換與實習，她可以說是如願以償、滿懷期待。

婷婷到達學校提供的宿舍安頓好了以後，她刻意選修了兩門輕鬆的課，因為她想趁著在這一年裡的週末到處走走看看。她也被國際處告知每週的週一和週三她要在大學的語言中心各教一個10人班的中文課。她起初也興致勃勃的準備好了教材教具要開始她的工作，沒想到兩個班都從一開學的每班10人，逐漸變成只有一半學生出現。到期中考時，甚至只剩寥寥可數的三兩人來上中文課。婷婷覺得十分洩氣，明明自己那麼努力地備課和教學，為什麼學生還是不願意常來上課？她也明白她的中文課是屬於無學分的課外加強輔助性質，所以對學生來說並沒有約束力，也難怪他們會態度懶散。

慢慢地婷婷也開始興味索然起來，不再像一開始時那樣充滿幹勁。學期快結束的時候，上中文課的學生也越來越少。婷婷心想既然如此，自己也不必太拘泥於上課時間了吧！於是她起先是向語言中心提出把兩班合併為一班的請求，後來又因為臺灣的一群朋友來找她玩，有兩次她在上課前一天才臨時向語言中心請假。又有一次她甚至讓學生在教室裡等了她快半小時才匆匆出現。到了學期末，語言中心管理課程的老師終於對她提出警告，要求她必須準時上課而且不能再臨時請假。婷婷一開始覺得十分委屈，認為是課程性質與學生反應造成她上課不力，也覺得為了教學而限制她與朋友出遊有違自己選擇海外遊學增廣見聞的初衷，所以心中難免不平。

到了下學期，情況越演越烈，婷婷索性連自己選讀的兩門課程也不大去上課了，原因是她接連感冒、身體不適。她曾經一連幾週都沒去上課，語言中心的中文課自然也請了好幾次假。又因為不僅有多次臺灣的朋友來訪，家人也曾來探望她，所以她又缺席了幾週。雖然婷婷心中也暗自覺得不妥，但是她還是在短暫的天人交戰後放棄了去上課。果然在一年期滿，她交換與實習結束回國後，系上收到了婷婷交換與實習的XX大學來函，表示因為她的頻繁缺席與請假等不當行為，將不認可婷婷的一年交換與實習經歷，而且以後不會再持續以往行之多年的校際交換實習約定，未來也不再提供交換與實習機會給她的系所了。

案例4解析

本案例中，婷婷在課程出席不佳與努力投入不足的情況下，未遵守身為學生與老師雙重身分應有的份際。上課頻頻缺課、遲到與過度請假，造成種種問題，終致引起實習單位的不滿，終止交換實習的約定。如此不僅對婷婷個人不利，也傷害了雙方學校的合作關係並損及未來同系學弟妹申請交換生與實習生的權益。

在海外交換與實習時，固然為了體驗當地文化風情而不免經常出遊，但仍必須在能維持學習與教學良好品質的前提下進行。在海外無論是交換或實習，都須對自己、對工作與學校負責，以始終如一的當責精神與勤勉態度完成使命。

海外教學實習的教育倫理內涵

中原大學應華系學生於完成規定之課程後，最早從大三起，就可能到海外從事教學實習的工作。行前的準備是否充分，攸關教學實習工作的成敗。以下分三方面敘述。

1. 心理的：實習學生行前須評估自己是否具備能獨自在海外生活與工作的心理素質。須具備即使獨處也要能心情平靜安適的能力。此外，要儲備對抗壓力的信心和毅力，遇事才能調適情緒，保持鎮靜不慌亂。最好能維持或建立與國內或當地師長、朋友間溝通的管道，有事的時候才能諮詢客觀意見，以免影響情緒，波及工作表現。
2. 生活的：行前須先收集有關當地氣候、文化、風土人情等相關資料並做好準備。例如學習當地的語言、從各方面多了解其飲食與風俗習慣以及認識當地的文化或潛規則等。此舉將有助於更快適應當地生活。
3. 專業的：行前須對從事教學的機構增加更多認識。除了詢問先前於該地實習過的學長姐或了解當地的系上老師，也可主動與對方聯繫，以得知該機構的需求並預先準備教學所需物品或相關資料等，俾使未來工作能盡快上手。

除了行前的充分準備，從事實習的學生在抵達海外後，應秉持主動與積極的態度，與實習當地的人（包含管者、同事、學生等）建立和諧的關係。遇有問題無法自行解決時，應盡快與他人協調溝通、甚至在需要時求助。若仍無法解決困難，則應主動與國內師長聯絡，尋求指導或協助。

保持內在的平靜愉快並在職場上與人溝通無礙，在新環境中積極學習，海外教學實習將可以讓人修練成長，除了儲備未來職場的競爭力，也能留下美好的人生體驗與跨文化經驗。

結論

如前面幾個案例所述，應華系學生無論是到華語中心實習或在海外教育機構實習，其身分就是實習教師，一站在講臺上即具有準教師的身分，故其行為準則也一定要符合教師相關的規範。實習時在心態上必須有所調整，不卑不亢則是面對學生最基本的態度，不需自我矮化但也絕不能過度膨脹。

實習時具備優質的本質及敬業的教學熱忱，才能贏得臺下學生的尊重。以上所舉案例常見於各教學實習現場，希望故事的情節能讓同學們了解碰到問題時應有的解決態度，也希望各位同學能夠強化自身教學專業的素養，並能牢記各項教育倫理守則，如此一定會有既豐富又快樂的教學實習學習之旅。

第十章
華語教師專業倫理之跨文化議題

柳玉芬

華語文教師的教學對象是世界各國不同文化的學生，每一堂課便是一個跨文化溝通與互動的過程，身爲一個華語文教師，其主要使命不只是讓學生能使用華語溝通無礙，還得傳播華人文化，尤其溝通文化(交際文化)。因爲很多語言溝通互動都爲文化所支配，只懂得使用語言溝通，不了解支配語言溝通的文化，有時難以成功地達到語言表達的目的。華語文教師在這樣的跨文化教室環境下除了教授華語文及文化，所要面對的便是各種不同文化的互動，因此勢必會遇到各種跨文化議題，華語文教師如何處理跨文化下的倫理議題，是本章討論的重點。

一、以「信、望、愛」爲基礎的跨文化教育理念

文化是我們行爲的準則，它告訴我們說什麼，做什麼，怎麼做選擇。然而語言教室裡並沒有一個主要的文化作爲我們行爲的依據，它其實是一個語言及文化的練習室，而語言教師是那位傳播語言及文化的重要人物。另一方面來看，學生也有自己的語言文化，更甚者，對某些文化存有刻板印象是常見的情況，在這樣的一個情形下，華語文教師要如何進行語言及文化教學，學生才能適時適地使用華語表達？

在回答這問題之前，我們先看以「信、望、愛」爲教育理念的抉擇基礎是如何進行：

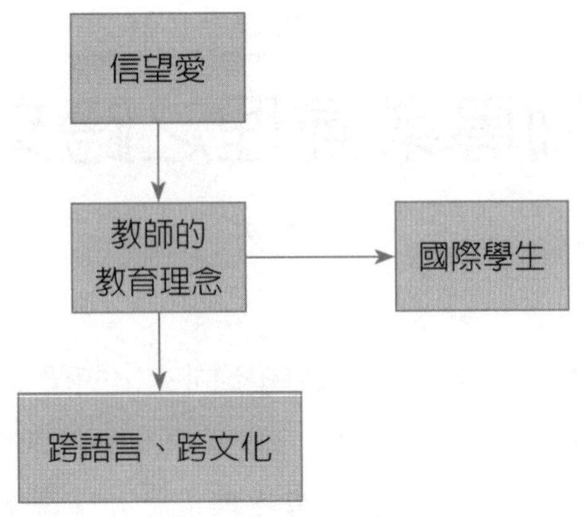

圖17-1　信望愛的教學理念

「信、望、愛」可以如何助我們建立教育理念，「信」和「望」會支持我們繼續維持這份工作的理念而不失熱情，「愛」會讓我們更耐心地使用仁愛之心平等對待每一個不同文化的學生，並在變化很難預料的課室裡做最適當地跨語言及跨文化的抉擇。在充滿仁愛之下，堅信自己的教育理念、盼望教授學生學的華語及文化成功的希望，如此在多變化的課室之中才能做正確的選擇。因此穩固的教育理念是支持教師熱愛工作很重要的準則。以下我們從學生面、教師面、學生之間，以及語言與文化交織面四個面向來做討論。

二、華語文教室的文化—從學生面來看

思考議題：傳統華人文化的課室裡，學生一般是不會在教室裡戴帽子，教師也比較具有權威，然而華語文教學課室裡的學生來自世界各地，有同學會戴帽子，有同學可能戴墨鏡，給老師東西時候可能只使用一隻手等等，充滿各種文化的色彩，華語文教師如何在傳播華人文化時，不冒犯到學生自己的文化表現，又能順利地傳播自己的文化呢？

在「信、望、愛」的基礎下，教師隨時都要判斷教室裡跨語言及跨文

化的變化情形，這之間教師要傳播的是華語文知識，另一個要傳播的是華語文的溝通交際文化。首先要信心堅定相信自己的教育理念，並對這個工作充滿希望，最重要的是使用「愛」進行跨文化溝通，也就是提出跨文化議題，引領學生思考，經過學生思考過的文化議題，學生比較能接受或尊重其不同，如果直接說上課不戴帽是華人文化，並要學生遵守，學生必定會感受到被逼迫的感覺，很容易產生師生之間的緊張，造成師生溝通不良的情形。

爲了避免緊張情形，建議在上課的第一節教師可以說明並釐清這門課的要求，以及教師和學生要達成在這門課所要達成的跨語言和跨文化共識。教師在說明一般華人課室文化時，可以邀請學生在課室裡體驗華人不戴墨鏡、不戴帽的文化，如此邀請而非規定，可以減緩學生的不適。教師可以從議題進入討論，漸漸引領學生，比如提出以下的議題：

1. 進教室戴帽子在所有的文化都的適當嗎？
2. 進教室戴墨鏡在所有的文化都適當的嗎？
3. 在亞洲給予別人東西要使用哪一隻手？

以上這些議題或許對一些學生來說並不是問題，但經由教師的提出可以讓學生注意到這些看似不重要的議題，在一些文化或許表示了什麼，不能不學習。當然有仁愛的教師不會逼迫學生一開始便接受所有的文化，而會耐心地邀請學生體驗，讓他們了解在充滿高語境的東方文化裡，語言並非是唯一的溝通方式，非語言的溝通方式其實占了溝通上很多的比例，如此也讓學生了解學習一個語言不是只有語言上的溝通，還有非語言的溝通才能完整地適當地表達意思。

三、華語文教室的文化——從教師面來看

華語文教師具有適當地傳播華人文化的職責，卻也要注意自己一言一行，如果沒有注意，輕者造成學生的不解，重者可能產生誤解，而導致師生互動不良。

思考議題：小張是個很活潑的華語文教師，很喜歡跟學生互動，也很愛學生，不但活潑而且常常有自己一些個人的小動作。這一天他在課堂裡做了一個小活動，很開心地摸了摸學生的頭，他覺得他跟學生處得很好，跟學生說話的距離也很近。可是語文課一期結束後，學生並沒有給他很好的評量，你覺得是什麼原因呢？

雖然「愛」是我們當教師應該有的基本美德，然而「愛」並非把自己認爲好的，沒有問題的方式加之於人。傳統上，長輩摸晚輩的頭似乎是「愛」的表現，即使晚輩不喜歡被摸頭，但了解了長輩的出發點或許還可接受。然而在跨文化的語言課室裡，並非一味地認爲學生要全盤接收教師的文化，更要小心學生的文化禁忌，尤其是泰國學生，他們認爲頭是靈魂所在，被摸了頭，或者發考卷時越過泰國學生的頭，都會被認爲很不妥的。小張自己認爲和學生距離近，是一種愛和親切的表現，但學生並非都覺得被摸頭是親切的表現。

從另一方面來說，華語文教師也是獨特的個體，每一個個體都會有自己特別的舉止，然而我們常常不注意自己所擁有的一些小動作，這些動作在平常看來是個人特質，但在語言課堂就可能導致學生誤會，抑或會被認爲這些特質是華人的文化特質。因此華語文教師在進入課堂之前，要先了解自己的小動作，在課室裡的一舉一動都是語言教學，需要經過設計，如果不注意自己的舉動，很可能會造成不必要的誤會。

四、華語文教室的文化——學生之間

跨文化議題的發生不只是師生之間，學生與學生之間也可能會產生跨文化問題，尤其是文化的刻板印象有時候是導致學生互相取笑或者開玩笑的起始點，教師要如何處理學生間的跨文化問題也是華語文教師的一項挑戰。

思考議題：華語文課室裡有各個人種，這一天小張上完課本裡的詞彙，請大家造句，結果有一位同學造出：「凡是黃頭髮的人都很笨。」小張心裡想這個句子語法上是沒有錯的（雖然黃頭髮意謂金髮之人），但是總覺得不對勁，可是也沒有進一步說明，後來班上唯一的金髮同學來跟小張說，他不念了……。

跨文化語言教室裡充滿各種文化可能性，文化刻板印象有時候會造成自己以及學生有意無意的言語。或許學生不是故意的，但是不對的言語即使是上課的造句也需要列入是否是課堂的禁止語的考慮，教師要怎麼處理課堂上突發的學生互動問題呢？

首先還是要回到自己的教育理念，在「信」之下，相信的是眞理，在「愛」之下，相信的是愛語，「望」希望的是學習外語能讓地球村更融洽，更美好，希望不同的種族，即便是同種族，也都能和睦相處。人與人之間未必需要互相同意，但彼此尊重是基本的禮貌。語言教師並非只是語言及文化工具的傳播者，他還有責任義務維持一定的課室倫理。

爲了避免上面的情形發生，在上課的第一天定好班規是很重要的，教師應該隨時警覺於上課所發生的事情，對於上面的情境，基於語言知識，可以給予肯定，然而在道德上，是攻擊的語言，不管學生的年齡幾歲，教師都需要馬上指出，笨和頭髮顏色無關，並且指出這很可能已經罵到很多優秀的金髮者，是很不公平的言語，同學應該遵守規定，下課的時候還需要與該生談談。

以上是有關頭髮的顏色，也有可能是種族特徵，或者信仰，教師對於種族特徵及信仰，要給予平等對待，絕對不能因爲自己的信仰或者政治立場，而讓學生之間互動不良，也不可因爲自己的信仰而對學生的信仰有所批評。

五、跨語言與跨文化之間

語言和文化很多時候是交織的，例如漢字呈現古時候的一些輕女的文化概念（許多不好的字都有「女」字旁，像「姦、奸」），又比如對月亮的感受和思故鄉有關，這些文化概念有時候至今還保留著， 或許文化已經稍有不同，但它仍然影響著我們對文字語言的使用。同樣的學生有其語言文化背景，必定有些表達的方式和華人不同，華語文教師要如何平衡文化影響下的語言表達方式不同，以下提出一個眞實案例來做討論。

思考議題：小張在美國教初級華語，其中上到介紹「家人」時談到，一般華人先提男性再提及女性，比如：「這是我爸爸、媽媽、哥哥、姐姐、弟弟和妹妹。」然而學生的文化習慣女性在前，男性在後，常常說「我媽媽、我爸爸。」身為一位華語文教師，你如何處理文化所帶來的語言表達之異。

上面的議題，或許很多人覺得「我媽媽、我爸爸」跟「我爸爸、我媽媽」沒有什麼不同，基本上這麼說沒有什麼不可以，只是並非是道地的中文，而華語文教師的教學目的在於教授道地的核心中文。男生稱呼在前，女生稱呼在後是這個文化和語言的交織表現，另外還有「各位先生、各位女士」。然而也不需硬要更改學生使用女性在前的說法，可以使用引導的方式，問問學生，是否可以使用「gentlemen and ladies」？ 如果感覺怪，那「各位女士、各位先生」可能聽起來是一樣的感覺。不過由於涉及個人文化信仰的問題，老師基於「愛」，可以尊重學生的選擇，也可以依教學理念以及學生的學習目的來做決定。

六、結論

跨文化的教室裡各種跨文化思維的議題常會發生，有些議題看似不重要，比如戴帽與否，但是有的時候誤會是點點滴滴造成的，學生從一個文化來學習另一個文化，需要教師耐心呈現，細心引導，甚至對自己上課的一言一行得認眞對待，並做適當的設計。因爲華語文教師所教授的並非單純的語言，而是語言和文化，也就是說華語文教師本身就是華語語言及華人文化的傳播者，因此需要注意個人非該文化的舉動，也要注意學生文化的禁忌，以及儘量預知有何文化刻板印象可能導致學生的互動不良。如此細心才能減少跨文化教室裡的衝突。這些種種的跨文化議題，需要有以「信、望、愛」爲基礎的教育理念方得以支撐進行，有了穩固的教育理念，在面對各種跨文化議題的時候，才能夠減少各種跨文化的突，達到傳播語言及文化的目的。

七、其他思考議題

1. 在介紹食物時，你呈現了「豬腳」的做法，然而文化上只吃豬排不吃豬腳的學生看到之後馬上出現噁心的回應，在這樣的氣氛下，華語文教師要如何進行課程？
2. 在打招呼語中，見景評論是華人最常用的打招呼方式，比如鄰居看到你是學生又逢上課時間，通常會說「上課去啊！」，而在吃飯的時間左右，通常會彼此問「吃飽了嗎？」，然而這樣的問題並非想要一起吃飯，或者請客，於是給其他文化的學生有華人說話不真實的感覺，華語文教師要如何解釋得好才能減低這種誤會。

第十一章

華語教師數位網路教學倫理

廖宜瑤、余浩彰

一、個案故事

陳應華在臺灣某華語中心擔任華語教師，她常利用網路資源備課，並且應用在課堂教學上。

按應華上課的經驗，網路上的影片可能偶爾因爲網站故障而無法下載，爲了方便上課使用，避免觀看時可能串流延遲，她常會將資源下載後，在課堂離線使用。

她常常因應學生要求，也會將下載後的文字檔、特別是影片檔等，直接讓學生複製，或直接由電子郵件寄給學生。因爲學生提出這類要求的機率太頻繁了，她一個個轉寄又太麻煩了，她就直接將蒐集下載的教學資源，存放到自己的雲端硬碟，或是部落格上，讓學生們可以直接上她自己的雲端硬碟下載，有些則是附上連結網址，放在自己的部落格上，讓學生自行前往下載。

由於應華上課很精彩，班上Rei同學側錄她上課的語音，作爲課後複習用。他也把側錄的內容，提供其他沒有修課的同學使用。應華覺得有點不高興，因爲她是從其他同學們的口中得知，錄影的同學並沒有得到她的允許。但她又不好意思說不可以錄，因爲怕被同學覺得老師太小器了。

應華充分應用網路資源在教學上，甚得同學們的喜愛。同學們也受影響，常應用網路資源學習華語與文化，班級中同學們養成了網路閱讀的習慣。趙同學尤其喜歡轉發網路文章給同學。她常利用網頁上的轉寄鍵，瞬間把喜歡的文章，轉寄給所有列名於其電子郵件通訊錄上的死黨好友們共計二十人，她又常登入她經常瀏覽的社群網站上，分享學習資源，與大家共享。

二、個案解析

上一節的故事中，應華充分應用網路資源進行備課與教學，這是很正常的行爲。然而，有一些應用的細節，牽涉到智慧財產權。例如使用網路資源，複製給學生，這和重製權有關；本於別人的作品，改製成自己的教材，這和改製權有關；拿網路影片或聲音檔播放教學，這些和公播權等有關；將網路的資源或自己改製後的作品與學生分享，這和散布權有關。同樣地，學生散播應華的教材或私下側錄應華上課影片散播，也會有相關的問題。

未得創作者允許使用他人創作的東西，在以往僅僅是不禮貌，在現今這社會，有時還會構成犯罪行爲。特別是近年來，每當有新的科技出現，智慧財產權的規範就有可能被重新討論。雖然每個國家對智慧財產權的規範可能不一樣，但基本上都是有規範的。本故事中，不論應華職教的學校是在歐美、在臺灣，或是在東南亞，故事中的一些行爲侵犯了智慧財產權是無庸置疑的，差別在於該國執法嚴格與否。

三、網路資源使用倫理與智慧財產權

一般人都有「私有財產」的概念。凡屬自己的私有財產，別人不經自己的同意而任意使用，自己將有被侵犯的感覺。凡屬別人的私有財產，我們若未經過他人同意便強加使用，我們也會有些許良心不安。以往的社會，私有財產僅限於有形的物件，現代社會強調智慧努力的作品也是私人財產，不可侵犯。

當我們是創作者，我們不會希望別人隨便使用我們的東西。當我們是使用者，我們也會希望在合理使用的情形下，使用的範圍不受到限制。個人辛苦創作出來的作品若被毫無限制地使用，會扼殺個體創作的動機；但如果創作的作品被限制太多，也會影響公眾使用的意願與創意的流通。作爲一位教師或相關工作者，我們肯定一面希望我們的智慧結晶受到某一種程度的保護，也一面樂於看到自己的智慧結晶能流通，最大程度地讓多人受益。對創作者與使用者而言，這些牽涉到智慧財產被保護的問題，與被合理使用的問題。在這個章節，我們將討論創用授權計畫如何促進網路資源被合理地使用，也會討論著作權法如何保護創作者的智慧財產權。

由於許多華語教師們對於著作權並不是很理解，所以當他們在使用網路資料，例如網路的圖片、聲音、影像、文字等網路的免費資源時，心裡常常都會有一些不必要的擔心，特別是萬一學生在網路上散布我們參考網路資源精心創作出的教材或教學錄影，會不會被原作者發現，認爲我們侵犯了著作權法？

事實上，只要我們好好了解著作權法之後，華語教師們就可以放心地好好使用網路的教學資源，讓網路資源可以眞正對華語教學幫助，教師們又不用擔心是否侵權。

首先，我們來看中華民國的著作權法第一條（經濟部，2019），如下：

「著作權法是爲保障著作人著作權益，調和社會公共利益，促進國家文化發展，特制定本法。本法未規定者，適用其他法律之規定。」

由上述著作權法第一條可知，著作權並不只是保障著作人的權益，同時著作權也必須考量到調和社會公共利益和促進國家文化的永續發展。所以，著作權不會只考慮到著作人本身的利益，著作權須同時考慮到其他社會公共利益，當然這當中包含了最重要的就是人民受教育的權利，因爲如果人民沒有適當地教育，社會就不會進步，國家就不會有好的未來。所以，國家不可能制定一種法律，只是爲了保障著作人的權益，然後犧牲更多其他人的權利，因爲一個國家社會，最需要持續地進步的動力，就是教育。

但是，是不是大家只要喊著教育的名義，就能夠合理使用這些網路上的資料呢？答案當然不是！要能夠合理使用這些網路的資源，每個使用者還是必須要符合如下的一些規範。

目前我國著作權法所保護的著作財產權，包括：重製權、改作權、編輯權、出租權、散布權、公開播送權、公開傳輸權、公開口述權（語文著作）、公開上映權（視聽著作）、公開演出權（語文、音樂或戲劇、舞蹈著作、現場表演）、公開展示權（未發行之美術著作或攝影著作）[1]。以上的權利，都是法律明文規定歸創作者所有，除非創作者授權，非創作者只能合理使用，不能任意使用。那麼，什麼是合理使用呢？

我們這裡要探討三個重要的概念。老師們其實只要能夠考慮到這三個重要的概念，網路的資源就能夠非常安全地合理使用。這三個智慧財產權的基本概念爲：

1.「名」的著作權考量
2.「利」的著作權考量
3.「合理使用」的著作權考量

有關第一部分「名」的著作權考量是在說明，著作權如果要合理使用的話，第一步就是要尊重原創者。所以，如果我們的作品有使用原創者的資料，不管是文字、圖片、聲音，還是影像，都應該在作品最後的參考資料裡面，標註說明來源出處，讓大家清楚地知道哪些資料並不是您自己的創作，而是取自於他人的作品。

第二部分「利」的著作權考量是在說明，如果把別人的完整作品或部分作品拿出來有任何的營利行爲，那就是侵犯了著作權。有關這一點，相信大家可以非常容易理解，因爲當我們利用別人的作品而獲取自身利益的同時，對方並沒有從他自己創作的作品中，獲得任何的好處。所以，當原作者發現自己的作品被別人營利使用時，當然原作者會覺得對創造人是不公平的，所以著作權第二部分，在考慮「利」的原則，其實非常容易理解和避免發生這樣違法著作權的情況。

最後一部分爲「合理使用」的著作權考量。我們要知道，合理使用是著作權所產生出來的一個概念，它允許人們可以合法，在無須徵求版權所

[1] 詳文見經濟部智慧財產局－著作權一點通https://www.tipo.gov.tw/ct.asp?xItem=253031&ctNode=6987&mp=1

有者或是原創者的同意下，就可以自由使用受版權保護的部分內容。為什麼著作權的「合理使用」能給我們這麼大的權利呢？因為著作權的「合理使用」試圖在版權持有人的利益與公眾利益之間去取得一個平衡，試著在兼顧原創者利益的同時，同時又能不斷鼓勵創作者能有新的作品來貢獻社會和滿足社會的需求。請參考著作權法第44-63條，根據著作權法，應該注意以下四點作為是否合理使用的標準。

1. 利用之目的及性質，包括係為商業目的或非營利教育目的。
2. 著作之性質（文字、圖片、音樂、影片……）。
3. 所利用之質量及其在整個著作所佔之比例。
4. 利用結果對著作潛在市場與現在價值之影響。

所以，透過上述四點，我們可以知道，如果是營利的行為，基本上是不可能可以「合理使用」別人的作品。但是，如果是非營利的教育性質，是可以有機會「合理使用」別人的作品，但必須繼續滿足下面的幾項原則：例如，根據著作的性質，例如如果著作是文字的話，目前不成文的規定，文字著作如果與他人的文字作品，文字部分連續十三個字以上相同或幾乎相似，就有可能被視為抄襲的行為。而如果著作是圖片的話，因為圖片如果沒有後製處理，例如去背處理，而直接使用整張圖片的話，幾乎就可以百分之一百確認，違反了「合理使用」的原則。

再來，我們從上述「合理使用」的第三點提到的，該作品所利用的質量佔其整個著作的比例這個原則來看「圖片」這個媒體格式，是常常最容易百分之一百的比例使用，所以使用別人整張的圖片，是比較危險的行為，如果又將其圖片整張放到網路上供不特定人士自由觀看的話，那就因為違反「合理使用」的第四點而更加危險了，大家都看免費了，誰買正本？

我們考量「合理使用」的第四點，該作品其利用的結果對原著作潛在市場價值的影響，這一條我們可以有非常多的解釋。但不管如何解釋，最後認定的原則，都還是以法官的解釋為主。在這裡，我們只能說要盡量去避免違反這個原則，例如我們已經使用了別人的照片但是最後又把他的照片免費放在網路上供任何人自由觀看或下載，那這樣基本上就很容易違反著作權法的合理使用原則。又例如，如果對方是靠「攝影工作」來當作他的謀生工具，那當我們使用了對方的照片時，想要採用「合理使用」這條原則時，本身就會有較高的風險。

回到應華老師的例子看，她在部分課堂上使用網路影片或文章時，能夠註明作著出處，也不因此向學生收講義費，或是賣給學生而產生營利行爲（老師們應該都不會出現這些行爲），基本上便能符合合理使用原則。

案例中，應華老師爲了避免課堂上串流延遲而事先下載資源，以及她將下載的文字檔、影片檔等，直接讓學生用隨身碟複製，或直接由電子郵件寄給學生，或直接將蒐集下載的教學資源，存放到自己的雲端硬碟，再分享給學生，這些都牽涉到重製權的問題。如果作者願意，是可以告她侵權的。然而，應華老師若是僅分享網路資源的原來位址，讓學生自行上該資源所在的網站進行瀏覽，則不會造成侵權。

而學生若分享教師的教材或側錄其教學，未經過教師允許而分享給其他非課堂內的人士，也有侵權之嫌。在這個例子中，老師爲創作者，著作權法保護他的教材被合理使用。然而，老師若允許學生散播，可能更要注意，教材中是否包含從其他人的資源中所取得，著作權宣告不明的內容。特別是被散播出去的材料，若被原創作者發現有內容是取自於他的創作結果，而老師卻沒有取得其同意便使用，這可能會造成侵權。同學們在社群軟體上轉發網路文章也是同樣的原則。如果轉發不提創作人及出處，逕自複製貼上，也可能造成侵權。

爲了解決動不動就侵權的問題，著名法律學者Lawrence Lessig等人，於2001年在美國成立Creative Commons[2]組織，提出「保留部分權利」（Some Rights Reserved）的相對思考與作法。Creative Commons以模組化的簡易條件，依據創用CC「姓名標示」、「非商業性」、「禁止改

2 臺灣稱為「創用CC」授權條款，取其授權方式便於著作的「創」作與使「用」之意。臺灣於2003年起，由中央研究院將「創用CC」授權條款引進。

作」以及「相同方式分享」四個要素，組成六種便利使用的公眾授權條款。創用授權鼓勵創作者根據需求保留部分自己的權利，然後開放作品給公眾使用。另一方面，也鼓勵公眾根據些作品所標示的公眾授權條款內容，對作品進行合理的使用。

換句話說，根據創用的授權條款，創作者可以選擇要怎麼保留與分享他的作品。如果該作品僅要求「姓名標示」則我們在使用他其作品時，僅須將其姓名標示出來，就可以了。若創作者選擇的分享方式是「姓名標示」+「相同方式分享」+「非商業性」，則我們在使用時，不僅要將其姓名標示出來，也要記得不能做商業使用，改作了以後，也要以相同的方式分享出去。詳細的創用授權方式，可以參考臺灣創用CC計畫的網站[3]。

華語教師可能工作的地點可能在全世界各個國家。一般來說，著作財產權的觀念，每個國家都差不多。然而，不同的國家有不同的細節，也有不同嚴格程度的執法。華語教師在不同的國家工作，搜尋網路資源備課或教學時，一面要注意網站上的「使用說明（TERMS OF USE）」，或是特別使用具有「創用授權」分享的資源，甚至在得到網路自由分享的幫助後，將自己編製的教材或教學資源，也一同置於網路，以同樣的方式再分享出去。自由地得著，自由地分享，亦是教育的一大樂事。

從谷阿莫的新聞案例來看，雖然他的作品滿足許多著作權合理使用之原則，但是要注意，只要有著作權法中的一條「合理使用」原則不滿足，就可能會構成侵權的事實。例如，谷阿莫雖然是免費提供觀看，但因爲YouTube有給谷阿莫一定的廣告費用，所以還是可能會被認定爲商業行爲。又谷阿莫的作品「所利用的質量及在著作所佔比例」雖然很低，但是因爲創作的內容「原創性比例」太少，幾乎都是別人作品的精華重點。而考量到「利用結果對著作潛在市場與現在價值的影響」也是谷阿莫X分鐘帶完X電影最可能被攻擊的地方。最後，著作權的「著作人格權」中有特別提到，當我們利用他人的著作權時，是不能夠以歪曲、割裂、竄改的手

3 臺灣創用CC計畫網址：http://creativecommons.org.tw/

法影響作品在市場上的價值與著作權人的名譽。所以這一點，也很可能是谷阿莫會被挑戰是否合理使用的地方。當然，因爲谷阿莫實在太紅了，讓電影的版權所有人盯上，成爲標靶，也是不爭的事實。所以，只要我們要把作品放到網路上，如YouTube這種公開的地方，一定要好好檢視自己的作品是否有著作權的疑慮，三思而後行，才是比較好的方式。

案例1

陳老師要求學生寫筆記。有些學生筆記寫得很好，在同學之間彼此傳抄。某一次的文化議題討論中，A組學生的報告加入許多小組討論後的心得感想，甚得陳老師讚美。B組有學生想要向A組借來複製保存，A組學生討論後，有一位同學反對，他說：「這是智慧財產，我不想借。」又有一次的文化議題討論，A組的三個學生將報告內容分為三部分，每人負責一部分。報告加入自己的心得感想，寫得很好，又有同學想借來抄。B組有學生又想要向A組借來複製保存，A組學生討論後，有一位同學反對，他說：「這是智慧財產，我不想借。」。

請討論：以上三種情況的筆記報告的傳抄，有否涉及侵權？

小結

數位媒體技術的更新快速，關於智慧財產權的法律修訂的頻率也是所有法條中更新速度最高的。然而這些法條的修正可能對教師而言太過於瑣碎。其實在引用網路材料於教學用途時，只要教師們把握合理引用的原則，多應用具有創用授權的材料，也樂意將材料分享給網路上廣大的教育工作者，教師們當能安全地應用網路上豐富的資源於教學上，造福學生。

參考資料

經濟部（2019），著作權法，全國法規資料庫，http://law.moj.gov.tw

第十二章

英語教學實習倫理

陳正婷

一、導言

在英語教學的領域中，學生能夠有機會到實際的教學場域進行教學實習，是不可或缺的必要學習。就如同正式進入職場工作的社會新鮮人需要懂得職場倫理一般，實習生更是必須要先了解實習相關的倫理，以避免引起爭議，或甚而造成教學倫理上的問題。由於目前大專院校英語相關科系學生能直接到國、高中、小學等場域進行教學實習的機會難得，故相關的文獻並不多。因此，此章英語教學實習倫理的基礎，將融合一般教育倫理、校園倫理與教學倫理共同探討。

二、教學倫理簡介

根據西方哲學家的觀點，倫理學（ethics）是指：「包括社會的一切規範、慣例、典章和制度。」（甘葆露，2011）簡而言之，就是對於人類行爲的規範，在符合大眾認可的道德標準下，行使正當的行爲，就是倫理的實行。而依據東方的觀念，中國儒家的中心思想「仁」，則常被當作人們社會行爲中，倫理道德的規範準則。子曰：「人而不仁如禮何？人而不仁如樂何？」（《論語・八佾》第三：第3章）闡明了人們除了應該遵守正確行爲規範（禮）之外，心中的「善」的意念、成爲「仁」者的心態更是重要。此外，如同李瑞全教授所言：「儒家的環境倫理學正是建立在我們對所處的世界的道德經驗之上的理論。倫理學是我們對所處情境的理性反省和價值分析。」（李瑞全，2000）意即人們在其所處社會環境中，以善為主軸，依據合情合理的判斷與分析，採取大眾認可之行為模式而進行適當的外顯行動。而如何將環境倫理學應用到學校的校園倫理環境中，則可依據以下幾個面向來分析：

㈠師生之間：超越法定權威，重視專業素養及人格感召。

㈡行政人員與教師之間：以學生利益最大化為基礎，採溝通與協調的方式，愛護學生、互敬互信。

㈢親師之間：夥伴關係，而非對立關係。

㈣學生同儕之間：愼防同儕小圈壓力，友直、友諒、友多聞。

㈤教師同事之間： 摒除個人成見， 打開心胸，接納同事良心建議。（許淑玫，2007）

三、英語教學倫理原則

民國95年，彰化縣潮洋國小校長許淑玫在臺中教育大學發表了〈建立友善校園—校園倫理之建立〉。文中針對Kitchener（1984）提出心理學領域五大倫理依據：「尊重自主」（ autonomy）、「不傷害」（non-maleficence）、「行善」（beneficence）、「公平」（justice）以及「忠誠」（fidelity）等，加入「中立原則」以及「清廉原則」，以提供給國內教學實務工作者當作教學倫理規範。筆者依據許淑玫（2006）所提出七大教學倫理原則，依照英語教學之特性，加註較詳細具體的合乎英語教學倫理之建議，或可作為現階段英語教學倫理可參考之原則：

㈠尊重自主（autonomy）

實習生本身具備學習、進修，與教案設計及教材準備之自主權。同時，受教的學生也享有受教的自主權。教者與受教者應彼此尊重。

㈡不傷害（non-maleficence）

實習生在教學實習領域具備教師的地位，除了不應給予受教學生體罰之外，也須更加注意言語上的用字遣詞，以免在有意或無意中，以不恰當的言詞傷害到受教者。尤其，現今社會尊重多元性，實習生更須特別留意各學生之家庭狀況。此外，實習生行爲上更需要注意分界，不可對受教者有過度親暱之動作。實習生本身亦應保持儀表端莊、注重禮儀，減少不必要的身體接觸。勿輕浮隨便，以避免自身受到性騷擾的傷害。再者，實習生往來實習地點應注意交通安全。

㈢行善（beneficence）

實習生應時時本著「自助助人」、「與人爲善」的中心理念，除了提供專業的教學內容之外，同時要身體力行，以身教協助受教者體認「仁」與「善」。

㈣公平（justice）

教學活動中首重公平原則，實習生亦須特別留意是否公平地對待每位受教者、是否給予每位受教者同等的教材內容、是否給予每位受教者同等的回應……等等。

㈤忠誠（fidelity）

實習生須對自我負責、對受教學生負責。因此，在排定教學實習時間週期，必定遵守每次準時任教之準則。所準備之課程也必遵守事前確認錯誤校正之程序，以避免傳達錯誤教學內容之嚴重影響。

㈥中立原則（impartiality）

實習生主要以實習對象爲主，但仍須尊重原授課班級導師、實習校方人員、實習生教學指導老師等。若各方人員產生歧異之論點，實習生須保持中立，不可偏頗。

㈦清廉原則（integrity）

實習生一般而言較不會遇到挑戰教學者清廉原則的狀況，但仍須謹遵教學者清廉守則，絕不可收受教者（學生）、學生家長……等等之賄賂或特殊要求，而給予某些受教者特殊待遇。

如上所述，在非英語系國家教授英語尚未有明確的倫理規範，但對於一般實習生行爲的規範則有許多的範例，而這些準則當中，有許多符合倫理主軸，傳播「善」的行爲與概念，茲補充列舉如下，有些項目並依照英語教學之特性修改，以供參考。

1. 注意校園倫理：實習者應注意至學校教學之禮節，並維護校譽。態度穩重，勿奇裝異服，勿在實習場所大聲談笑以及非必要時使用手機。不得遲到、早退、無故缺席或擅離教室。有事必須事先請假， 並視實際需要補足實習時數。
2. 注意教學倫理：實習者應在實習前多次演練、多方修正，熟悉所要教授英語課程內容。平時主動學習，主動詢問。不確定的教學活動或課程編排，必定詢問實習單位師長或實習輔導師長後方可執行。
3. 注意教育倫理：實習者應恪守教育責任，以公正客觀的方式推展和應用英語教學知識，並對受教者、學校、社區和社會有所貢獻。
4. 注意專業倫理：實習者應接受專業養成的英語教學技術和能力，盡力發揮所學，以最高標準從事英語教學活動。虛心接受實習機構督導及相關教師的指導，以及工作上的指派。
5. 注意職場倫理：實習者應以誠實、公正的態度從事教學實習及服務等學術活動。遵守實習機構規定，不得從事有損實習機構、學校名譽及權益之事。實習者應以謙和有禮的態度面對受教者與實習場所各相關人員，對實習教學工作應抱持熱忱，並盡責完成所被分派任務。

四、英語教學在臺灣—實習生該注意的事

臺灣教育部自2001年開始正式實施國小英語教育政策，近二十年來，英語文教學師資的需求持續不減，加上大學教育推廣「學用合一」，各大專院校相關科系也更加重視與推廣實習或服務學習類課程，提供學生正式面臨職場前更完善的準備。而隨著社會變遷與時代的改變，在臺灣的英語教學領域，面臨許多新的挑戰，既是所有英語教學的教師們需要更加注意的，同時也是實習生該謹愼面對事項。

㈠多元種族：除了臺灣自中華民國政府時期以來人數較眾的漢人族群與

原住民族群之外，根據教育部107學年度新住民子女就讀國中小人數統計（教育部統計處，2018），全臺灣各縣市新住民子女之組成使之更爲多元化，主要國籍包含：中國大陸、越南、印尼、泰國、菲律賓、柬埔寨、日本、馬來西亞、美國、南韓、緬甸、新加坡、加拿大，加上其他人數較少之國籍，單107學年度即有166,801位新住民學生。因此，實習學生在實體教學時須尊重多元文化，避免有偏見性或種族歧視性的課程內容編排及討論。例如，舉例的故事或例句的意涵。

㈡多元文化：臺灣是一個自由民主的社會，也持續提倡性別平等以及尊重多元文化、宗教信仰、政治傾向等議題。所有教師與實習生在教學現場，不論性別與個人喜好，都應保持中立之態度。尤其在英語文的用語中，有些字彙本身若帶有性別歧異或種族歧視等意涵，建議英語教師及實習生可介紹並推廣近代已較爲常用的無性別區分之用詞，例如， 餐廳服務生的英文可以server取代waiter跟waitress.

㈢數位器材之使用：面對全球科技的快速進步，教學場域也不定期面臨教室器材更新，或結合新型數位器材或數位媒體之教學軟體與模式。對於數位時代誕生的學生而言，學習模式更加多元、也更加求新求變。因此，面對新時代的教室與學生，如何隨時充實自己、吸收新知、了解如何善用教學工具以活化教學，是現今語言教學場域不可漠視的一環。實習生也應同語言教師一般，須認知如何在使用數位器材輔助語言教學時，是獲得事半功倍的成效，而不是因教師本身熟悉度的不足或純粹只是網路不順，而造成課堂授課時間反而因技術上的問題而無法達到最有效率的應用。例如，爲避免面臨數位器材產生問題時即無法進行教學的窘況，備課時即須考量所有可能狀況，並預備好備案措施與心態調整，專注於教學目的的達成。以及數位器材之使用應建立在教學效率提升的前提上，而非純粹追求便利性或新奇感。

五、總結

對許多教育者來說，教學的最終理想目標，不應該只是「培養有知識卻不具備德行或道德能力的人」。「並非所有具有教導或訓練形式的活動或工作，都可以被稱爲是在從事教育或教學。教學是需要較高程度的倫理敏感度與倫理態度，是與道德有關的活動。」（游惠瑜，2017）總而言之，大專院校實習生須面對之環境與狀況與實際就業者有相似之處，亦有相異之處，所須遵循的倫理守則自然也有異有同。此外，若是教學實習生非教授英文相關領域，所需具備之專業知識不同之外，其他倫理守則大致相同，亦可以此篇章延伸討論之。

六、個案討論

淑惠（化名）是一名在大學修讀外語教學組的學生，大三時到大學附近的小學進行英語教學的實習，時間是一年。在此期間，淑惠發現班上有許多同學都有到校外的補習班補英文，或幼兒園時期則有學過英文，因此英文程度普遍比公立國小的課程進度爲高，但有幾名小朋友卻連英文的26個字母都不會。因此，淑惠準備了一些較有難度的學習單給實習班上大部分的小朋友在她實習上課時練習，而淑惠則特別針對英文落後的小朋友進行英文字母的輔導，因此她的課程設計都以非常基本的字母爲主，包含反覆覆誦字母、辨認字母、並補充一些該字母開頭的單字。負責輔導淑惠實習課程的大學部教授認爲她的課程設計過於單調，忽略掉全班大部分小朋友的權益。而淑惠實習班級的國小帶班老師也反應，有收到其他小朋友對於該堂英文課都在寫學習單的抱怨。基於以上狀況，淑惠決定修正她的課程設計方向。

問題討論

1. 你認為淑惠一開始的決定是對的嗎？她應該如何處理小學生英文程度不一的狀況呢？此外，你認為淑惠一開始的選擇是否違反了那些教學倫理規範呢？
2. 請細讀許淑玫提出之教學倫理七大原則，探討在臺灣的英語教學環境中，是否有可增刪之可能性，並提出具體的理由。

參考資料

Association of American Educators. (1994) The Code of Ethics for Educators. Retrieved from: https://www.aaeteachers.org/index.php/about-us/aae-code-of-ethics.

Kitchener, K. S. (1984). Intuition, Critical-Evaluation and Ethical Principles: the Foundation for Ethical Decision in Counseling Psychology. Counseling Psychologist, 12(3), 43-55.

Savage, S. (2007). Teacher's Ethical Dilemmas: What Would You Do？ Retrieved from: http://www.redorbit.com/news/education/1141680/teachers_ethical_dilemmas_what_would_you_do/.

甘葆露（2011年12月10日），〈倫理學概論〉。取自：file:///C:/105-2/E353e2-9789862367568-trial.pdf。

臺灣WORD，〈教育倫理學〉。取自：http://www.twword.com/wiki/%E6%95%99%E8%82%B2%E5%80%AB%E7%90%86%E5%AD%B8

李瑞全，〈儒家環境倫理學之基本觀念：對伽理葛特之構想的一個批判回應〉。取自：http://www.ncu.edu.tw/~phi/teachers/lee_shui_chuen/course_onnet/confen01.html。

許淑玫，〈建立友善校園—校園倫理之建立〉。臺中教育大學。取自：www.ntcu.edu.tw/sal/96/download/ethic960613.doc。

教育部，統計處（2018）。

游惠瑜，〈教育的專業倫理與教學倫理〉（2017年6月2日）。取自：http://hfu.edu.tw/~hfuacc/pro_ethics/pdf/93-02.pdf。

第十三章
翻譯倫理

張綺容

一、導言

近代翻譯史上危及最多譯者性命的作品，恐怕要屬印裔英國作家薩爾曼．魯西迪（Salman Rushdie）1988年出版的《魔鬼詩篇》（*The Satanic Verses*）。由於前伊朗領袖何梅尼（Ayatollah Ruhollah Khomeini）宣稱《魔鬼詩篇》褻瀆回教教義、質疑《古蘭經》（*Koran*）、詆毀先知穆罕默德（Muhammad），因此對魯西迪發出全球追殺令，從而爲《魔鬼詩篇》的譯者引來殺生之禍。1991年7月3日，義大利文譯者卡普利歐里（Ettore Caprioli）在米蘭寓所遭人襲擊；12日，日文譯者筑波大學助理教授五十嵐一遇刺身亡；1993年7月2日，土耳其文譯者阿齊茲．奈辛（Aziz Nesin）遭暴民丟火苗圍剿。這一連串的攻擊事件固然使人震驚，但其中隱含的翻譯倫理問題或許更值得我們深思。這些攻擊者顯然認爲譯者是作者的幫兇，究竟譯者需不需要爲自己譯出的文字負責？譯者的倫理是什麼？有沒有明確的規範？以上都是本章探討的議題。

二、何謂翻譯倫理

「倫理」對應的英文單字是「ethics」或「morals」（morality），前者源於希臘文「ethos」，後者源於拉丁文「mores」，兩者均指習慣、慣例、規範。中文的「倫」意指「常理，人與人之間的正常關係」，「理」則意爲「事物的規律」，因此，「翻譯倫理」是探討譯者與翻譯服務使用者之間的關係、闡述翻譯服務的規則和條律。

當今學界將廣義的「翻譯」分成三種：語內翻譯（intralingual translation）、語際翻譯（interlingual translation）、符際翻譯

（intersemiotic translation）。語內翻譯指使用同一種語言的其他符號來解釋該語言，譬如將中文的文言文翻成白話文，或是將古英文譯爲現代英語；語際翻譯則是使用一種語言去解釋另一種語言，例如將 *The Satanic Verses* 譯成《魔鬼詩篇》，或如司法通譯替不諳本地話的外籍證人翻譯證詞，前者名爲筆譯，後者稱爲口譯。符際翻譯則是不同符號之間的轉譯，包括用非語言符號來解釋語言符號，或用語言符號解釋非語言符號，包括將小說改編成電影，或是將總統大選的辯論內容透過手語翻譯傳達給聽障人士。但凡提供以上三種翻譯服務的任何一種，都應該受到翻譯倫理的規範。

目前翻譯倫理正面臨新的倫理挑戰。由於全球化與科技化浪潮方興未艾，翻譯方式隨之改變，機器翻譯、歐盟集體翻譯、全球化機構翻譯等，翻譯社會功能也因而不同以往，包括加拿大及香港雙語立法、歐盟多語立法、翻譯參與全球化市場，種種因素都使新的翻譯倫理問題浮上檯面，時下諸多論述層出不窮，大抵可分爲四個面向：第一，再現倫理，譯者必須如實再現原文或作者意圖，不可妄加增刪改動；第二，服務倫理，譯者必須忠於客戶指示，滿足翻譯案件的既定目的；第三，溝通倫理，譯者必須增進我方與他方的溝通；第四，規範倫理，譯者提供的服務內容必須符合當下的翻譯規範（norms）。以上四條倫理中，再現倫理強調譯者與原訊息發送人之間的關係，服務倫理著眼於譯者與客戶之間的關係，溝通倫理重視譯者與翻譯服務使用者的關係，規範倫理則著墨於翻譯服務的規則和條律。

三、具體翻譯倫理規範

上一節界定了翻譯倫理的定義、範圍、研議面向，本節便以澳洲和臺灣爲例，談一談目前國內外具體的翻譯倫理規範。先說澳洲。澳洲全國翻譯認證機構（the National Accreditation Authority for Translators and Interpreters，簡稱NAATI）是國際公認的口譯及筆譯資格認證機構，其認證爲所有英語系國家採用，考試項目包括翻譯職業倫理，這是非常重要的考科，不少應試者雖然翻譯考試及格，卻因未能通過職業倫理考核而無法取得證照。NAATI的出題方向參考「澳洲翻譯者協會」（Australian Institute of Interpreters and Translators，簡稱AUSIT）所制定的「職業道德準則」（code of Ethics），該準則將翻譯職業倫理分爲九大項：㈠職業操行（professional Conduct）、㈡保密（confidentiality）、㈢專業能力（competence）、㈣公正（impartiality）、㈤準確（accuracy）、㈥職責劃分清楚（clarity of role boundaries）、㈦維持良好合作關係（maintaining professional relationships）、㈧持續學習（professional development）、㈨團隊精神（professional solidarity），核心原則包括以下五條：

1. 譯者應爲自己職業行爲負責。具體表現爲在服務中得到的資訊要嚴格保密，除非得到客户的允許或者應法律的要求，唯譯者可和自己搭檔的譯者進行資訊共享以確保傳譯效果；譯者不能因個人問題造成行業負面形象；譯者應充分了解語言能力和相關領域知識，妥善安排時間，沒把握的傳譯任務須事先拒絕，譯者不能在傳譯過程中添加自己的情感或觀點。
2. 譯者應提供高品質的傳譯服務，首先須是經過認證的準職業或職業譯者。其次，譯者應如實傳遞資訊，包括正確傳遞語氣以及潛在意義，保持中立立場；譯者應對傳譯品質負責，做好充分準備；譯者應不斷提高自己專業知能，參加翻譯相關的培訓進修等活動。
3. 譯者應對所有參與者給予尊重，不能因性別、年齡、健康、性取向、宗教信仰或者其他因素歧視他人；應尊重每個人的文化和參與者偏愛的交流形式；譯者應對其他譯者表示尊重，將其視爲傳譯活動不可或缺的一部分。
4. 譯者應在職業關係中保持客觀。譯者應了解職業傳譯和社交活動的區別；保持中立客觀；應鼓勵新加入的譯者傾力合作，尊重其他譯者並支持譯者協會活動。

5. 譯者應在業務實踐中保持正直。譯者不能與其他譯者進行惡性競爭，包括有意壓低價格，以廉價提供傳譯服務，除非有非常充分的理由；譯者不能單方面終止傳譯服務合約，應按照自己眞實的從業經歷，依據標準獲取傳譯報酬。

澳洲全國翻譯認證機構便是依據以上九大項目、五條原則出題，考驗應試者如何處理各種「道德窘境」。

接下來談談臺灣。現行臺灣「中英文翻譯能力檢定考試」的考科雖未包括翻譯職業倫理，但司法院鑑於司法通譯在訴訟程序上居於關鍵地位，其傳譯功能不僅保障被告訴訟防禦權，對犯罪事實之發現及判決結果亦有重大影響，因此，司法院於民國102年10月25日頒訂「法院通譯倫理規範」，共計中、日、英、越、泰、印六種語言版本，若有違反情事將依僞證罪論處，最重可處七年以下徒刑，其條文共十二條：

1. 爲提升法院傳譯品質，建立通譯行爲基準，特訂定本規範。
2. 通譯應遵守法令及本規範，秉持熱誠及耐心，以公正、誠實之態度執行傳譯職務。
3. 通譯應謹言愼行，避免有不當或易被認爲損及司法形象之行爲。
4. 通譯執行職務時，不得因性別、種族、地域、宗教、國籍、年齡、身體、性傾向、婚姻狀態、社會經濟地位、政治關係、文化背景或其他因素，而有偏見、歧視、差別待遇或其他不當行爲。
5. 通譯執行職務時，應忠實傳譯當事人、證人、鑑定人及其他關係人之陳述內容，不得有擅自增減、潤飾、修改、曲解原意或隱匿欺罔之行爲。通譯執行職務時，如發現誤譯，應即主動告知法院，並協助更正。
6. 通譯就傳譯案件所涉之法律、訴訟程序、專業知識或其他陳述用語不明瞭時，應主動告知法院協助釐清。

7. 通譯就傳譯案件如有法定應自行迴避事由，不得執行職務。

8. 通譯就傳譯案件如有拒絕通譯原因、利益衝突或其他影響其忠實、中立執行職務之情形，應主動告知法院。

9. 通譯執行職務時，不得就案情提供任何法律意見或陳述個人意見。

10. 通譯不得接受請託關說或收受不正利益，並應避免與傳譯案件之當事人、證人、鑑定人或其他關係人有案件外之接觸。

11. 通譯不得揭露或利用因職務所知悉之祕密、個人隱私或非公開訊息。

12. 通譯應善用教育訓練課程，保持並充實職務所需智識及傳譯技能。

以上條文不出再現倫理、服務倫理、溝通倫理、規範倫理四個面向，例如第五、第九條屬於再現論理，第二、三、四、七、八條屬於服務倫理，第六條屬於溝通倫理，第十、十一、十二屬於規範倫理，符合AUSIT「職業道德準則」的九大項目及五條原則。

四、個案討論

以下就臺灣司法院頒訂的「法院通譯倫理規範」做個案討論。民國104年8月25日深夜，一名印尼漁工在臺灣遠洋漁船上死亡，漁船返航回到屏東東港。一名同船漁工用手機錄下三段船上影像，這三支影片是死者託人帶上岸的口信，證明死者在海上受虐。民國104年9月9日，屏東地檢署到東港偵辦此案，請來通譯翻譯這三支影片的內容，由於通譯不諳死者的家鄉話中爪哇語，第一支影片漏譯了十幾句話，包括漁工自白受虐情事，至於第二支影片，通譯直接寫下「這段全部都是中爪哇話，所以聽不懂」，影片中同船漁工描述死者被毆打、臉腫起來、無法走路，這些陳詞都以「聽不懂」帶過。民國104年11月10日，屏東地檢署簽結此案，認爲全案並無他殺嫌疑，該名印尼漁工係病死，死因是「於船上高處曬衣時失足跌落，導致膝蓋受傷，嗣因傷口感染菌血症，最後因敗血性休克死亡」。

由於通譯人員聽不懂中爪哇語，以致屏東地檢署檢察官於相驗時忽略死者生前控訴遭人毆打與虐待情事，違反「法院通譯倫理規範」第五條：「通譯執行職務時，應忠實傳譯當事人、證人、鑑定人及其他關係人之陳述內容，不得有擅自增減、潤飾、修改、曲解原意或隱匿欺罔之行爲。」監察院民國105年重新調查此案，認定上述三支影片極具爭議，是此案的重要證據，因此請來專業印尼通譯重新翻譯這支影片，將監察院的譯本與屏東地檢署兩相比對，顯見後者的譯本相當粗糙，可見曲解原意、漏而未譯之情事，不良的通譯品質影響了地檢署對事實之認定，在判刑上失了準頭，或有產生誤判、造成冤獄之嫌。

問題討論

1. 《魔鬼詩篇》的譯者有無牴觸澳洲翻譯者協會「職業道德準則」的五大核心原則？如果有牴觸，請問是哪一條原則？
2. 倘若通譯人員與原告是同鄉，一方面以證人角色出庭，二方面又於審判中擔任法庭通譯，請問違反臺灣「法院通譯倫理規範」的哪一條？

參考資料

AUSIT. (2012). Code of Ethics & Code of Conduct. Retrieved from http://ausit.org/AUSIT/Documents/Code_Of_Ethics_Full.pdf.

司法院（2013年10月25日），〈法院通譯倫理規範〉。取自http://tnh.judicial.gov.tw/9911/004/002/法院通譯倫理規範.pdf。

吳建林（2012年11月），〈法律翻譯服務之專業與倫理〉，2012臺灣翻譯研討會——翻譯專業發展與品質提升。臺北：國家教育研究院。

董大暉、彭致翎（2016），〈澳洲翻譯發展及人才培育策略〉，載於國家教育研究院（編），《世界各國翻譯發展與口筆譯人才培育策略》

（頁97-133）。臺北：國家教育研究院。
黃芷嫻（2014年8月20日），〈通譯說了算？一人三角的通譯角色〉。公視新聞議題中心。取自http://pnn.pts.org.tw/main/2014/08/20/通譯說了算？一人三角的通譯角色/。
蔣宜婷（2016年12月19日），〈未解的謎團：一名印尼漁工之死〉，《報導者》。取自https://www.twreporter.org/a/far-sea-fishing-indonesia-fishermen-death。

Chapter 14
Ethical Issues related to the ESL classroom

李家遠

Ethic issues are vital to every EFL classroom. Teachers need to be prepared to deal with all kinds of situation they might encounter in class every day, including the classroom, the students, other teachers, parents, school authorities and social values and pressure. Therefore, from this chapter, some issues teachers may face in their teaching are discussed. The first venue is the classroom.

Here is a question we must ask ourselves first.

1. Why do we need to put emphasis on ethic education in the ESL classroom?

Classrooms are the venue for the teaching to happen. They also carry an abstract function in the entire teaching. Teachers need to create a harmonious atmosphere so that students will not be intimidated in class or feel threatened to come to class. Look at the following cases:

1. Case 1:

Ms. Lee teaches ninth grade English. On the first day of class, she gave the class directions for a writing assignment that was to be completed by the end of the period. John wasn't paying attention and missed the directions. He frequently bothered his classmates by humming, tapping his pen, reminding them of the rules or speaking out of turn. He asked for the directions to be repeated. The other students in the class began to make fun of John and ridiculed him for not paying attention once again. Ms. Lee, feeling frustrated because she was asked to repeat the instructions once again, continued passing out materials and ignored John and the other students. However, John became impatient and started to shout in class.

https://docs.google.com/document/d/1oRojF4hD714flbSOmuoYBBBIAv--Ycvcr3BKBI-A8yA/edit

a. What will you do as a teacher when you encounter the previous challenges?

b. Discussions:

 Possible Solutions:

 (1) The teacher should remain calm and ask John to lower his voice and try to appease John.

 (2) The teacher should stop John by disciplining him and threatening him to be flunked.

 (3) The teacher should warn John that if he did not behave himself, she would contact John's parents.

 (4) The teacher should ask John to stay after class and tell him gently about why she did not stop to give him the instruction again.

c. What can students learn from this incidence?

2. Case 2:

In the English class, students are all busy doing their own homework. Since all of them care about their scores, most of them do not associate with each other most of the time. This is a common phenomenon in typical Chinese English classrooms, where preparing to get high scores on the entrance examination is the ultimate goal. However, since everyone is on his or her own, the class doesn't show any trace of camaraderie. Nobody is willing to take on any serious business for the class and the chemistry of the class is tense and competitive. As a teacher, it is the last thing you want to see. What will you do to solve this problem so that students can work tighter and develop a sense of community and help each other in their learning and create an atmosphere of synergy.

a. What will you do as a teacher when you encounter these challenges?

b. Discussions:

Possible Solutions:

(1) The teacher should select one or two students who have the charisma to influence the class and encourage them to start the connection among themselves.

(2) The teacher should keep the current status so that they can all concentrate on their study instead of making friends.

(3) The teacher should take the initiative to ask students to put down their books and go out to join more team activities.

(4) The teacher should divide the class into several groups and encourage them to compete with each other.

c. What can students learn from this incidence?

3. Case 3:

With the advent of modern technology, students tend to use their smartphones in every class. Some students will put away their phones during the class hours; however, still a lot of them are using it to play games or browse their respective social media. When Ms. Lin observes this situation, she tries to stop those who spend too much time on their smartphones. As she is about to stop Tony, he just ignores her and continues playing with his smartphone. Ms. Lin is angry because she is really concerned about her students' learning.

a. What would you do if you were Ms. Lin?

b. Discussions:

Possible Solutions:

(1) The teacher should just mind her own business because if the student does not want to learn, he has to face the consequence in the future.

(2) The teacher should insist that Tony put away his smartphone. Otherwise, she would not continue her lecture that day.

(3) The teacher should contact Tony's father to let him know how his son was doing in class.

(4) The teacher should temporarily ignore Tony's defiant reaction and find another opportunity to talk to Tony to understand how she may help him.

c. What can students learn from this incidence?

Chapter 15

Ethical Issues related to the ESL classroom-students

李家遠

Students play vital roles in a classroom. With the advent of new technology and the improvement of living standard, some students come from families that overly emphasize children's rights. Students are taught to be independent and active. Sometimes they tend to express their admiration for teachers directly or indirectly. However, this might cause some severe problems between teachers and students. Please take a look at the following cases:

1. Case 1:

Ms. K is a veteran teacher who is very popular with her students. She frequently offers students extra help after school, so it's not uncommon to see students visiting her classroom after school. She has tutored one of her students, "Melissa," in a variety of subjects over a two year period. During that time, Ms. K has emailed and texted "Melissa's" cell phone using her personal email address. At first, the exchanges were very general; sometimes unrelated to school work (e.g., asking Melissa about a sick family member, or how she was getting along with friends). Recently, the student began to text her teacher about more personal feelings.

a. What will you do as a teacher when you encounter these challenges?

b. Discussions:

Possible Solutions:

(1) The teacher should keep an appropriate distance with the student so that she will not develop an abnormal dependence on the teacher.

(2) The teacher should encourage Melissa to tell her all her problems so that she could help her. Anyway helping students is an unshakable responsibility of a teacher.

(3) The teacher should talk directly to Melissa's parents and seek help from them to resolve her problem.

(4) The teacher should tell the class not to do the similar things as Melissa because the personal domain and educational domain should be clearly defined.

c. What can students learn from this incidence?

2. Case 2:

Mr. J is very popular with the students. He often converses and jokes with the students in the halls between classes. It is common for him to greet female students and staff with a hug and male students and staff with a pat on the back. One student has complained to the administration that Mr. J's hugs or physical contact makes him uncomfortable. Mr. J has been advised by the principal to stop all physical contact with students and staff. He agrees to try, but he can't promise anything because that is the way he is and he isn't doing anything wrong.

http://web.uvic.ca/~gtreloar/ED-D%20410/Lessons/Class%202%20 2016%20Support%20/Ethical%20Dilemmas2.pdf

a. What will you do as a teacher when you encounter this challenge?

b. Discussions:

Possible Solutions:

(1) The teacher should keep this in mind that he should not have any physical contact with students.

(2) The teacher should only continue his physical contact with male students instead of the female.

(3) The teacher should continue doing the thing to show his closeness and kindness to all students.

(4) The teacher should find the student who told on him and try to explain why he touched students and get his understanding.

c. What can students learn from this incidence?

3. Case 3:

Mr. Wang is a senior teacher at school. Since he is cheerful and humorous, he is widely welcomed by most students. In his English class, he usually introduces different cultures to his students and encourages them to think independently and be true to themselves. However, in the meantime, he brings in a lot of liberal ideas about gender, sex, individualism, and other what he calls avant- garde ideas to his students. For example, he mentioned that sex is a free choice and people do have the right to do that without thinking about other people's opinions if it is legal. After that, he will emphasize that it is only his personal opinions. He will not force anyone to follow his ideas or impose his opinions on any students. However, several students have discussed what they had learned from Mr. Wang with their parents and the parents are angry and complain to the school. .

a. What do you think about Mr. Wang's idea on sex and gender? Is it ethical or unethical for Mr. Wang to bring up that kind of topic?

b. Discussions:

Possible Solutions:

(1) Mr. Wang should keep his opinions on sensitive issues to himself and keep it private instead of talking about it in class.

(2) It is OK for Mr. Wang to talk about this kind of issue in class because students need to have this kind of sense about gender equality.

(3) Mr. Wang should stand up for himself and defend his values because students need to learn to have courage to defy the set rules.

(4) Mr. Wang should apologize to the class and promise not to make the same mistakes anymore.

c. What can students learn from this incidence?

Chapter 16

Ethical Issues related to the ESL classroom-Teachers

李家遠

In EFL classrooms, it is not uncommon to find teachers with different teaching philosophies. Some might be more lenient while others are stricter. However, it is common for different teachers to teach different subjects to the same class. Under this circumstance, some differences between teachers might result. Here are some cases teachers might encounter when they are teaching in schools.

1. Case 1:

Mr. Y is a new teacher in his first 90 days of employment in his district. He has made friends with many staff members and invited them to visit his social network page. On his website, Mr. Y has listed quite a bit of personal information. One of his colleagues visited the site and became very concerned because the site included a statement that Mr. Y was attracted to young girls, stating "the younger the better." The colleague notified the principal of this information.

http://www.ctteam.org/df/resources/Module5_Manual.pdf

a. What will you do as a teacher when you encounter this challenge?

b. Discussions:

Possible Solutions:

(1) The teacher should close his personal website and keep it to his private

domain.

(2) The teacher should keep the current practice because everybody deserves to have his or her personal space. This right should not be infringed upon by any other people.

(3) The teacher should explain to the school authority his website has nothing to do with students and he will keep his professionalism and keep a distance with students.

(4) The teacher should distance himself from all his colleagues because they are not trustworthy.

c. What can students learn from this incidence?

2. Case 2:

Mr. Johnson and Ms. Samuels are both eighth-grade English teachers. Mr. Johnson believes that teaching English should focus more on the real use of the language; therefore, he usually does not follow the curriculum. Instead, he chooses some local and international events to be his main topic and the curriculum becomes secondary. However, Ms. Samuels firmly believes that the curriculum should be followed strictly so that students will be able to learn the necessary grammar, reading, and writing skills. Some students from Mr. Johnson's class complained about Mr. Johnson's teaching method to Ms. Samuels because they could not do well on the school's standardized test. What should Ms. Samuels do? What would you do?

a. What will you do as a teacher when you encounter this challenge?

b. Discussions:

Possible Solutions:

(1) The teacher should report the case to the school authority and ask the school to intervene so that students' right can be protected.

(2) The teacher should comfort the students to respect their teacher's teaching method. Anyway, the teacher must have his best way for his students.

(3) The teacher should take the initiative to talk to Mr. Johnson and explain the situation to him so that he can resolve this problem.

(4) The teacher should offer free lessons for those who want to improve their test scores from Mr. Johnson's class.

c. What can students learn from this incidence?

3. Case 3:

Ms. Chao and Ms. Liu are both sixth-grade English teachers. Ms. Chao, a new teacher at the school, has additional certification in gifted education. Ms. Liu has been a certified English teacher for a number of years. Ms. Liu has been overheard making negative comments about Ms. Chao's teaching ability and about Ms. Chao's personality in the faculty lounge. Mr. Daniels, the sixth-grade history teacher, has heard Ms. Liu making negative comments about Ms. Chao on more than one occasion and he knows that these comments are false. He also knows that Ms. Liu has been angry that Ms. Chao was asked to teach the advanced English class. This is a class Ms. Liu had expressed a desire to teach. He believes this contributes to her negativity toward Ms. Chao. What should he do? What would you do?

http://www.redorbit.com/news/education/1141680/teachers_ethical_dilemmas_what_would_you_do/#uKAIC1LczcIFByj0.99

a. What will you do as a teacher when you encounter this challenge?

b. Discussions:

Possible Solutions:

(1) Mr. Daniels should give some advice to Ms. Liu and ask her to think

differently. As a teacher, she should think for students.

(2) Mr. Daniels should warn Ms. Chao about how much grudge Ms. Liu holds against her and tell her not to worry about the jealousy of Ms. Liu.

(3) Mr. Daniels should invite both Ms. Chao and Ms. Liu to have a dinner or lunch to straighten the things out so that there will be no misunderstanding between the two.

(4) Mr. Daniels should ask Ms. Chao to let Ms. Liu have the priority to choose the classes she wants to teach. Anyway, seniority means a lot in any professional environment.

c. What can students learn from this incidence?

Chapter 17

Ethical Issues related to the ESL class-Parents

李家遠

Parents in Taiwan normally are extremely concerned about their children's education because most of them believe education is the best way for their children to pursue their successful careers in the future. Therefore, it is common for teachers to confront parents over their individual expectations on the teachers. Sometimes, this creates a lot of difficulties for the teachers. Look at the following cases:

1. Case 1:

A seventh grade English teacher Henry has a social media page on Facebook that has fairly open access, in terms of privacy settings. Recently a parent found pictures of the teacher at a BBQ, off school grounds, evidently drinking beer and whiskey. The parent printed out the pictures and brought the images to the principal, asking that her child not be placed in the above teacher's classroom. Additionally, the parent submitted a letter of concern to all the other parents of this class to start a campaign to force the teacher not to teach their children.

https://docs.google.com/document/d/1jyiMQmnet8WAu52gaDc_ITgFOQN19K3A7GsE684JhIY/edit

a. What will you do as a teacher when you encounter this challenge?

b. Discussions:

Possible Solutions:

(1) Mr. Henry should try to talk directly with the parent who proposed this idea.

(2) Mr. Henry should emphasize that drinking beer or whiskey only happens during his free time. He will never get drunk in front of the class.

(3) Mr. Henry should formally apologize to all the parents and promise not to drink beer or any other alcoholic beverage as long as he is a teacher.

(4) Mr. Henry should explain the situation to his students so that they can go back and convince their parents that he is actually a great teacher.

c. What can students learn from this incidence?

2. Case 2

Ms. Wen, a 9th grade English teacher, has taught the elite English class for the past three years. One parent recently has proposed in the teacher-parents meeting that they should give Ms. Wen a gift in honor of her teaching in the past two years. It turned out that they decided to give Ms. Wen a new iphone. After the high school entrance examination, the parent representative gave the gift to the teacher and expressed that the gift was a token of their thanks for her help of all their children and insisted that she take it right away.

a. What will you do as a teacher when you encounter this challenge?

b. Discussions:

Possible Solutions:

(1) Ms. Wen should accept the gift because it is a sincere gift from all the parents.

(2) Ms. Wen should decline with thanks because it is her obligation and

responsibility to teach her students to enter their ideal high school. .

(3) Ms. Wen should explain to the parents it is not appropriate for her to accept such an expensive gift. But if the students graduate, then she might consider taking it.

(4) Ms. Wen should ask the parents to offer some kind of scholarship to encourage those poor students to pursue their dreams, instead of giving her the gift.

c. What can students learn from this incidence?

3. Case 3

Ms. Lu is an 8th grade English teacher, and has been teaching the class for two years consecutively. She develops very close relationship not only with students, but also with their parents because she cares about almost all the students in her class. One student, Lisa, comes from a single parent family. Her father always shows up to pick up and sometimes will take a chance to talk with Ms. Lu about Lisa's academic performances. Days after days, Lisa's father develops a liking for Ms. Lu. One day, he asks Ms. Lu out for dinner and wants to tell her how he feels for her.

a. What would you do if you were Ms. Lu?

b. Discussions:

Possible Solutions:

(1) I would make sure whether Lisa's father is a decent and noble person before I go out with him.

(2) I would decline with thanks and clearly explain my stands with Lisa's father.

(3) I would ask Lisa if she minds my relationship with her father and if she is OK, I would be OK too.

(4) I would keep a good relationship with Lisa's father as I do to all the other parents. I would see if this personal relationship with her father could continue only after Lisa graduates from school.

c. What can students learn from this incidence?

Chapter 18

Ethical Issues related to the ESL classroom-School Authority

李家遠

In the oriental culture, schools play an essential role in students' education. In order to recruit more students, numerous schools are working hard to enhance their school reputation. And the best way to reflect the education quality is from standardized tests. Sometimes teachers will face the challenge from the school authority, including not flunking anyone, or helping students get certificates by all means. Look at the following cases and see what you should do.

1. Case 1:

Mr. Lee and Mr. Chen are English teachers who work with third, fourth, and fifth-grade students. Their school is preparing to take the county's annual standardized achievement tests. This year students in Mr. Lee's and Mr. Chen 's classes have been identified as having difficulty in reading and are at risk for failure on the standardized test. The principal has made it very clear that he expects the school's scores on this year's standardized test to be an improvement over last year's scores. The day before testing is scheduled to begin, the principal has a meeting with Mr. Lee and Mr. Chen. At the meeting he tells them to do whatever is necessary to ensure positive test results. While administering the test, Mr. Lee realizes that Mr. Chen is reading the answers to parts of the reading comprehension passages to the students. This violates the validity of the test and could result in a false learning profile of his students. Mr. Lee shares this knowledge with Mr. Chen, who responds by saying that he is simply doing what the principal instructed him to do. What should Mr. Lee do now? What would you do?

Source: http://www.redorbit.com/news/education/1141680/teachers_ethical_dilemmas_what_would_you_do/#uKAIC1LczcIFByj0.99

a. What will you do as a teacher when you encounter this challenge?

b. Discussions:

Possible Solutions:

(1) Mr. Lee should admonish Mr. Chen to remember a teacher should set a good example. Never should they help students cheat.

(2) Mr. Lee should understand the dilemma all the teachers are facing and pretend he didn't see what happened.

(3) Mr. Lee should collect all the necessary evidence and report this immoral event to the county's education board.

(4) Mr. Lee should follow what Mr. Chen did and made sure that his students could also perform better so that they could maintain their school's reputation.

c. What can students learn from this incidence?

2. Case 2:

In order to keep a sound financial status, some schools are colluding with bookdealers to get some kickbacks from them. Therefore, the principal asked the English teachers to purchase more textbooks and books for students' self study. However, most of the books are expensive and the contents will not be taught completely. As a teacher, Ms. Tang thinks it is unreasonable for students to purchase them. However, she does have the pressure from the school authority. All the other English teachers have already asked their students to purchase the books and she is the only one who has not done so. Now the principal comes and asks her why there is a delay in her class. What should she do?

a. What will you do as a teacher when you encounter this challenge?

b. Discussions:

Possible Solutions:

(1) Ms. Tang should comply with the school's policy. Anyway, it does not hurt the students when they purchase more books.

(2) Ms. Tang should refuse to cooperate with the school because the books are too expensive and students can even purchase by themselves at a lower price.

(3) Ms. Tang should ask her colleagues to help her to develop some teaching materials for her students so that they do not need to buy unnecessary books.

(4) Ms. Tang should report this unreasonable request to the public so that the dark side of the school can be exposed and the corruption can be eliminated.

c. What can students learn from this incidence?

3. Case 3

Because of the low birth rate in Taiwan in recent years, many schools are not able to recruit enough students, and as a result, the school authority would do whatever they can to increase the number of their students. Unfortunately, this brings a lot of side effects. Among them, the lowering of students' academic level becomes quite common. Mr. Wu is in charge of the oral interview for the new students. In the interview, he found one student who did not understand even very basic English and therefore, he failed him.

However, when the school authority knew this, the dean strongly advised him to admit the students to the department because he believes no student is unteachable. Mr. Wu now is in a dilemma.

a. What would you do if you were Mr. Wu?

b. Discussions:

Possible Solutions:

(1) I would follow the dean's suggestions and admit the student because the dean actually has a point there.

(2) I would insist on my professional decision and would not succumb to the dean's pressure.

(3) I would report this to the president of school about this abnormal request from the dean.

(4) I would tell my colleagues and explain why we admit this student and ask my colleagues to do their best to help the student.

c. What can students learn from this incidence?

國家圖書館出版品預行編目資料

專業倫理：教育倫理／潘惠銘，李家遠，柳玉芬，林文瑛，歐德芬，陳正婷，吳碩禹，張綺容，廖宜瑤，張玲瑛，余浩彰著.--三版.--臺北市：五南圖書出版股份有限公司，2024.06
面；　公分
ISBN 978-626-393-388-0(平裝)

1.教育倫理學　2.專業倫理

198.52　　113007249

1XF3

專業倫理——教育倫理

作　　者 — 潘惠銘　李家遠　柳玉芬　林文瑛　歐德芬　陳正婷　吳碩禹　張綺容　廖宜瑤　張玲瑛　余浩彰

發 行 人 — 楊榮川

總 經 理 — 楊士清

總 編 輯 — 楊秀麗

副總編輯 — 黃惠娟

責任編輯 — 魯曉玟

封面設計 — 姚孝慈

出 版 者 — 五南圖書出版股份有限公司

地　　址：106台北市大安區和平東路二段339號4樓

電　　話：(02)2705-5066　　傳　　真：(02)2706-6100

網　　址：https://www.wunan.com.tw

電子郵件：wunan@wunan.com.tw

劃撥帳號：01068953

戶　　名：五南圖書出版股份有限公司

法律顧問　林勝安律師

出版日期　2018年 3 月初版一刷

　　　　　2020年 2 月二版一刷

　　　　　2024年 6 月三版一刷

定　　價　新臺幣500元

經典永恆・名著常在

五十週年的獻禮——經典名著文庫

五南，五十年了，半個世紀，人生旅程的一大半，走過來了。
思索著，邁向百年的未來歷程，能為知識界、文化學術界作些什麼？
在速食文化的生態下，有什麼值得讓人雋永品味的？

歷代經典・當今名著，經過時間的洗禮，千錘百鍊，流傳至今，光芒耀人；
不僅使我們能領悟前人的智慧，同時也增深加廣我們思考的深度與視野。
我們決心投入巨資，有計畫的系統梳選，成立「經典名著文庫」，
希望收入古今中外思想性的、充滿睿智與獨見的經典、名著。
這是一項理想性的、永續性的巨大出版工程。
不在意讀者的眾寡，只考慮它的學術價值，力求完整展現先哲思想的軌跡；
為知識界開啟一片智慧之窗，營造一座百花綻放的世界文明公園，
任君遨遊、取菁吸蜜、嘉惠學子！